中國學術思想 研究輯刊

十　編

林　慶　彰　主編

第 2 冊

孔墨論衡

陳　維　德　著

花木蘭文化出版社

國家圖書館出版品預行編目資料

孔墨論衡／陳維德 著 — 初版 — 台北縣永和市：花木蘭文化
出版社，2010〔民99〕
目 8+222 面：19×26 公分
（中國學術思想研究輯刊 十編：第 2 冊）
ISBN：978-986-254-331-3（精裝）
1. 中國哲學　2. 儒家　3. 墨家　4. 文集
121.07　　　　　　　　　　　　　　　　　99016442

ISBN - 978-986-2543-31-3

9 789862 543313

中國學術思想研究輯刊

十　編　第二冊　　　　　　　ISBN：978-986-254-331-3

孔墨論衡

作　　　者　陳維德
主　　　編　林慶彰
總 編 輯　杜潔祥
出　　　版　花木蘭文化出版社
發 行 所　花木蘭文化出版社
發 行 人　高小娟
聯 絡 地 址　台北縣永和市中正路五九五號七樓之三
　　　　　　　電話：02-2923-1455／傳眞：02-2923-1452
網　　　址　http://www.huamulan.tw 信箱 sut81518@ms59.hinet.net
印　　　刷　普羅文化出版廣告事業
封面設計　劉開工作室
初　　　版　2010 年 9 月
定　　　價　十編 40 冊（精裝）新台幣 62,000 元

孔墨論衡

陳維德 著

作者簡介

陳維德，1945 年生，國立政治大學博士。長於義理及辭章，兼擅文字與書法。歷任台北市立師範學院、輔仁大學、東吳大學等校教授，現任明道大學講座教授兼上海復旦大學特聘研究員。

提　　要

　　孔、墨兩家，自古號稱顯學；且俱以脩己利人之道，謀所以淑世濟民；而墨之非儒、儒之闢墨，乃若是其甚也！後之學者，亦每多評騭。然以立場各殊，持論懸絕；而或援儒說墨、援墨入儒，尤令人滋惑。因思就兩家之說，而為全面性之比較──庶使淄澠相氾者，各還其本真；而其學術之流別，亦因之而益顯。

　　於是取其足資代表孔、墨思想之文獻，如《論語》、《墨子》等書，以為立論之主要依據；間亦採取有關經傳之言以為佐證。然後根據二家學說之主要內涵，歸納為若干門類，分別發其義蘊、抉其幽微。並以兩相對顯之方式，以見其同異所在，然後更藉比較論評以凸顯之耳。

　　文分九章：第一章為導論，意在揭示兩家相非之事實，以及前此學者之有關論斷，以明撰述本論文之緣起與作法；第二章探究孔墨思想之形成及其流衍，以為往後立論之參證；三至八章，則分別就天道及形上思想、人生觀、中心思想、政治、財經、教育諸門類，而將兩家之說，相互排比，以為疏通證明，見其同異，且為之論評焉。是為本論文之主體。第九章結論，則歸納前論，以為總結。凡二十餘萬言。

　　經由本論文之析探，於歷來孔墨間義理之混淆，雖或未足以息爭而止喙，然亦已獲得相當程度之疏導與澄清。諸如：仁愛與兼愛之歧異、人倫與天道之分途、尚文與尚質之懸隔、有命與非命之爭議、義利觀念之糾葛、教育內容之偏尚、政治理念之異趣，乃至人生理想之異同，皆嘗有所彰顯；而孔、墨思想之同而實異、異而猶同，其因果之際、得失之間，亦因之而愈明。至於愜當與否，則仍有待當世賢達之匡正焉。

目次

第一章　導　論

　　孔、墨兩家，在中國思想史上，都佔有極其重要的地位——在先秦時代，即已號稱顯學。故韓非子稱：「世之顯學，儒墨也；儒之所至，孔丘也；墨之所至，墨翟也。」（《韓非子・顯學》）其〈顯學篇〉就是專對儒、墨兩家而發。孟子亦謂：「天下之言，不歸楊則歸墨。」（《孟子・滕文公下》）而《呂氏春秋》亦云：「孔墨徒屬弟子，充滿天下。」（〈尊師篇〉）又云：「孔墨之後學，顯榮於天下者眾矣！不可勝數。」（〈當染〉）僅就這些記載，我們便不難想見當時兩家學說興盛之一斑。

　　在這種兩強爭長的情況下，由於思想理念的差異，或種種客觀的因素，他們彼此之間，自不免相互批判，甚至相互攻訐。所以莊子說：「道隱於小成，言隱於榮華，故有儒、墨之是非。」（《莊子・齊物論》）而當時及後世之學者，也不免有許多軒輊之論、批駁之言。於是眾說紛陳，莫衷一是。實有整理與廓清之必要。因而不揣固陋，思就兩家思想之糾葛，作一次較徹底的比較和分析，並分別凸顯其精神之所在，而各還其學說之本眞。希望能使這宗千古懸案，得到相當程度的論定。這是筆者所深自期勉的。

第一節　先秦時代儒墨相非的情形

　　先秦時代，在儒、墨爭議中，首先發難的，厥爲墨家；其後，代表儒家立場的孟子、荀子，皆嘗先後予以還擊，遂使儒、墨之是非，達於高潮：

一、墨家非儒之說

　　墨家非儒之說，多集中於《墨子・非儒篇》。審其非儒之內容，約有十端：

1. 舉儒者喪服之禮，以為「逆孰大焉」、「贛愚甚矣」。

2. 舉儒者婚姻之禮，以為「悖逆父母」。

3. 舉儒者強執有命，以為「是賊天下之人者也。」

4. 舉儒者必古言服、循（述）而不作、勝不逐奔。以為「皆小人之道也」、「不義莫大焉。」

5. 舉儒者「君子若鐘，擊之則鳴，弗擊不鳴。」之言，以為「是夫大亂之賊也。」

6. 舉晏子言：「孔某之荊，知白公之謀，而奉之以石乞，君身幾滅，而白公僇之。」以為「非賢人之行也。」「非義之類也。」「非仁義之本也」

7. 舉晏子諫景公勿以尼谿封孔子，孔子志，怒於景公與晏子，乃遣子貢勸田常與越伐吳，導致三年之內，齊吳破國之難。以為皆孔子之謀。

8. 舉孔子為魯司寇，舍公家而奉季孫之不當。

9. 舉孔子飢約則不辭妄取以活身；贏飽則偽行以自飾，以為「汙邪詐偽，孰大於此。」

10. 舉孔子誣舜與周公。以為「其所行，心術之所至也。」

其中前五項，乃就儒家之主張而提出批駁，屬思想理念之論難；後五項則舉孔子之言行而非議之，則涉及人身之攻擊。此外，〈公孟篇〉中，除「譬若鍾然，扣則鳴，不扣則不鳴。」「行不在服」與「教人學而執有命，是猶命人葆而去亓（其）冠。」之言，與前述第三、四、五項兩項大致相同外，其非儒之言論，尚有以下數則：

> 公孟子謂子墨子曰：「昔者聖王之列也，上聖立為天子，其次立為卿、大夫。今孔子博於詩書，察於禮樂，詳於萬物。若使孔子當聖王，則豈不以孔子為天子哉？」子墨子曰：「夫知者必尊天事鬼，愛人節用，合焉為知矣！今子曰：孔子博於詩書，察於禮樂，詳於萬物，而曰可以為天子，是數人之齒而以為富。」

> 執無鬼而學祭禮，是猶無客而學客禮也。

> 子墨子曰：「子以三年之喪，非三日之喪，是猶倮謂撅者不恭也。」

> 儒者之知，豈有以賢於嬰兒子哉！

> 子墨子問於儒者曰：「何故為樂？」曰：「樂以為樂也。」子墨子曰：「子未我應也。今我問曰：何故為室？曰：冬避寒焉，夏避暑焉，

且以爲男女之別也。則子告我爲室之故矣！今我問曰：何故爲樂？
曰：樂以爲樂也！是猶曰：何故爲室？曰：室以爲室也。」

子墨子謂程子曰：「儒之道，足以喪天下者，四政焉：儒以天爲不明，
以鬼爲不神，天鬼不説，此足以喪天下：又厚葬、久喪，重爲棺椁，
多爲衣衾，送死若徙，三年哭泣，扶後起，杖後行，耳無聞，目無
見，此足以喪天下：又弦歌鼓舞，習爲聲樂，此足以喪天下：又以
命爲有：貧富壽夭，治亂安危，有極矣，不可損益也。爲上者行之，
必不聽治矣！爲下者行之，必不從事矣！此足以喪天下。」

以上以最後一則提出儒家「以天爲不明、以鬼爲不神」、「厚葬久喪」、「弦歌
鼓舞，習爲聲樂」、「以命爲有」四事，認爲足以喪天下，最能具體凸顯儒、
墨思想爭議之所在。至於〈耕柱篇〉，也有兩則明顯的非儒言論：

葉公子高問政於仲尼，曰：「善爲政者若之何？」仲尼對曰：「善
爲政者，遠者近之，而舊者新之。」子墨子曰：「葉公子高，未得
其問也，仲尼亦未得其所以對也。葉公子高，豈不知善爲政者之
遠者近之，而舊者新之哉？問所以爲之若之何也。不以人之所不
智者告人，以所智告之。故葉公子高未得其問也；仲尼亦未得所
以對也。」

巫馬子謂子墨子曰：「我與子異，我不能兼愛：我愛鄒人於越人，愛
魯人於鄒人，愛我鄉人於魯人，愛我家人於鄉人，愛我親於我家人，
愛我身於吾親：以爲近我也。擊我則疾，擊彼則不疾於我。我何故
疾者之不拂，而不疾者之拂。故有殺彼以利我，無殺我以利彼。」
子墨子曰：「子之義將匿邪？意將以告人乎？」巫馬子曰：「我何故
匿我義？吾將以告人。」子墨子曰：「然則一人説子，一人欲殺子以
利己；十人説子，十人欲殺子以利己：天下説子，天下欲殺子以利
己；一人不説子，一人欲殺子以利己，以子爲施不祥言者也；天下
不説子，天下欲殺子，以子爲施不祥言者也。説子亦欲殺子，不説
子亦欲殺子：是所謂經口者也，殺常之身者也。」

以上第一則，僅牽涉答問之技巧。第二者雖然只是與巫馬子相互論難，但巫
馬子根據孫詒讓的説法，認爲「蓋巫馬期之子姓。」（見《墨子閒話·耕柱篇
注》）按：《史記·仲尼弟子列傳》：「巫馬施，字子旗，少孔子三十歲。」《集
解》：「鄭玄曰：魯人。」與本篇巫馬子所稱：「愛魯人於鄒人。」的説法，正

相吻合。所以巫馬子在墨家心目中，也是儒家的代表，而本文的內容，也正是攻訐儒家「愛有差等」的觀念，自然也算是「非儒」的言論。

以上所舉，雖然都有「子墨子曰」云云，表示皆墨子弟子傳述其師之言，而非墨子親身的著述，其中也多沙誣蔑之辭。但也不難看出，墨家與儒家之間，確實存在著許多思想上的衝突。

二、儒家闢墨之言

在儒家陣營中，孔子未及見墨子，〔註1〕自不能對墨家有所批評。但其後的孟子與荀子，則對墨家，有相對嚴厲的批判，尤以孟子為然。《孟子・滕文公上》記孟子與墨者夷之論薄葬，令夷之憮然改容；〔註2〕〈盡心上〉雖稱「墨子兼愛，摩頂放踵，利天下為之。」但仍然傷其離於中道。〔註3〕至於〈滕文公下篇〉對則墨家兼愛，大加撻伐。其言曰：「楊氏為我，是無君也；墨氏兼愛，是無父也；無父無君，是禽獸也。」竟把墨家的兼愛，比之為禽獸的行為。並謂：「楊墨之道不息，孔子之道不著，是邪說誣民，充塞仁義也。仁義充塞，則率獸食人，人將相食。吾為此懼：閑先聖之道，距楊墨，放淫辭，邪說者不得作。」這簡直是與墨家誓不兩立的宣言。

至於荀子批判墨家之言，約有下列數則：

> 墨子之言，昭昭然為天下憂不足。夫不足，非天下之公患也，特墨子之私憂過計也。……我以墨子之非樂也，則使天下亂；墨子之節用也，則使天下貧；……墨子大有天下，小有一國，將蹙然衣麤食惡，憂戚而非樂：若是則瘠，瘠則不足欲，不足欲則賞不行。墨子大有天下，小有一個，將少人徒，省官職，上功勞苦，與百姓均事

〔註1〕墨子約生於周敬王末年至周元王初年之間（西元前 479 年～473 年）而孔則卒於魯哀公十六年（西元前 479 年）。必未及見墨子。（詳見拙作《墨子教育思想研究》第一章第一節）

〔註2〕按：《孟子・滕文公上》：「孟子曰：『……蓋上世嘗有不葬其親者，其親死，則舉而委之於壑。他日過之，狐狸食之，蠅蚋姑嘬之：其顙有泚，睨而不視。夫泚也，非為人泚，中心達於面目。蓋歸反虆梩而掩之誠是也，則孝子仁人之掩其親，亦必有道矣！』徐子告夷子，夷子憮然為閒曰：『命之矣！』」

〔註3〕按：《孟子・盡心上》：「孟子曰：『楊氏取為我，拔一毛而利天下，不為也；墨子兼愛，摩頂放踵，利天下，為之：子莫執中。執中為近之；執中無權，猶執一也。所惡執一者，為其賊道也，舉一而廢百也。』」朱注云：「此章言道之所貴者中，中之所貴者權。」

業，齊功勞：若是則不威，不威則罰不行。……上失天時，下失地利，中失人和，天下敖然，若燒若焦。墨子雖爲之衣褐帶索，嚙菽飲水，惡能足之乎！（〈富國篇〉）

夫樂者樂也，人情之所必不免也。……而墨子非之奈何？……先王之道，禮樂正其盛者也，而墨子非之。故曰：墨子之於道也，猶瞽之於白黑也，猶聾之於清濁也，猶欲之楚而北求之也。（〈樂論〉）

不知壹天下，建國家之權稱，上功用，太儉約，而僈差等，曾不足以容辨異，縣君臣；然而其持之有故，其言之成理，足以欺惑愚眾：是墨翟、宋鈃也。（〈非十二子〉）

大有天下，小有一國，必自爲之然後可，則勞苦耗顇莫甚焉；如是，則雖臧獲不肯與天子易埶業。以是縣天下，一四海，何故必自爲之？爲之者，役夫之道也，墨子之說也。（〈王霸〉）

墨子有見於齊，無見於畸。……有齊而無畸，則政令不施。（〈天論〉）

墨子蔽於用而不知文。（〈解蔽〉）

以上〈富國篇〉之言，乃認爲墨子之〈非樂〉，將使天下因缺乏陶冶人心，移風易俗之具而趨於亂；而過分節用之結果，反使人因缺乏追求舒適生活之意願而更趨於貧。至於粗衣惡食，清心寡欲，將使各種獎賞，都會大大降低激厲人心與勸賢之功能；而君臣百姓同務賤役，有損君長之尊嚴，將使刑法不易實施。如此一來，在盡失天時、地利、人和的情況下，天下貧窮匱乏，再怎麼推行節儉，皆將無濟於事。

〈樂論篇〉之言，則闡述音樂之功能，以駁斥墨子之〈非樂〉；〈非十二子篇〉，則斥墨子之太講求功利，太過於儉約，且忽視上下差等之觀念。大體與前述〈富國篇〉之義相同；〈王霸篇〉評墨子之事必躬親爲「役夫之道」，不如儒家之「論德使能」；〈天論篇〉譏墨子只注意到尚同、齊一之理念，而忽略差等之客觀事實；〈解蔽篇〉則譏墨子只注意現實之用，而昧於文采之積極意義。

由以上的敘述，也可以看出儒、墨思想間矛盾之深。而儒家闢墨之言，其嚴苛的程度，也絕不下於墨之闢儒。至於孟子「無父無君，是禽獸也！」之言，更是痛毀極詆到了極點。面對這些相互攻詰的言論，而欲論斷其是非曲直，實有進一步探討與分析的必要。

第二節　後世學者對儒墨相非的看法

先秦之世，由於百家爭鳴，率皆是己非人，以達到各售其說的目的，所以對儒、墨間相非的問題，雖然偶有提及，但是都沒有作深入的探討。

最早提到儒、墨間相非之問題的，當推尸佼。《尸子・廣澤篇》云：「墨子貴兼，孔子貴公，皇子貴衷，田子貴均，列子貴虛，料子貴別。囿其學之相非也，數世矣，而不（不字據何焯校補）已：皆弇於其私也」對於各家主張的利弊得失，未作正面的評析，却以「皆弇於其私」一筆加以抹煞，實在過於籠統，而毫無是非之可言。

至於莊子，對儒、墨兩家，都有很多嚴厲的批評，而於儒、墨間的是非，則僅在〈齊物論〉和〈在宥篇〉稍有提及。他在〈齊物論〉中說：「道隱於小成，言隱於榮華。故有儒、墨之是非，以是其所是，而非其所非。〔註4〕欲是其所非，而非其所是，則莫若以明。」按：莊子之意，以為真正的道，被小成而有偏見的人所隱蔽；世間的真理，被浮華不實的人所巧飾。導致儒、墨兩家，對道與真理，不能有全盤的瞭解，而各有偏執，才會產生各是其所是，各非其所非的現象。所以要想糾正他們的錯誤；莫過於「以明」。換句話說，他對於儒、墨間的是非，也只是籠統地加以否定，而未作進一步的比較和論斷。

〈在宥篇〉說：「夫施及三王，而天下大駭矣：下有桀、跖，上有曾、史，而儒、墨並起。於是乎喜怒相疑，愚知相欺，善否相非，誕信相譏，而天下衰矣！」在莊子的心目中，儒、墨之間，只是「喜怒相疑，愚知相欺，善否相非，誕信相譏。」似乎並無是非可言，而且也都在他的抨擊之列。

《韓非子・顯學篇》稱：「孔子、墨子，俱道堯、舜，而取舍不同，皆自謂真堯、舜；堯、舜不復生，將誰使定儒、墨之誠乎？……夫是墨子之儉，將非孔子之侈也；是孔子之孝，將非墨子之戾也。」根據韓非子的說法，乃是彰顯儒、墨兩家，於道之取舍有所不同。至於是非曲直，則站在法家的立場，也是一併加以批駁的。

《呂氏春秋》對孔、墨兩家，大抵相提並論，而褒多於貶，其間並未涉及兩家義理之是非的問題：

> 孔、墨之弟子徒屬，充滿天下，皆以仁義之術，教導於天下。（〈似順論第五・有度〉）

〔註4〕按：「以是其所是，而非其所非。」原作「以是其所非，而非其所是。」據校釋改。

> 蓋聞孔丘、墨翟晝日諷誦習業，夜親見文王、周公而問焉。用志如
> 此其精也，何事而不達？何爲而不成？（〈不苟論第四·博志〉）

> 孔丘、墨翟，無地爲君，無官爲長，天下丈夫女子，莫不延頸舉踵
> 而願安利之。（〈大覽第三·順說〉）

其後孔叢子嘗針對《墨子·非儒篇》，著〈詰墨篇〉以駁之，但大抵只是對其
中誣枉孔子的言論，提出答辯，並未及於探討義理的層次。

　　至於淮南王書，雖然是站在道家的立場說話，但却有意折衷百家，所以
他對儒墨間的是非，也屢屢提及：

> 墨子學儒者之業，受孔子之術，以爲其禮煩擾而不說，厚葬靡財而
> 貧民，久服傷生而害事，故背周道而用夏政。（〈要略訓〉）

> 夫三年之喪，是強人所不及也，而以僞輔情也；三月之服，是絕哀
> 而迫切之性也。夫儒、墨不原人情之終始，而務以行相反之制。（〈齊
> 俗訓〉）

> 夫弦歌鼓舞以爲樂，盤旋揖讓以修禮，厚葬久喪以送死，孔子之所
> 立也，而墨子非之；兼愛、尚賢、有鬼、非命，墨子之所立也，而
> 楊子非之；全性保眞，不以物累形，楊子之所立也，而孟子非之。
> 趨舍人易，各有曉心。故是非有處，得其處則無非，失其處則無是。
> （〈氾論訓〉）

> 徐偃王爲義而滅，燕王噲行仁而亡，哀公好儒而削，代君爲墨而殘。
> 滅亡削殘，暴亂之所致也，而四君獨以仁義儒墨而亡者，遭時之務
> 異也。非仁義儒墨不行，非其勢而用之，則爲之擒矣！（〈人間訓〉）

按：〈要略訓〉所言，乃是敘述墨學之所從出，也附代說明了墨家反對儒家的
禮教，以及厚葬、久喪的立場。其間並無是非的評斷。至於〈齊俗訓〉，則認
爲儒家的三年之喪，乃是強人所難，而且也是矯情的作法；而墨家三月之喪
的主張，〔註5〕則又顯得太過於迫切。因此他認爲儒、墨兩家的主張，都是未
能體察人情所制定出的極端作法。這種論斷，僅在於折衷兩家，實在也沒有
甚麼是非可言。而〈氾論訓〉和〈人間訓〉的說法，則認爲各家的主張，都

〔註5〕按：《淮南子·齊俗訓，高誘註》云：「三月之服，是夏后氏之禮。」《墨子·
　　　節葬下》云：「哭往、哭來，反，從事乎衣食之財。」又〈公孟篇〉云：「公
　　　孟子謂子墨子曰：子以三年之喪爲非，子之三日之喪亦非也。」則三月應爲
　　　三日之誤。

各有其當，只在於是否能符合當時的情勢，以及是否能拿捏得恰到好處爲定。
這其間，自然也就沒有甚麼是非可言了。

東漢王充著《論衡》，對墨家頗多批評，而於儒、墨兩家之間，則以爲：
「儒之道傳而墨法廢者，儒之道義可爲，而墨之法義難從也。何以驗之？墨
家薄葬右鬼，道乖相反，違其實，宜以難從也。」（《論衡・案書篇》）其間雖
有論斷，而僅說到墨家的薄葬而又明鬼，顯然「道乖相反」！其餘則付闕如。

其後，由於墨學迅即衰微，而儒家思想，定於一尊，所以孔、墨間的是
非異同，也就不再有人去加以致意了。不料到了唐朝，一向排斥異端，而以
儒家道統自居的韓愈，一反其平日的立場〔註6〕寫了一篇調和儒、墨的論述。
他說：

> 儒譏墨以上同、兼愛、上賢、明鬼。而孔子畏大人，居是邦不非其大
> 夫，春秋譏專臣：不上同哉？孔子泛愛、親仁，以博施、濟眾爲聖：
> 不兼愛哉？孔子賢賢，以四科進褒弟子，疾末世而名不稱：不上賢哉？
> 孔子祭如在，譏祭如不祭者曰，我祭則受福：不明鬼哉？儒、墨同是
> 堯、舜，同非桀、紂，同脩身、正心以治天下、國家：奚不相悅如是
> 哉？余以爲辯生於末學，各務售其師之說，非二師之道本然也：孔子
> 必用墨子，墨子必用孔子；不相用，不足爲孔、墨。〔註7〕

本文中，韓愈列舉了一些孔子的言論和作爲，以與墨子尚同、兼愛、尚賢、
明鬼的學說相比附，並以爲兩家的好惡相同，而「修身、正心以治天下國家」
的行爲和目標都相當一致，不應該如此互相排斥。所以他判定儒、墨之相非，
乃是「辯生於末學，非二師之道本然也。」並提出「孔子必用墨子，墨子必
用孔子；不相用，不足爲孔、墨。」的結論。把千古的訟案，就這麼草草了
結，不但不足以息喙而止爭，反而更混淆了儒、墨間的是非。因爲兩家思想
之差異，甚爲明顯，今其書具在，可以覆按。何況如上一節所述，儒、墨之
間，確多爭議。孔子既不及見墨子，自不能對墨家有所批評。而孔子之後，
孟、荀兩家似乎不能視之爲「末學」。所以此種說法，自然很難令人心服。因
此這篇文章，只能視之爲文人的隨興之作，不同於態度謹嚴的學術論著。

〔註6〕按：韓愈〈原道〉云：「周道衰，孔子沒，火於秦，黃老於漢，佛於晉魏梁隋
　　　　之間。其言道德仁義者，不入於楊，則入於墨；不入於老，則入於佛。入者
　　　　主之，出者奴之；入者附之，出者汙之。」顯然亦以墨家爲異端。
〔註7〕見李漢編《昌黎先生集》卷十一。

　　韓愈以後，墨學仍然受到冷落。一直到了清朝，墨學才漸漸從廢墟中振興起來，並引發許多學者研究的興趣。其中，對於儒、墨間是非的問題，也屢有提及。茲舉其較重要者，列敘於后：

> 世之譏墨子，以其節葬、非儒說。墨者既以節葬爲法夏，特非周制，儒者弗用之。非儒，則由墨子弟子尊其師之過。其稱孔子諱及諸毀詞，是非墨翟之言也。案：他篇亦稱孔子，亦稱仲尼，又以孔子言亦當而不可易，是翟未嘗非孔子。孔子之言，多見論語、家語及他緯書傳、注，亦無斥墨詞。至孟子，始云：「能言距楊、墨者，聖人之徒。」又道：「楊、墨之道不息，孔子之道不著。」蓋必當時爲墨學者流於橫議，或類〈非儒篇〉所說，孟子始嫉之。故《韓非子‧顯學》云：「墨離於三，取舍相反不同，皆自謂眞孔、墨。」韓愈云：「辯生於末學，各務售其師之說，非二師之道本然。」其知此也。（畢沅《墨子註敘》）

按照畢氏說法，墨子只是法夏，所以不得不非周制。至於〈非儒篇〉，只是墨子的弟子爲了推尊其師所捏造出來的言論。除此之外，儒、墨之間似乎就沒有矛盾了。實則墨子之〈非儒〉，除〈非儒篇〉及前述〈公孟〉、〈耕柱〉諸篇外，其餘雖未指明〈非儒〉，而揆其內容，仍多針對儒家而發。至於他說：「孔子之言，多見論語、家語及他緯書傳注，亦無斥墨詞。」則孫詒讓評之曰：「墨子蓋生於哀、悼間，較之七十子尚略後，孔子安得斥之。此論甚謬。」（見《墨子閒詁‧附錄》）而對孟子之闢墨，認爲「蓋必當時爲墨學者流於橫議，或類〈非儒篇〉所說，孟子始嫉之。」所以歸根究底，仍然是末學所造成的誤會。這種說法，當係承襲韓愈而來，並無新意。

　　孫星衍《墨子注後序》，對於儒墨之爭，只說到：「孔子生於周，故尊周禮，而不用夏制；孟子亦周人而宗孔，故于墨非之，勢則然焉。」（見《墨子閒詁‧附錄》）輕描淡寫，無以確知其是非。汪中《墨子序》則稱：

> 儒之絀墨子者，孟氏、荀氏。荀之論樂、論禮，爲王者治定功成，盛德之事；而墨之節葬、非樂，所以救衰世之敝：其意相反而相成也。若夫兼愛，特墨之一端。然其所謂兼者，欲國家愼其封守，而無虐鄰之人民、畜產也。雖昔先王制爲聘問、弔恤之禮，以睦諸侯之邦交者，豈有異哉？彼且以兼愛教天下之爲人子者，使以孝其親。而謂之無父，斯已枉矣！後之君子，日習孟子之說，而未睹墨子之

本書，其以耳食，無足怪也。世莫不以其誣孔子爲墨子辠。雖然，自今日言，孔子之尊，固生民以來未有矣。自當日言之：則孔子，魯之大夫也；而墨子，宋之大夫也；其位相垺、其年又相近，其操術不同，而立言務以求勝。雖欲平情、覈實，其可得乎？是故墨子之誣孔子，亦猶孟子之誣墨子也：歸於不相謀而已矣！吾讀其書，惟以三年之喪爲敗男、女之交，有悖於道……。

按：汪氏之說，蓋以爲荀子之重禮樂，乃是爲王者治定功成，屬於盛德之事；而墨子之〈節葬〉、〈非樂〉，則是爲了救衰世之弊。所以兩家仍然是相反而相成。這麼說來，一切的是非，豈非都是無謂之爭？果眞如此，則一切學說，也都各有其創立學說的背景，亦何須有所爭議？至於孟子以兼愛爲「無父無君，是禽獸也。」之言，是否過當，暫且不論，但兼愛絕不同於儒家的仁愛，則是確切的事實，否者何勞墨子，另創此說？所以他說：「墨子之誣孔子，亦猶孟子之誣墨子也。歸於不相謀而已矣！」的說法，仍然只是一味地調和，而談不上甚麼義理之是非。

至於孫詒讓《墨學通論》云：

春秋之後，道術紛歧，倡異說以名家者十餘。然唯儒、墨爲最盛，其相非亦最甚。墨書旣非儒，儒家亦鬭楊、墨。楊氏晚出，復擯儒、墨而兼非之。然信從其學者少，固不能與墨抗行也。莊周曰：「兩怒必多溢惡之言。況夫各樹一義以爲藩楬，而欲以易舉世之論，沿襲增益，務以相勝，則不得其平。豈非勢之所必至乎！今觀墨之非儒，固多誣妄。其於孔子，亦何傷於日月！而墨氏兼愛，固諄諄以孝、慈爲本。其書具在，可以勘驗。而孟子斥之，至同之無父之科。則亦少過矣。自漢以後，治教嫥一，學者咸宗孔、孟，而墨氏大絀。然講學家剟竊孟、荀之論，以自矜飾、標識；綴文之士，習聞儒言而莫之究察；其於墨也，多望而非之，以迄於今。學者童丱治舉業，至於皓首，習斥楊、墨爲異端，而未有讀其書，深究其本者，是暖姝之說也。安足與論道術流別哉？（見《墨子閒詁·墨子後語卷下》）

他雖然肯定儒、墨相非的事實、但卻歸之於「兩怒必多溢惡之言」，和「務以相勝，則不得其平」。既然如此，當然也就沒有甚麼是非可說。

其後漢陽張純一於《晏子春秋·校注敘》云：

夫儒非不尚儉，未若墨以儉爲極；儒非不尚勤，未若墨勤生之亟；

> 儒非不兼愛，未若墨兼愛之力：此儒、墨之辨也。然儒家囊括萬理，
> 允執厥中，與墨異趣也。

他的意思，以為儒、墨兩家的學說，只在於程度上有別，而並無實質上的差異。所不同的是儒家義理的涵蓋面較廣，同時也比較能符合中庸之道而已。這裏面，雖已有是非之分，但是仍然過於籠統。

近人方授楚著《墨學源流》，於儒墨之異同，頗多論述。根據他的研究，認為：

> 墨子與孔子，年代相接，學術之基礎相同，而其主張則相反：故「孔
> 子親親，墨子尚賢；孔子差等，墨子兼愛；孔子繁禮，墨子節用；
> 孔子重喪，墨子節喪；孔子統天，墨子天志；孔子遠鬼，墨子明鬼；
> 孔子正樂，墨子非樂；孔子知命，墨子非命；孔子尊仁；墨子貴義；
> 殆無一不與孔子相反。(此用夏曾佑語)至其所以然之故，言者不一；
> 以吾觀之，殆在平等與否而異。若借荀子之語表之：則孔子有見於
> 畸，無見於齊；墨子有見於齊，無見於畸也。故墨家不能不非儒。(見
> 《墨學源流》第五章第六節)

在他的心目中，儒、墨兩家的主張，幾乎都是背道而馳；而其所以如此，則「殆在平等與否而異」。他所歸結的原因，是否正確，在此姑置弗論，而其儒、墨完全相異的看法，與前述諸賢之說，則大相逕庭。至於今賢有關論著中，對於儒、墨之是非，看法也頗不一致，仍有深入探討的必要。

第三節　釐清孔墨思想糾葛之必要性與具體作法

一、正視儒、墨相非的事實

孔子和墨子，都是我國先秦時代最偉大的思想家，所以後世也往往以孔、墨並稱。他們都具有悲天憫人的胸懷，抱著拯世救民的宏願：終日栖栖遑遑，奔走天下。所以《淮南子》稱：「孔子無黔突，墨子無煖席。是以聖人不高山、不廣河，蒙恥辱以干世主，非以貪祿慕位。欲事起天下利而除萬民之害。」(《淮南子‧脩務訓》)可見他們救世的精神和表現的態度，乃是一致的。

此外，他們也具有相同的好惡，所以「同是堯、舜，同非桀、紂。」有著共同的行徑，都是「同脩身、正心以治國家。」(以上引韓愈語見第二節)

那麼照理說，他們的思想，應該具有相當的一致性。而事實上，他們所倡導的學說，也都是以愛人爲主體；由此愛人的理念所推衍出來的種種主張，自然也會有許多的共通性。正如韓文公所言：「孔子畏大人，居是邦不非其大夫，春秋譏專臣；不上同哉？孔子泛愛親仁，以博施濟眾爲聖；不兼愛哉？孔子賢賢，以四科進褒弟子，疾末世而名不稱：不上賢哉？孔子祭如在，譏祭如不祭者曰，我祭者受福：不明鬼哉？」（見第二節引）就由於儒、墨之間，具有這些共通性，才使得自韓文公以來，產生了許多混同儒、墨的說法。並極力想要遮掩儒、墨相互詰難的事實；或雖承認此一事實，却將它歸之於「兩怒必多溢惡之言」。以這種和事佬的心態，從事學術流別的研究，恐怕很難探取到眞象，而眞理亦將無法凸顯。

至於方授楚《墨學源流》引夏曾佑之言，以爲墨子之主張，「殆無一不與孔子相反。」則又完全無視於孔、墨學說的共通性。除非他預設立場──存心揄揚某人而貶抑某人。否則，這樣的說法，我們也只好說他：「有見於畸，無見於齊」了。

面對後世這種百家爭鳴、各售其說的現象，固然要爲孔、墨思想之普遍受到重視與關懷，以及學術思想之自由發展而慶幸；但也深爲兩家思想學說之不能各還其本眞而感到惋惜。這是有心於義理之探討，以及重視學術文化者，所應正視的。

二、孔墨相關學說之深究與辨析

過去對孔、墨思想有過比較之論評者雖然不少，而其看法所以形成如此鉅大之差異者，或由於囿於入主出奴的觀念，因而預設立場，遂不能作比較客觀而公正的批判；或者是僅僅執其一端，而作一些片段的批評；甚者只是隨興而發，並未曾對學說本身作過深入的探討；或拘泥於過去的一些詮釋，因而產生了誤解；再不然就是抱着和事佬的心態，強爲比附，藉以淡化兩家思想衝突之事實；其別具卓識、洞鑒入微者，固然也不在少數，但他們或因種種因素，只做了一些重點的提示，而未遑作全面性的梳理：遂使此一千古懸案一直延宕而不解。這是非常可惜的。

由於以上的認識，所以筆者多年來一直想投入這項艱鉅的工作，但以學力所限，迄無具體之成果。竊以爲要釐清此一思想的糾葛，必然要先對兩家思想之所以形成及其流衍，有一個明確的認知，再就兩家思想之內涵，重新

做一次深入的探討與省察，然後抽取其相關的學說，加以舖陳排比，以見其同異之所在；對於其間重要的環節，更不可掉以輕心。尤其要從兩家學說中去探求其本義，才不致因過於依賴前人的詮釋，產生先入為主的印象，而落入以往的窠臼，從而影響其正確的思維和判斷。如此，則兩家學說，乃可以各還其本真，而是非得失之間，乃可以據以論斷。──這對兩家思想未來的發展，都將具有正面的意義；也惟有如此，我們才對得起這兩位聖哲畢生為中華學術文化所做的奉獻和苦心。而這篇論文，只是此一嘗試的開端。

第二章　孔墨思想之形成及其流衍

第一節　孔墨的生平

一、孔子的生平

關於孔子的生平事蹟，除散見於經傳及諸子所稱引外，以《史記》的〈孔子世家〉，敘述最爲完備，可作爲認識孔子最重要的依據。近人錢賓四《先秦諸子繫年》、《孔子傳》及張其昀的《孔子新傳》等，續有考證及增益，愈見詳審，茲不贅述。僅撮其概要，列述於后：

（一）先　世

孔子的祖先，原爲商代的王室。所以《禮記・檀弓上》載：孔子稱：「丘也，殷人也。」到了周滅商，成王封微子啓於宋，經四傳而至閔公。弗父何是宋閔公的長子，讓位於其弟方祀（即屬公），傳爲美談；弗父何的曾孫正考父，輔戴公、武公、宣公，皆爲上卿，三命而益恭，饘粥以餬口；其子孔父嘉爲大司馬，又受穆公遺命輔佐殤公，卒爲華父督所殺。其後世屢爲華氏所逼，家道中落；孔父嘉曾孫防叔，畏華氏之逼而奔魯，爲防大夫；防叔孫叔梁紇爲魯鄹邑大夫，以勇力稱。叔梁紇先娶於魯之施氏，生九女而無男；其妾生孟皮，病足，爲廢人。乃娶顏氏季女徵在，禱於尼山，野合而生孔子。

（二）生平事蹟

孔子名丘，字仲尼，生於魯襄公廿二年（西元前 551 年）。生不久而叔梁

紇死，家境貧困。爲童稚時，就喜歡「陳俎豆，設儀容。」十五歲立志向學，十九歲娶宋开官氏，次年生伯魚。

孔子早年曾任委吏與乘田，地位微賤。所以曾自謂：「吾少也賤，故多能鄙事。」（《論語·子罕》）但是由於他的好學不倦，使他成爲一位博學多能的人。《論語》記：

> 子入大廟，每事問。或曰：孰謂鄹人之子知禮乎？入大廟，每事問。
>
> 子聞之曰：是禮也。（《論語·八佾》）
>
> 子曰：十室之邑必有忠信如丘者焉，不如丘之好學也。（《論語·公冶長》）
>
> 子曰：學如不及，猶恐失之。（《論語·泰伯》）
>
> 子曰：我非生而知之者；好古，敏以求之者也。（《論語·述而》）

其好學的程度，確非常人所能企及，因而四方仰慕，從學者漸多，開啓了私人講學的風氣。《史記·孔子世家》記載：

> 魯大夫孟釐子病且死，誡其嗣懿子曰：「孔丘，聖人之後，滅於宋。其祖弗父何始有宋而嗣讓屬公；及正考父佐戴、武宣公，三命兹益恭，故鼎銘云：「一命而僂，再命而傴，三命而俯，循牆而走，亦莫敢余侮。饘於是，粥於是，以餬余口。其恭如是。吾聞聖人之後，雖不當世，必有達者。今孔丘年少好禮，其達者歟？吾即沒，若必師之。」及釐子卒，懿子與魯人南宮敬叔往學禮焉。

而孔子對於前來受教者，總是本着有教無類的精神，加以循循善誘，而爲世人所敬重。此於《論語》中，隨處可見。例如：

> 子曰：自行束脩以上，吾未嘗無誨焉。（《論語·述而》）
>
> 子曰：若聖與仁，則吾豈敢？抑爲之不厭，則可謂云爾已矣！（《論語·述而》）

孔子卅五歲時，因不滿季氏的僭越和跋扈，於是毅然離開魯國而前往齊國。

> 將禘於襄公，萬者二人，其眾萬於季氏。（《左傳·昭公二十五年》）
>
> 孔子謂季氏：八佾舞於庭，是可忍也，孰不可忍也。（《論語·八佾》）

在齊國期間，嘗與齊太師語樂，聞韶音而學之，竟至三月不知肉味。當時齊景公好治宮室，聚狗馬，飲酒無度，厚斂重刑，而野心勃勃的大夫陳氏則厚施以市恩於百姓，民多歸之。所以當景公問政於孔子，孔子即告以「君君、

臣臣、父父、子子」之理：

> 齊景公問政於孔子。孔子對曰：「君君、臣臣、父父、子子。」公曰：
> 「善哉！信如君不君，臣不臣，父不父，子不子。雖有粟，吾得而
> 食諸？」（《論語‧顏淵》）

惜景公雖欲用之，而以大臣之阻終不能用。所以孔子又回到了魯國。

孔子回到魯國以後，看到季氏與陽虎相爭，自大夫以下皆僭離於正道。於是決意不仕：「退而修詩書禮樂，弟子彌眾，至自遠方，莫不受業焉。」（《史記‧孔子世家》）一直到了魯定公九年，陽虎失敗奔齊以後，三家乃各有所憬悟。在此因緣際會之下，孔子乃出任中都宰，時孔子已經五十歲了。由於他的努力，一年之間，政聲大著，四方爭相仿效。於是由中都宰遷司空，又由司空遷司寇，並攝行相事，聞政三月，而魯國大治。

在這段期間，孔子曾隨魯定公會齊侯於夾谷。當齊人以兵劫魯侯，他以君子之道責之；訂盟時又以歸魯侵地來抵制齊景公的要挾；最後終使景公歸地以謝過，在外交上打了一個大勝戰。此外，又殺亂政大夫少正卯，並訂定墮三都的計劃，都充分表現出他的政治智慧。但是這些成果，卻使得齊國惴惴不安。以為「孔子為政必霸，霸則吾地近焉，為之先并矣！」「於是選齊國中女子好者八十人，皆衣文而舞康樂，文馬三十駟，遺魯君。」（《史記‧孔子世家》）季桓子受之，三日不朝。孔子意識到季桓子已因齊國的離間而無意重用他，乃再度離開魯國，展開了長達十四年的週遊列國的漫長旅程。這時是魯定公十三年，孔子年五十五歲。

孔子懷抱著滿腔的理想，希望能找到一個可以施展抱負的機會，以改變當時「天下無道」的局面。於是他首先到衛，又過匡，匡人以為陽虎而拘之；由曹適宋，因批評宋國權臣桓魋自為石槨，而險遭殺身之禍；在離開陳國時，又絕糧於陳蔡之間，落到「從者病，莫能興。」的地步。此外，孔子又飽嘗了許多冷嘲熱諷：有譏之為「纍纍若喪家之狗」（見《史記‧孔子世家》）的；有稱之為「知其不可為之」（《論語‧憲問》）的；有勸其「深則厲，淺則揭」（同上）的；有喻之以「已而！已而！今之從政者殆而！」（《論語‧微子》）的；有告之以「滔滔者，天下皆是也，而誰以易之。」（同上）的；有「植其杖而芸」（同上）而不加理睬的。但孔子除了偶有「莫我知也夫！」（《論語‧憲問》）之歎，以及「歸與！」（《論語‧公冶》）之情外，仍然不改初衷。而孔子所云：「天下有道，丘不與易也。」（《論語‧微子》）以及子路所稱：「不

仕無義。長幼之節，不可廢也，君臣之義，如之何其廢之？欲潔其身，而亂大倫。君子之仕也，行其義也。道之不行，已知之矣！」（同上）正是對所有譏刺他的人所發出的莊嚴的宣示。所以他一直很執着地繼續奮鬥下去。一直到魯哀公十一年，孔子六十八歲時，才應季康子之召，而回到魯國。計在外十四年，歷干七十餘君，但最後終究不能大行其道。

　　孔子回到魯國以後，魯人雖以國老尊之，而常以行政大事相諮詢，但終無重用之意。且當時子貢、冉有已先仕於魯，其後子路等亦仕魯，再加上聞其風而從學者益眾，所以孔子乃把重點放在教育事業上，據《史記‧孔子世家》的記載：「孔子以詩書禮樂教弟子蓋三千焉，身通六藝者七十有二人。」在政治方面，則已然退居於備詢的地位。

　　　　哀公問政，子曰：「文武之政，布在方策。其人存，則其政舉；其人亡，則其政息。」（《中庸》）

　　　　哀公問：「何爲則民服？」孔子對曰：「舉直錯諸枉，則民服；舉枉錯諸直，則民不服。」（《論語‧爲政》）

　　　　季康子問：「使民敬忠以勸，如之何？」子曰：「臨之以莊，則敬；孝慈，則忠；舉善而教不能。則勸。」（同上）

　　　　季康子問政於孔子。孔子對曰：「政者，正也。子帥以正，孰敢不正？」（《論語‧顏淵》）

　　　　季康子患盜，問於孔子。孔子對曰：「苟子之不欲，雖賞之不竊。」（同上）

　　　　季康子問政於孔子曰：「如殺無道，以就有道，何如？」孔子對曰：「子爲政，焉用殺？子欲善而民善矣！君子之德，風；小人之德，草：草上之風，必偃。」（同上）

　　　　季康子問：「仲由可使從政也與？」子曰：「由也果，於從政乎何有？」曰：「賜也可使從政也與？」曰：「賜也達，於從政乎何有？」曰：「求也可使從政也與？」曰：「求也藝，於從政乎何有。」（《論語‧雍也》）

　　　　子路問政。子曰：「先之，勞之。」請益。曰：「無倦。」（《論語‧子路》）

　　　　仲弓爲季氏宰，問政。子曰：「先有司，赦小過，舉賢才。」曰：「焉知賢才而舉之？」曰：「舉爾所知，爾所不知，人其舍諸。」（同上）

對於未能善盡職責的弟子，則不忘隨時予以督責，以充分發揮其影響力：

> 季氏將伐顓臾。冉有、季路見於孔子曰：「季氏將有事於顓臾。」孔子曰：「求，無乃爾是過與？夫顓臾，昔者先王以爲東蒙主，且在邦域之中矣！是社稷之臣也，何以伐爲？」冉有曰：「夫子欲之；吾二臣者，皆不欲也。」孔子曰：「求！周任有言曰：『陳力就列，不能則止。』危而不持，顛而不扶，則將焉用彼相矣？且爾言過矣！虎兕出於柙，龜玉毀於櫝中，是誰之過與？」冉有曰：「今夫顓臾，固而近於費，今不取，後必爲子孫憂。」孔子曰：「求！君子疾夫！舍曰欲之，而必爲之辭。丘也聞：有國家者，不患寡而患不均，不患貧而患不安。蓋均無貧、和無寡、安無傾。夫如是，故遠人不服，則修文德以來之。既來之，則安之。今由與求也，相夫子，遠人不服而不能來也；邦分崩離析而不能守也。而謀動干戈於邦內；吾恐季孫之憂，不在顓臾，而在蕭牆之內也！」（《論語・季氏》）

> 季氏富於周公，而求也爲之聚斂，而附益之。子曰「非吾徒也！小子，鳴鼓而攻之可也。」（《論語・先進》）

此外，就是致力於古代典籍的整理。許多先民寶貴的遺產，也都賴之而傳。

> 子曰：吾自衛返魯，然後樂正，雅頌各得其所。（《論語・子罕》）

> 世衰道微，邪說暴行有作；臣弑其君者有之，子弑其父者有之。孔子懼，作春秋。……孔子成春秋，而亂臣賊子懼。（《孟子・滕文公》）

在七十歲那年，他的兒子伯魚不幸去世，而他最得意的門生顏回也短命而死，使他傷痛萬分，直呼：「噫！天喪予，天喪予！」（《論語・先進》）次年，西狩獲麟，使孔子不禁感懷身世，以爲「吾道窮矣！」（見《孔子世家》）其明年，子路死於衛，更使孔子悲痛欲絕，到了第二年，也就離開了人世。享壽七十有三。死後葬於魯城北泗上。時爲魯哀公十六年。西曆紀元前 479 年。

二、墨子的生平

　　墨子雖然是我國古代最偉大的思想家之一，但是他的生平事蹟，卻留傳得很少。就連司馬遷的《史記》，也僅在《孟子荀卿列傳》後附記了二十四個字：

> 蓋墨翟，宋之大夫，善守禦，爲節用。或曰並孔子時，或曰在其後。

由於記述得過於簡略，　遂使墨子的生平與年代都很難考證，到了後代，甚至

連他的姓氏和國籍，都有許多異說。所以在此，也就只能據各家之說，並證之於《墨子》書及有關的史料，做一個簡要的考訂，藉以明其生平大要：

（一）姓　氏

墨子姓墨名翟，歷來咸無異說，但是自從元伊世珍《瑯環記》引〈賈子說林〉，說是墨子姓翟名烏，其母夢日中赤烏入室而生墨子，故以烏爲名。清周亮工《因樹屋書影》本其說，而謂：「以墨爲道，今以姓爲名，以墨爲姓，是老子當姓老耶？」其後江瑔、顧實、陳柱、錢穆等學者，也都主張墨乃學派或刑徒之稱；而近人胡懷琛且以爲墨爲貃或蠻之轉音，竟斷爲「不知姓名之外國人」或「印度人」：實有澄清之必要。關於此點，拙作《墨子教育思想研究》，曾列舉八証，以証明墨子確實姓墨：一、我國確有墨姓。二、姓氏亦可以爲學派名。三、學派不得稱子。四、子字加於姓上所以著其爲師。五、以姓氏名書爲諸子之通例。六、墨書中墨子皆以翟自稱。七、以史佚爲墨家出於僞託。八、以墨爲刑徒無害於墨之爲姓。茲以原文頗繁，故不贅引。而墨子姓墨，應該可以確認。

（二）國　籍

墨子所最難考定者，就是他的國籍。因爲司馬遷僅說到他是「宋之大夫」，而沒有明確說明他是那裏人，因而後世有以爲他是宋人的，有以爲他是楚人、魯人和齊人的，甚至有認爲他是印度人或阿拉伯人的：確令人滋生迷惑。據拙作《墨子教育思想研究》考訂之結果，以爲「墨子必爲中國人，且必爲北方人。至其爲齊、爲宋、爲魯，由於文獻不足，實難以遽定。然自其以魯國爲其最常居留之地而觀之，則其爲魯人之可能性，自亦最大。」

（三）年　代

關於墨子的年代，也很難考定。《史記》云：「或曰並孔子時，或曰在其後。」劉向則云：「墨子書有文子；文子，子夏之弟子，問於墨子。如此，則墨子者，在七十子後也。」（《史記·索隱》引《別錄》）畢沅則以爲「六國時人，至周末猶存。」（《墨子注序》）諸說前後相去，竟達二百餘年，誠令人疑惑。茲就管見所及，略爲考定於后：

今按墨子生平事蹟中，最爲人所熟知的，莫如止楚攻宋。而攻宋之謀，乃肇始於公輸般之造雲梯。〈魯問篇〉載：

> 公輸子自魯南遊楚，焉始爲舟戰之器，作爲鈎拒之備：退者鈎之，

進者拒之。量其鉤拒之長，而制爲之兵；楚之兵節，越之兵不節，
楚人因此若埶，亟敗越人。公輸善其巧，以語子墨子曰：「我舟戰有
鉤拒，不知子之義，亦有鉤拒乎？」

是公輸般之游楚，最先爲楚作爲鉤拒之備以敗越。今考〈楚世家〉云：

惠王十六年，越滅吳；四十二年，楚滅蔡；四十四年，楚滅杞。是
時，越已滅吳，而不能正江淮北，楚東侵廣地至泗上。

所謂「江淮北」者，正義謂：「徐陵縣徐泗等州也。」則是楚之侵越，循江沿
淮，蓋以水戰爲主，而其所以獲勝者，實賴於公輸「鉤拒之備也。」

至於楚既得志於江、淮之北，公輸般乃乘其見寵於楚王，因復製爲雲梯
以圖宋。及至墨子聞之，自魯趨而往，且與公輸般論戰，公輸般乃以「鉤拒
之備」，以自炫耀。則其事當在楚惠王四十四年（西元前 445 年）後之三數年
間。其時墨子既已有弟子禽滑釐等三百餘人，則其年齡，當不少於三十歲。

又按：〈魯問篇〉載：「子墨子見齊大王曰」云云，蘇時學刊誤以爲「即
太公田和也。」俞曲園、孫詒讓、梁任公等，並主此說。且〈魯問篇〉又有：
「魯君謂子墨子曰：『吾聞齊之攻我也，可救乎？』」之記載，則其受魯君之
託，而往見齊太公，亦甚合理。而此魯君，孫氏閒詁以爲「疑即穆公」，錢賓
四先生亦以爲言。至於墨子往見田和之時間，衡之〈魯問篇〉所載：「子墨子
曰：『並國覆軍，賊殺百姓，孰將受其不祥？』大王俯仰而思之曰：『我受其
不祥。』」之語，可知田和蓋因穆公之初立，欲乘「三侵魯地」之餘威，而欲
圖兼併之，既而因墨子之說，而打消併兼之念。按之《史記・六國年表》，自
魯穆公即位之年（周威烈王十九年，西元前 407 年）至魯穆公十四年，齊伐
魯取最，其間未有侵魯之記載，亦甚相符。此時上距孔子之卒，已七十餘年；
自墨子尚能自魯即齊，以說田和之事而觀之，其年歲當亦不會超過七十歲。
是墨子之未及見孔子也，明矣！而此時上距止楚攻宋，約已三十五至三十七
年。設若當時墨子年三十餘，此時亦且七十歲矣！衡之常理，庶幾近之。

至於墨子之卒年，梁任公據〈魯問篇〉：「魯陽文君曰：『先生何止我攻鄭
也？我攻鄭，順於天之志；鄭人三世殺其父（君），天加誅焉，使三年不
全。……』」之記載，以爲「墨子既及見鄭繻公之弒，且弒後三年與文子談其
事。」今按繻公之弒，在周安王六年，則弒後三年，當爲周安王九年（西元
前 393 年），則墨子已經八十幾歲了！

葛洪《神仙傳》云：「墨子年八十二，入周狄山學道。」此事雖屬虛誕，

然墨子之壽，當在八十二歲以上，自屬可信。至於梁任公據《呂覽・上德篇》記吳起之死（周安王廿一年，西元前 381 年），墨家鉅子已爲孟勝，故以爲墨子必死於吳起前。其言甚辯。惟所待補充者，則吳起死時，不特墨子已死，且並禽滑釐亦已必死。然則墨子之墓木，或已合抱矣！故錢賓四先生以爲「其卒當在安王十年左右，不出孟子生前十年。」（見《先秦諸子繫年・墨子生卒考》）庶幾得之。

總上所述，可知墨子約生於周敬王末年至周元王初年之間（西元前 479～473 年），卒於周安王九年（西元前 393 年）以後之數年間，享壽約八十幾歲。

（四）重要事蹟

有關墨子生平的記述，除《史記》簡短的記載外，最主要的資料，乃散見於《墨子・耕柱》、〈貴義〉、〈公孟〉、〈魯問〉、〈公輸〉等篇，以及諸子的記述。但多難以考訂其確切的年代，所以僅列述其重要事蹟，以見其思想行誼之一斑。

墨子的出身，很難確考，但從《墨子・貴義篇》記墨子見楚惠王，獻書，惠王受而讀之，却不用。穆賀安慰他說：「子之言則誠善矣！而君王，天下之大王也，毋乃曰賤人之所爲而不用乎？」一事以觀，墨子當係出身賤人。又〈貴義篇〉載墨子之言：「今翟上無君上之事，下無耕農之難。」可見他非官、非農。而自〈魯問篇〉載其巧爲「車轄」，以及《韓非子・外儲說左上》載其「巧爲輗」以觀之，他很可能是工匠出身。又根據《淮南・要略訓》之說，以爲墨子曾「學儒者之業，受孔子之術，以爲其禮煩擾而不說，厚葬靡財而貧民，久服傷生而害事，故背周道而用夏政。」可見他也曾致力求道。

在三十歲左右，墨子就做了一件震古鑠今的大事，那就是止楚攻宋。以其個人的智慧，平息了一場戰爭。

> 公輸盤爲楚造雲梯之械成，將以攻宋。子墨子聞之，起於齊，裂裳裹足，日夜不休，行十日十夜而至於郢，見公輸盤。公輸盤曰：「夫子何命焉爲？」子墨子曰：「北方有侮臣，願藉子殺之。」公輸盤不說。子墨子曰：「請獻十金。」公輸盤曰：「吾義固不殺人。」子墨子起再拜曰：「請說之，吾從北方聞子爲梯，將以攻宋，宋何罪之有？荊國有餘於地，而不足於民，殺所不足，而爭所有餘，不可謂智。宋無罪而攻之，不可謂仁。知而不爭，不可謂忠。爭而不得，不可謂強。義不殺少而殺衆，不可謂知類。」公輸盤服。子墨子曰：「然乎，不已

乎?」公輸盤曰:「不可!吾既已言之王矣。」子墨子曰:「胡不見我於王。」公輸盤曰:「諾。」子墨子見王,曰:「今有人於此,舍其文軒,鄰有敝輦,而欲竊之;舍其錦綉,鄰有短褐,而欲竊之;舍其粱肉,鄰有糠糟,而欲竊之。此爲何若人?」王曰:「必爲竊疾矣。」子墨子曰:「荊之地,方五千里;宋之地,方五百里——此猶文軒之與敝輦也。荊有雲夢,犀兕麋鹿滿之;江漢之魚鼈黿鼉,爲天下富。宋所爲無雉兔狐狸者也——此猶粱肉之與糠糟也。荊有長松文梓,梗枏豫章;宋無長木——此猶錦綉之與短褐也。臣以三事之攻宋也,爲與此同類,臣見大王之必傷義而不得。」王曰:「善哉!雖然,公輸盤爲我爲雲梯,必取宋。」於是見公輸盤。子墨子解帶爲城,以牒爲械;公輸盤九設攻城之機變,子墨子九距之;公輸盤之攻械盡,子墨子之守圉有餘。公輸盤詘。而曰:「吾知所以距子矣,吾不言。」子墨子亦曰:「吾知子之所以距我,吾不言。」楚王問其故。子墨子曰:「公輸子之意,不過欲殺臣;殺臣,宋莫能守,可攻也。然臣之弟子禽滑釐等三百人,已持臣守圉之器,在宋城上,而待楚寇矣。雖殺臣,不能絕也。」楚王曰:「善哉!吾請無攻宋矣。」(《墨子・公輸》)

越王使公尚過束車五十乘以迎墨子,且將裂故吳之地五百里而封之,墨子却說:「子觀越王之志何若?意越王將聽吾言,用我之道,則翟將往:量腹而食,度身而衣,自比於群臣,奚能以封爲哉?抑越王不聽吾言,不用吾道,而吾往焉,則是我以義糶也;鈞之糶,亦於中國耳,何必於越哉?」(〈魯問〉)楚惠王末年,墨子嘗游楚獻書,惠王受而讀之,曰:「良書也,寡人雖不得天下!而樂養賢人。」墨子乃辭曰:「翟聞賢人進,道不行,不受其賞;義不聽,不處其朝。今書未用,請遂行。」惠王又將以書社五里封之,不受而去。

　　齊將伐魯,墨子往見齊王,告以「并國覆軍,賊敖百姓」,將受其不祥。(見〈魯問篇〉)魯陽文君將攻鄭,墨子聞而止之。魯陽文君曰:「先生何止我攻鄭也?我攻鄭,順於天之志,鄭人三世殺其父,天加誅焉,使三年不全,我將助天誅也。」墨子應之曰:「鄭人三世殺其父,而天加誅焉,使三年不全。天誅足矣!今又舉兵,將以攻鄭曰:『吾攻鄭也,順於天之志。』譬有人於此,其子強梁不材,故其父笞之,其鄰家之父,舉木而擊之曰:『吾擊之也,順於其父之志。』則豈不悖哉?」(見〈魯問篇〉)其愛好和平,力阻爭戰的精神,實爲萬家之生佛。

在墨子這種精誠感召之下，所以「徒屬弟子，充滿天下」（《呂氏春秋·尊師篇》）而且「服役者百八十人，皆可使赴火蹈刃，死不旋踵。」（《淮南子·泰族訓》）儼然成爲足以左右社會的一股力量，而與儒家，並稱顯學。

第二節　孔墨的思想淵源

一種思想或一種學說的形成，往往是來自於前人的影響和啓發。所以研究一種思想或學說，如能推溯其淵源所自，則對於其思想或學說所以形成的原因及其內涵，必能有更深一層的認識。茲就管見所及，分述孔墨兩家的思想淵源如左：

一、孔子的思想淵源

孔子嘗自謂：「述而不作，信而好古。」（《論語·述而》）又稱：「我非生而知之者；好古，敏以求之者也。」（同上）可見他的理想和學說，都有其所自來，而且是以古代爲其鑽研的主要對象；絕非憑空杜撰。這是我們研究其思想淵源，所當最先致意的。

根據《中庸》的說法，以爲「仲尼祖述堯、舜，憲章文武。」而《禮記·禮運》也載孔子之言曰：「大道之行也，與三代之英，丘未之逮也，而有志焉。」而在孔子的言論中，對於這幾位古聖先王，也往往或致頌讚之意，或傾仰慕之忱：

> 大哉！堯之爲君也。巍巍乎，唯天爲大，唯堯則之；蕩蕩乎，民無能名焉；巍巍乎，其有成功也；煥乎，其有文章。（《論語·泰伯》）
>
> 舜其大孝也與！德爲聖人，尊爲天子，富有四海之內；宗廟享之，子孫保之。（《中庸》）
>
> 禹，吾無閒然矣！菲飲食，而致孝乎鬼神；惡衣服，而致美乎黻冕；卑宮室，而盡力乎溝洫。禹，吾無閒然矣！（《論語·泰伯》）
>
> 無憂者，其惟文王乎！以王季爲父，以武王爲子，父作之，子述之。（《中庸》）
>
> 武王、周公其達孝矣乎！（同上）
>
> 甚矣，吾之衰也！久矣，吾不復夢見周公。（《論語》）

　　周監於二代，郁郁乎文哉！吾從周。(《論語・八佾》)

所以後世學者，多以爲孔子的思想，乃是繼承堯、舜、禹、湯、文、武、周公的正統思想而加以發揚光大者，而宋儒朱熹且謂：「允執厥中者，堯之所以授舜也；人心惟危，道心惟微，惟精惟一，允執厥中，舜之所以授禹也，……自是以來，聖聖相承，……」(《中庸・章句序》)孔子即承此心傳，而成爲繼承道統之後聖。

　　然而這些說法，固然信而有徵，但是並不夠充實而具體。因爲堯、舜、禹、湯，既不自著述，僅憑歷代傳說，後人不但無以確知其思想之內涵，且難以論斷其眞僞。正如韓非所稱：「今乃欲審堯、舜之道於三千歲之前，意者其不可必乎？」(〈顯學〉)何況孔子對於古代的禮，也嘗有「不足徵」之歎。

　　　子曰：夏禮吾能言之，杞不足徵也；殷禮吾能言之，宋不足徵也：
　　　文獻不足故也，足，則吾能徵之矣！(《論語・八佾》)

　　　子曰：吾説夏禮，杞不足徵也；吾學殷禮，有宋存焉；吾學周禮，
　　　今用之；吾從周。(《禮記・中庸》)

　　　子曰：我欲觀夏道，是故之杞，而不足徵也，吾得夏時焉；我欲觀
　　　殷道，是故之宋，而不足徵也，吾得坤乾焉。(《禮記・禮運》)

而荀子也說：「五帝之外無傳人，非無賢人也，久故也；五帝之中無傳政，非無善政也，久故也；禹、湯有傳政而不若周之察也，非無善政也，久故也。傳者久則論略，近則論詳；略者舉大，詳則舉小。愚者聞其略而不知其詳；聞其詳而不知其大也。是以文久而滅，節族久而絕。」(《荀子・非相》)可見古先聖王之道，其傳於後世者，實在微乎其微。因此，荀子以爲「欲知上世，則審周道；欲知周道，則審其人所貴君子。」「以近知遠，以一知萬，以微知明。」(同上)所以孔子雖「祖述堯舜」，而必落實於「憲章文武」。朱子云：「祖述者，遠宗其道；憲章者，近守其法。」因爲周之禮儀制度，更爲完備而可考，難怪孔子很明確地說：「吾從周」。而《論語・八佾篇》所稱的「文」、「獻」，正是他學術思想最直接的兩個來源。

　　所謂「文」，指的就是孔子所說的：「文武之政，布在方冊」(《中庸》)以及「文王既沒，文不在茲乎？」(《論語・子罕》)的這個「文」。這個文，根據朱熹的解釋，以爲「道之顯者，謂之文，蓋禮樂制度之謂。」說得更具體些，應該就是《詩》、《書》、《易》、《禮》、《樂》、《春秋》之文。這其中，也正包含了儒家所肯定的堯、舜之道，以及文、武所傳。而這些文，到了周公時，才燦然

大備的。但是到了孔子時，這些文，由於欠缺後人的整理與發揚，因而頗有滅絕之虞，所以孔子立志述之，並謂：「天之將喪斯文也，後死者不得與於斯文也；天之未喪斯文也，匡人其如予何？」（《論語・子罕》）我們從《禮記・經解篇》，就可以看出孔子對於這些文所代表的精神，體認得多麼深刻：

> 孔子曰：入其國，其教可知也：其爲人也，溫柔敦厚，詩教也；疏通知遠，書教也；廣博易良，樂教也；絜靜精微，易教也；恭儉莊敬，禮教也；屬詞比事，春秋教也。故詩之失愚，書之失誣，樂之失奢，易之失賊，禮之失煩，春秋之失亂。其爲人也，溫柔敦厚而不愚，則深於詩者也；疏通知遠而不誣，則深於書者也；廣博易良而不奢，則深於樂者也；絜靜精微而不賊，則深於易者也；恭儉莊敬而不煩，則深於禮者也；屬詞比事而不亂，則深於春秋者也。

孔子既承受了這份寶貴的文化遺產，不但以之作爲一生言行的準則；而且以述爲作，以期能發揚光大，所以《論語》稱：「子所雅言，詩、書、執禮，皆雅言也。」（《論語・述而》），其於進學之道，則主張「興於詩、立於禮、成於樂。」（《論語・泰伯》）而孔子讀易，更是韋編三絕，且謂：「假我數年，五十以學易，可以無大過矣！」（《論語・述而》）其教導子弟，亦謂：「小子，何莫學詩乎？詩，可以興，可以觀，可以群，可以怨；邇之事父，遠之事君；多識於草木鳥獸之名。」（《論語・陽貨》）而告誡其子，亦以「不學詩無以言」、「不學禮無以立」（《論語・季氏》）爲說。《漢書・儒林傳》云：

> 古之儒者，博學乎六藝之文。六藝者，王教之典籍，先聖所以明天道、正人倫。致至治之成法也。周道既衰，壞於幽厲，禮樂征伐自諸侯出，陵夷二百餘年而孔子興，……究觀古今之篇籍，……於是敘書則斷堯典；稱樂則法韶舞；論詩則首周南；綴周之禮；因魯春秋，舉十二公行事，繩之以文武之道，成一王法，至獲麟止；蓋晚而好易，讀之韋編三絕，而爲之傳：皆因近聖之事，以立先王之教，故曰：述而不作，信而好古……。

由此觀之，則詩書六藝之文，確然是孔子最主要的取道之源了。

至於「獻」，就是「賢人」。孔子既生於諸聖之後，對於古先聖王之道，除了明載於典籍者外，自然只有靠「聞知」一途。所以孟子說：

> 由堯、舜至於湯，五百有餘歲，若禹、皋陶，則見而知之；若湯，則聞而知之。由湯至於文王，五百有餘歲，若伊尹、萊朱，則見而

　　知之；若文王，則聞而知之。由文王至孔子，五百有餘歲，若太公

　　望、散宜生，則見而知之；若孔子，則聞而知之。(《孟子‧盡心下》)

至於「聞知」的方法，就是「就有道而正焉。」(《論語‧學而》)所以衛公孫朝
問子貢以：「仲尼焉學？」子貢答以：「文武之道，未墜於地，在人。賢者識其
大者，不賢者識其小者，——莫不有文武之道焉。夫子焉不學，亦何常師之有？」
(《論語‧子張》)因爲學術的範圍非常寬廣，深淺的程度，也各自有別。只是
「賢者識其大者，不賢者識其小者」。若欲擴充自己的知識領域，那就必須以虛
懷若谷的態度，就教於他人，才能有所進益。《史記‧仲尼弟子列傳》云：

　　孔子之所嚴事，於周，則老子；於衛，蘧伯玉；於齊，晏平仲；於

　　楚，老萊子；於鄭，子產；於魯，孟公綽。

除此之外，孔子又嘗問樂於萇弘，學鼓瑟于師襄子，聞韶於齊太師，又從郯
子而學焉。由於他這種「焉不學，亦何常師之有」的精神，所以才能擷取各
家思想之精華，熔於一爐而冶之，因而造就了他「致廣大而盡精微，極高明
而道中庸。」的學術思想。

二、墨子的思想淵源

　　關於墨子的思想淵源，歷來有多種不同的說法。如果加以歸納，則約有
下列六種：

（一）原於堯舜者

　　《韓非子‧顯學篇》云：「孔子、墨子，俱道堯、舜，而取舍不同，皆自
謂眞堯、舜；堯、舜不復生，將誰使定儒、墨之誠乎？」其後，司馬談《論
六家要旨》亦謂：「墨者亦尚堯、舜道，言其德行。」而唐韓愈〈讀墨子〉一
文也稱：「儒、墨同是堯、舜，同非桀、紂。」

（二）原於夏禹者

　　《莊子‧天下篇》云：「墨子稱道曰：『昔者禹之湮洪水，決江河，而通
四夷九州也，名山三百，支川三千，小者無數。禹親自操橐耜，而九雜天下
之川；腓無胈、脛無毛、沐甚雨、櫛疾風、置萬國。禹，大聖也，而形勞天
下也，如此；使後世之墨者，多以裘褐爲衣，以跂蹻爲服，日夜不休，以自
苦爲極。曰：不能如此，非禹之道也，不足謂墨。」而《淮南‧要略訓》也
說：「墨子學儒者之業，受孔子之術，以爲其禮煩擾而不悅，厚葬靡財而貧民，

久服傷生而害義,故背周道而用夏政。」顯然這兩種說法都是以墨子之學,乃淵原於夏禹。

(三)原於史佚、史角者

《呂氏春秋‧當染篇》云:「魯惠公使宰讓請郊廟之禮於天子。桓王使史角往,惠公止之;其後在於魯。墨子學焉。」

按:《漢書‧藝文志》謂:「墨家者流,蓋出於清廟之守。」而所列墨六家,八十六篇,則首伊佚二篇。原注:「周臣,在成康時也。」是以墨子之學,出於史佚;史角疑即尹佚之後。近人江瑔《讀子巵言》根據這種說法,認為:「墨子之學,出於史佚、史角;史角無書,史佚有書二篇。漢志列於墨家之首,且謂周臣,在成康時也。則由史佚歷數百歲而後至墨子,未有墨子之前,已有墨家之學。」是皆以墨子之學,原於史佚、史角者也。

(四)原於孔子者

《淮南‧要略》雖然說墨子「背周道而用夏政。」但仍然認為他曾經「學儒者之業,受孔子之術。」而近人夏曾佑氏《中國古代史》則更明確指出:「墨子名翟,孔子之弟子也。」而熊十力《十力語要》談墨子也認為:「墨子生競爭之世,悼人相食之禍,而謀全人類之安寧,因承孔子春秋太平、禮運大同之旨而發揮之。」「墨子蓋深受儒家思想之影響,而卒與之反。」都以墨子之思想,乃儒家之反動。但是追根究底,仍然是淵原於儒學。甚至還以墨子為孔子的弟子。

(五)原於宋襄公者

俞正燮《癸巳類稿》云:「《左傳》公子目夷謂襄公未知戰:『若重傷,則如勿傷,愛其二毛,則如服焉。』兼愛非政,蓋宋人之蔽。……據《左傳》襄公沒後,華元、向戌皆以止兵為務。墨子出,始講守禦之法。」馮友蘭《中國哲學史》亦助成其說曰:「宋人以愚著稱。……墨子之道,其生也勤,其死也薄,其道大觳,以自若為極,……亦有宋人之風,……又合宋人兼愛非攻之教,遂成墨學矣!」此以墨家兼愛、非攻之思想,乃出於宋襄公。

(六)原於自創者

清儒汪中《述學‧墨子後序》云:「墨子質實,未嘗援人以自重。其則古昔,稱先王,言『堯、舜、禹、湯、文、武』者六;言『禹、湯、文、武』者四;言『文王』者三,而未嘗專及『禹』。墨子固非儒而不非周也。又不言

其學之出於禹也。公孟謂：『君子必古言服然後仁。』墨子既非之，而曰：『子法周而未法夏，則子之古，非古也。』此因其所好而激之，且屬之言服，甚明而易曉。然則謂墨子背周而從夏者，非也。惟夫墨離為三，取舍相反，倍譎不同，自謂別墨，然後托於禹以尊其術，而淮南著之書耳」由此看來，則墨子之學，既非原於堯、舜，也非原於夏政。所以汪氏又說：「墨子者，蓋學焉而自為其道者也。故其〈節葬〉曰：『古聖王制為葬埋之法。』又曰：『子墨子制為葬埋之法。』則謂墨子自制者是也。」至於近人方授楚《墨學源流》也認為：「墨子之學，長於詩、書、春秋，學問之基礎，固與孔子相同也。而卒至於大異者，此墨子有創造之精神與獨特之學說，非儒家之官學所能包也。」總之，他們都主張墨學乃出於自創。

以上六種說法，雖各有其依據，但有些也不免有附會之嫌。例如以墨子之學原於史佚，但偏檢墨書，蓋未嘗言及之。至於尹佚書，漢以後不傳，近世馬國翰輯本一卷，其內容與墨家之旨頗不相類，以之為墨學之所從出，實在令人懷疑。再如謂原於宋襄公者，也不過是非攻之旨。實則非攻的思想，是當時許多有識之士共同的願望，豈獨宋襄公與墨子為然。若必謂其有傳承的關係，也不免失於穿鑿。

今觀墨子書中，經常提到堯、舜、禹、湯、文、武，也經常提到「先王之書」或「聖王之書」，在言談之間，常徵引詩、書及各國春秋。而〈貴義篇〉載：墨子南遊使衛，關中載書甚多。並引墨子之言曰：「昔者周公旦，朝讀書百篇，夕見漆十士，故周公旦佐相天子，其脩至於今。翟上無君上之事，下無耕農之難，吾安敢廢此。」可見他確曾勤讀儒書，深受周文化的薰陶。對於孔子的某些言論，也有過「當而不可易」的評語，並在言論中加以稱述。（見〈公孟篇〉）。所以淮南子以為「墨子學儒者之業，受孔子之術」，應該是信而有徵的。

至於他的節用思想，和自苦為極的行道精神，固與夏禹相類；即其鬼神的觀念，也是承襲夏、商以來的迷信色彩。所以〈明鬼下〉云：「故尚者夏書，其次商、周之書，語數鬼神之有也，重有重之。」因此，淮南子說墨子「背周道而用夏政」，亦甚合理。

此外，墨子重視生產，並謂：「時年歲善，則民仁且良；時年歲凶，則民吝且惡。」（〈七患〉）與管子牧民的思想相類似；而「以德就列，以勞殿賞，量功分祿」（〈尚賢上〉）的說法，又與法家思想相表裏。可見墨子的思想淵源，絕不

局限於某一個時代，或某一兩個人。只是受儒家與夏禹的影響最大罷了！再者，墨子是一個非常富有創造精神的思想家，所以他雖學於儒，而又不同於儒；他應該是博采各家之說，並審度當時的情勢，權衡其得失，間以己意，所開創出來的學說。所以汪氏以爲：「墨者，蓋學焉而自爲其道也。」實爲不刊之論。

今按：《墨子‧耕柱篇》云：「古之善者則誅（述）之，今之善者則作之，欲善之益多也。」足見墨子乃是述、作並重。至於他何所述？何所作？我們可於三表法中得到說明：「有本之者，有原之者，有用之者。於何本之？上本之於古者聖王之事；於何原之？下原察百姓耳目之實；於何用之？發以爲刑政，觀其中國家百姓人民之利。」（〈非命上〉）所謂「本之者」，正所以見其思想之淵源，蓋有原之於古先聖王如堯、舜、禹、湯者，也就是他所說的：「古之善者則述之」；所謂「原之者」，乃原察百姓耳目之實，或徵以先王之書。足見其思想之淵源，亦有兼採時人之說及典冊之記載而加以論斷者，可說是述作並用；至於「用之者」，乃根據學理或事實加以推論，也就是他所說的：「今之善者，則作之。」這就是墨子所獨創的。這個三表法，雖然是墨子用以量度是非的標準，但亦適所以說明其思想之所從出，值得我們留意。

第三節　孔墨的時代背景

人類的思想行爲，往往與其所處的時代，有着密切的關聯。因此，要瞭解一種學說的產生，就必須從它的時代背景去加以分析，然後對其學說的精神與旨趣，才能有比較深刻的體認。茲就孔、墨所處之時代中，對他們思想之形成較具影響者，分述如下：

一、政治方面

從春秋以至戰國，是我國歷史上變動最劇烈的時代；而這些變動，大多與政治息息相關。尤其孔、墨兩家，既有心於用世，對於這種種的政治現象，自然倍極關切，反映在他學說上的，自然也佔了很大的分量。

周室自東遷以後，在政治舞台上，就逐漸失去領導的地位；而過去所賴以維繫整個社會秩序的宗法制度，也逐漸趨於瓦解。於是像齊桓公、晉文公等霸主，雖以「尊王攘夷」爲口號，而實際上則已取代了周天子的宗主地位。而各國諸侯，或因公室驕暴，漸失民心；或因長期積弱，無以自振，於是又

出現大夫專政，甚至陪臣執政的局面。所以諸侯之間，普遍有政權下移的現象。這種現象，從叔向和晏嬰的一段談話，就可以窺知：

> 晏子曰：「此季世也，吾弗知，齊其為陳氏矣！公棄其民，而歸於陳氏……其愛之如父母，而歸之如流水，欲無獲民，將焉辟之。箕伯、直柄、虞遂、伯戲，其相胡公、大姬，已在齊矣！」叔向曰：「然，雖吾公室，今亦季世也。……政在家門，民無所依；君日不悛，以樂慆憂；公室之卑，其何日之有？……」（《左傳·昭公三年》）

齊、晉如此，很多諸侯也都有類似的窘境。至於孔子所居的魯國，則以季氏為首的三家大夫，於周靈王元年「作三軍，三分公室而各有其一。」（《左傳·襄公十一年》）到了周景王八年，又「四分公室，季氏擇二，二子各一，皆盡征之，而貢于公。」（《左傳·昭公五年》）於是魯國的大權，實際上已完全掌握於「三桓」的手中。到了後來，昭公還被季氏放逐。死於乾侯。面對着這種上下失序的混亂局面，使孔子非常嚮往周初的政治形態。所以他一方面極力維護周禮，倡導「正名」，主張「禮樂征伐自天子出」（見《論語·季氏》），並強調「君使臣以禮，臣事君以忠。」（《論語·八佾》）的政治倫理；一方面則要求國君施行仁政，以獲取民心，從根本上穩定其政權。但是這些主張，當時並沒有獲得顯著的回應。到了墨子，則一方面提出「尚同」的主張，以構成嚴密的政治組織，一方面提出「尚賢」的思想，強調「官無常貴，而民無終賤。」（〈尚賢上〉）的理念，意圖推翻世襲的制度，而另行建立以賢人為主的政治實體：以徹底改造原有的政治體質。

此外，又由於國際間列國交鬨，并大兼小，分崩割據，兵連禍結，使得生靈塗炭，民不聊生，所以孔子有寢兵的思想，並嘗拒絕衛靈公的問陣；墨則更具體地提出「非攻」的主張，並以「兼愛」做為其理論的依據，希望能徹底杜絕天下的亂源。

二、經濟方面

經濟是維持整個社會正常運作的動源，所以經濟經結構一旦發生變化，則整個社會現象，也都會產生連鎖的反應。這在春秋時代，也是非常明顯的。

在西周時期，周公井田制度，確實發揮了穩定社會的功能。但到了春秋時代，由於生產結構的變化，井田制度已逐漸不能維持，所以魯國在宣公十五年頒布了「初稅畝」制（見《左傳·宣公十五年》），對公私土地一律按畝

征稅；到了哀公十二年，季氏更變本加利。不顧孔子的反對，而實施「田賦」，以供應其奢侈的生活及戰爭費用的急驟增加，使一般百姓，不勝其負荷。所以孔子乃提出「施取其厚，事舉其中，斂從其薄」（《左傳・哀公十一年》）的主張，要求當政者「節用而愛民，使民以時。」（《論語・學而》）認爲：「百姓足，君孰與不足；百姓不足，君孰與足？」（《論語・顏淵》）而對於幫助季氏聚斂的冉求，則大呼：「非吾徒也！小子鳴鼓而攻之可也！」（《論語・先進》）至於墨子，對於這種「厚措斂乎萬民」（〈非樂上〉）的作法，也深致不滿，因而有「節用」、「節葬」和「非樂」的主張。

此外，由於鐵器的使用，以及天然資源的開發，使經濟結構產生重大的變化。再加上交通的便利，更帶動工商業的發展。所以經濟的兼併與政治的兼併，齊頭并進。於是社會上出現了許多富商巨賈。諸如范蠡十九年而三致千金；子貢結駟連騎，所至，國君無不與之分庭抗禮；猗頓以鹽鹽起家；郭縱以鐵冶成業；烏氏倮畜牧，至用谷量牛馬；巴寡婦清，其先得丹穴，擅利數世：皆可與王候埒富。而平民財產，被掠日甚，形成貧富極度懸殊的現象。所以孔子乃有「均產」的思想。認爲「有國家者，不患寡，而患不均。」因爲「均無貧，和無寡，安無傾。」（《論語・季氏》）而墨子也積極倡導「有餘財以相分」、「有餘力以相勞」（《墨子・尚同上》）的互助精神，並主張平抑物價，以減輕貧民的生活壓力。所以〈經下說〉：「價無貴，說在仮（反）其賈（價）。」

三、社會方面

由於經濟結構和政治情勢的變遷，也使得社會的價值觀念，產生很大的轉變。

在西周的宗法社會中，社會的各個階層之間，都有相互依附的隸屬關係，也都有一套他們共信共守的生活規範，但這些規範，在社會巨變中，逐漸發生動搖：上焉者，在新舊觀念相互衝突之際，茫然而無所適從；下焉者，則目無法紀，爲所欲爲。所謂綱常名教，已然廢弛。所以「臣弒其君者有之；子弒其父者有之。」呈現一片乖戾的景象。而一般貴族及富商大賈，又仗其財力之雄厚，往往極盡其僭越之能事。如季氏之八佾舞于庭，三家之歌雍以徹，皆其彰彰者。所以孔子極力強調倫理道德，希望能做到「君君、臣臣、父父、子子。」（《論語・顏淵》）並要求每一個人都要「克己復禮」（同上），嚴守分際，以導社會於正途。而墨子則提出「貴義」的主張，並以「天志」、「明鬼」之說加強

震懾人心的效果。此外，又由於處在這種不公平的社會之中，難免使人消極、頹廢，所以孔子有「不知命，無以爲君子。」(《論語‧堯曰》)之說，主張「不怨天，不尤人」一切盡其在我。而墨子則進一步提出「非命」的學說。

四、學術思想方面

在封建制度中，學術典籍都掌握於王官之手，一般平民，根本沒有受教育的機會。而自王室東遷，官失其守，使許多典籍，流落民間，所謂「天子失官，學在四夷。」(《左傳‧昭公十七年‧孔子語》)，而私人講學之風，因而興起，在「其士競於教」(見《左傳‧襄公九年》)的情況下，一時知識大爲普及，從而帶動了學術研究的風潮，造成學術思想的勃興。

又由於社會的動盪，國際間兼併激烈，所以列國時君，都爭相網羅人才，以應急需。只要有眞才實學，或能出奇智異謀，以轉危爲安，易弱爲強，則布衣亦可以致卿相。於是有志之士，各逞所學，遊走四方，以取合於諸侯，形成百家爭鳴的局面。孔、墨兩家，身處其間，自然也深受此一風氣的影響。所不同者，則孔子早生約七十年，尚處於開風氣之先的地位，所以表達思想，大多精簡扼要，且無縱橫家喜歡與人論難爭辯的習氣；至於墨子，則爲鞏固自身的壁壘，而有「辯學」的產生。此外，由於孔子死後，諸大弟子中，惟子夏克享高齡，且曾爲魏文侯師，所以此派獨盛。而子夏屬文學之科，特別崇尚虛文，更爲個性質實的墨子所不喜，因而「背周道而用夏政」，成爲儒家思想的反動。

按：《史記‧儒林傳》載：「田子方、段干木、吳起、禽滑釐之屬，皆受業於子夏之倫，爲王者師。」墨子既曾「受儒者之業」，則此儒者，當亦必爲「子夏之倫」。

至於道家的放任主義，亦爲崇尚力行的墨子所不喜。故老子主張「不尚賢使民不爭」，而墨子則力主「尚賢」；老子主張「無爲」，墨子則「摩頂放踵，利天下爲之。」；而楊朱極端爲我的享樂主義，尤爲墨子所不容，故主張「交相利」，且「以自苦爲極」。

第四節　孔墨思想之流衍

韓愈讀墨子，對於孔、墨之相非，既以爲是「辯生於末學，各務售其師之說，非二師之道本然也。」那麼孔、墨後學的學術思想，與二師之道的本

然之間，存在着甚麼樣的差異，似乎也是我們應該加以深究的。

一、孔學之流衍

自從孔子死後，他的後學，由於各得夫子之一體，而且正如孔子所說：「可與共學，未可與適道；可與適道，未可與立；可與立，未可與權。」（《論語‧子罕》）所以儘管他們都出於孔門，但是對事理的看法，未必完全一致，對道的體認也各有深淺。因而產生了一些派別。根據《韓非子‧顯學篇》云：「自孔子之死也，有子張之儒，有子思之儒，有顏氏之儒，有孟氏之儒，有漆雕氏之儒，有仲良氏之儒，有孫氏之儒，有樂正氏之儒。」所謂「儒分為八」是也。而《荀子‧非十二子篇》，除批評子思、孟軻之外，又斥責子張氏之賤儒、子夏氏之賤儒、子游氏之賤儒。而荀子本身，既以「上則法舜禹之制，下則法仲尼子弓之義。」（《荀子‧非十二子》）為職志，固亦願學孔子，而為儒家的一派。可見其派別之眾多。

然而在韓非子與荀子所提到的這些派別中，像顏氏之儒和仲良氏之儒都很難確指；漆雕氏之儒和樂正氏之儒因無著述傳世，也難以詳其究竟。所以在此只能就典籍中傳述較多的孔門後學，以及孟、荀這兩位儒家大師，分別敘述其大要如下：

（一）孔門弟子

在韓非子與荀子所提到的儒家學派中，像子張之儒、子夏之儒、子游之儒，雖無著述傳世，但從《論語》及有關載籍中，可以窺見其學術思想之概要：

關於子張，《史記‧仲尼弟子列傳》云：「顓孫師，陳人，字子張，少孔子四十八歲。」《論語》中有「子張問十世可知也」（〈為政〉）、「子張問崇德辨惑」（〈顏淵〉）、「子張問政」（同上）、「子張問士」（同上）、「子張問行」（〈衛靈公〉）、「子張問何如斯可以從政矣」（〈堯曰〉），又記載「子張學干祿」（〈為政〉），可見子張對於禮的因革，以及個人的品德和行為等問題，都很關切，更重要的是他很急於用世。

《論語‧先進篇》還有兩則是孔子對子張的批評：

> 子貢問：「師與商也孰賢？」子曰：「師也過，商也不及。」曰：「然則師愈與？」子曰：「過猶不及。」

> 柴也愚，參也魯，師也辟，由也喭。

所謂「過」朱熹以爲是：「才高意廣，而好爲苟難，故常過中。」；所謂「辟」，
朱熹以爲：「習於容止，少誠實也。」可見子張比較急進，顯得好高鶩遠，有
注重外表而不夠踏實的缺點。所以曾子說：「堂堂乎張也，難與並爲仁矣！」
（《論語·子張》）而《荀子·非十二子篇》亦斥其：「弟佗其冠，神禫其辭，
禹行而舜趨，是子張氏之賤儒也。」但這些只能說明他的個性和修養有所偏
執，在思想觀念上，尚未見有甚麼分歧。子游曰：「吾友張也，爲難能也，然
而未仁。」（《論語·子張》）也只是說他的道德修養尚未臻於仁，却也肯定他
已有難得的成就。

　　至於子張的思想觀念，我們可從他以下的言論，窺見其一斑：

　　　　子張曰：「士見危致命，見得思義，祭思敬，喪思哀，其可已矣！」
　　　　（《論語·子張》）

「見危致命」乃得之孔子的「殺身成仁」，也是傳統忠君愛國思想的體現；「見
得思義」，則是孔子「君子喻於義」之旨；「祭思敬，喪思哀」又與孔子「喪，
與其易也，寧戚。」之說同調。皆能與孔子之道，相互發明。

　　　　子張曰：「執德不弘，信道不篤，焉能爲有，焉能爲亡？」（同上）

「執德弘」，即「人能弘道」之旨，「信道篤」，即「守死善道」之謂，亦深契
孔子之道。

　　　　子夏之門人問交於子張。子張曰：「子夏云何？」對曰：「子夏曰：『可
　　　　者與之，其不可者拒之。』子張曰：『異乎吾所聞：君子尊賢而容眾，
　　　　嘉善而矜不能。我之大賢與？於人何所不容？我之不賢與？人將拒
　　　　我。如之何其拒人也。』」（同上）

對於交友的態度，子夏消極地謹守「無友不如己者」，和「見不善如探湯」的
訓示；子張則積極地發揚「躬自厚而薄責於人。」（《論語·衛靈公》）和「有
教無類」的精神。可謂各有偏執，於「隨時之義」，則尚未通透。難怪孔子要
說「師也過，商也不及」了。

　　其次談到子夏，《史記·仲尼弟子列傳》云：「卜商字子夏，少孔子四十
四歲。……孔子既沒，子夏居西河教授，爲魏文侯師。其子死，哭之失明。」
他顯然是孔門弟子中，行道設教相當成功的一位。在《論語》中，也有不少
他的言論：

　　　　賢賢易色，事父母能竭其力，事君能致其身，與朋友交言而有信。
　　　　雖曰未學，吾必謂之學矣。（〈學而〉）

「賢賢易色」，代表其「見賢思齊」之誠；而「事父母能竭其力，事君能致其身，與朋友交言而有信。」也都深契孔子重視倫理的精神，至於「雖曰未學，吾必謂之學矣！」則是深體孔子「繪事後素」之旨，於務本之義，有深刻的體會。而〈顏淵篇〉載：

> 司馬牛憂曰：「人皆有兄弟，我獨亡。」子夏曰：「商聞之矣：死生有命，富貴在天。君子敬而無失，與人恭而有禮；四海之內，皆兄弟也。君子何患乎無兄弟也。」

又可以見他對孔子「居易以俟命」的人生態度，有深刻的領悟。此外，《論語·子張篇》尚記有許多子夏的言論：

> 雖小道，必有可觀者焉，致遠恐泥，是以君子不爲也。

> 日知其所亡，月無忘其所能，可謂好學也矣！

> 博學而篤志，切問而近思，仁其中矣！

> 百工居肆以成其事，君子學以致其道。

> 小人之過也必文。

> 君子有三變：望之儼然，即之也溫，聽其言也厲。

> 君子信而後勞其民。未信，則以爲厲己也；信而後諫。未信，則以爲謗己也。

> 大德不踰閑，小德出入可也。

> 仕而優則學，學而優則仕。

其中或論學道的要領，或述君子的風範，或言事上導民之術。也都能掌握孔子學說的精神。惟〈子張〉篇中還有一則與子游的論辯，可以窺見孔門弟子間，觀點之分歧：

> 子游曰：「子夏之門人小子，當洒掃應對進退則可矣！抑末也；本之則無。如之何。」子夏聞之曰：「噫！言游過矣！君子之道，孰先傳焉？孰後倦焉？譬諸草木，區以別矣！君子之道，焉可誣也？有始有卒者，其惟聖人乎！」

其中子游批評子夏只注重生活細節的講求，乃是捨本而逐末；子夏則認爲必先致力於小者、近者，然後才能及於大者、遠者。可見子游、子夏雖同屬文學之科，但一個偏尚於內在精神的涵養，一個偏尚於外在形式的體現，則是顯而易見的。

　　所以子夏問孝，孔子先以：「色難！有事弟子服其勞，有酒食先生饌，曾是以爲孝乎？」（《論語‧爲政》）正是針對其注重形式而忽略其精神所下的針砭；而「無欲速，無見小利。」（《論語‧子路》）之言，也是針對他見其小而未見其大的毛病而發。〈先進篇〉中孔子稱：「商也不及」，朱注云：「子夏篤信謹守，而規模狹隘，故常不及。」實爲公允之論。《荀子‧非十二子篇》稱其：「正其衣冠，齊其顏色，嗛然而終日不言。」而斥爲「子夏之賤儒」，雖未免太過，卻也語出有因。孔子說：

　　　　先進於禮樂，野人也；後進於禮樂，君子也；如用之，則吾從先進。
　　　　（《論語‧先進》）

可知注重文飾，非獨子夏爲然，恐怕後進弟子，普遍有此趨勢，而孔子所以稱：「吾從先進」者，蓋亦有矯枉之意。這也就難怪爲實質的墨子所不喜了。

　　至於子游，《史記‧仲尼列傳》云：「言偃，吳人，字子游。少孔子四十五歲。」他的言行事蹟見於《論語》者較多，除前已引述者外，比較重要的尚有：

　　　　子游爲武城宰。子曰：「女得人焉爾乎？」曰：「有澹臺滅明者，行
　　　　不由徑；非公事，未嘗至於偃之室也。」（〈雍也〉）

　　　　子之武城，聞弦歌之聲。夫子莞爾而笑曰：「割雞焉用牛刀？」子游
　　　　對曰：「昔者偃也聞諸夫子曰：君子學道則愛人；小人學道則易使也。」
　　　　子曰：「二三子！偃之言是也；前言戲之耳。」（〈陽貨〉）

前者可以看出子游謹守孔子：「舉直錯諸枉」的爲政用人的原則；後者則見其實踐了孔子「禮樂之治」的理想。

　　此外，從《禮記‧禮運篇》中孔子與子游的問答，亦可以見子游之特別重視禮樂，必然是對孔子的禮樂之教，有特別深刻的體認所致。

　　除以上三人外，在孔門弟子中，曾子實居於很重要的地位，所以朱子稱：「曾氏之傳，獨得其宗。」（《大學‧章句序》）他對孟子的影響也最大。所以儘管荀子與韓非都未提及，卻有必要在此特加探討。

　　《史記‧仲尼弟子列傳》云：「曾參，南武城人，字子輿，少孔子四十六歲。孔子以爲能通孝道，故授之業，作孝經，死於魯。」根據此一說法，則今傳《孝經》即曾子所作。但自宋晁公武即已辨其非。至於《大學》一篇，宋儒歸之曾子，而崔述、康有爲等也已辨其誣。所以要探究曾子的學術思想，還是得從《論語》和《孟子》中求之，較爲可靠。

曾子之所以成爲孔門大賢，與他的孝道思想，有很大的關聯。他所說的「愼終追遠，民德歸厚矣！」（《論語·學而》）兩千多年來，對於維繫中國的倫理社會，有着很大的功能。而「曾子有疾，召門弟子曰：『啓予手！啓予足！詩云：戰戰兢兢，如臨深淵，如履薄冰。而今而後，吾知免夫。小子！』」（《論語·泰伯》）的一則記述中，所透發出的「身體髮膚，受之父母，不敢毀傷，孝之始也。」的觀念，也深深地影響了數千年來的中國人，而成爲安定社會，疑聚人心的一股力量。

其次，他在學術思想上最大的貢獻，就是把孔子「一以貫之」之道，歸結爲「忠」、「恕」二字。

> 子曰：「參乎！吾道一以貫之。」曾子曰：「唯。」子出，門人問曰：
> 「何謂也？」曾子曰：「夫子之道，忠恕而已矣！」（《論語·里仁》）

所謂「忠」，就是盡自己的心力，去做分內應該做的事情，這裏面包涵了孔子所說的：「居處恭，執事敬，與人忠。」（《論語·子路》）等等的德行。曾子所謂：「可以托六尺之孤，可以寄百里之命，臨大節而不可奪也。」（《論語·泰伯》）這種爲他人負責的行爲，固然是忠的具體表現；而其所謂：「士不可以不弘毅，任重而道遠。仁以爲己任，不亦重乎！死而後已，不亦遠乎！」（《論語·泰伯》）這種爲自己的道德良心負責的行爲，更是忠的極致。我們看曾子的「吾日三省吾身」，不正是他對於忠的一種踐履嗎？

至於「恕」，就是推己及人。也就是孔子所說的「能近取譬」。它的消極意義，乃是：「己所不欲，勿施於人。」（《論語·衛靈公》）也就是《大學》所謂：「所惡於上，毋以使下；所惡於下，毋以事上；所惡於前，無以先後；所惡於後，毋以從前；所惡於右，毋以交於左；所惡於左，毋以交於右。」的「絜矩之道」。其積極的意義，則是：「已欲立而立人，已欲達而達人。」（《論語·雍也》）的仁者胸懷。而一切的善行也都能緣此而生。《論語·子張篇》載：

> 孟氏使陽膚爲士師。問於曾子。曾子曰：「上失其道，民散久矣！如
> 得其情，則哀矜而勿喜。」

曾子站在維繫民心的觀點，要求當政者，面對因民心的離散而觸犯刑網的人們，要能深體民情，先透過自省與自責，然後再以憐憫的心情加以處置：這正是把恕道落實於現實政治的具體表現。而孟子「舉斯心加諸彼」（《孟子·梁惠王上》）的仁政主張，也正是承此而來。

復次，《孟子·公孫丑上》還提到「昔者曾子謂子襄曰：『子好勇乎？吾

嘗聞大勇於夫子矣！自反而不縮，雖褐寬博，吾不惴焉？自反而縮，雖千萬人，吾往矣！』這種配義與道，反身循理的內省工夫，正是至大至剛的浩然之氣的泉源，也是威武不屈的主要憑藉。對於公理正義的伸張，實具有極其重要的意義。由此看來，他對孟子思想的形成，確具有很大的影響。

（二）孟 子

孔子死後約百餘年，儒家陣營中，又出現了一位曠代的大思想家，後來被尊稱為「亞聖」，那就是孟子。《史記‧孟軻荀卿列傳》說：「孟軻，騶人也。受業子思之門人。」他自稱：「乃所願，則學孔子也。」（《孟子‧公孫丑上》）而審其學說，亦確能掌握孔子之精神而加以發揮。茲僅列舉幾個要端，以見孔學之流衍。

1. 性善學說

孟子在哲學上最大的成就，就是他把仁、義、禮、智之德，納入人心，歸於人性，使孔子的道德學說，更具有完美的理論基礎，而宋明儒者「明心見性」的哲理，亦由此出發。

因為孔子很少談論性與天道；對於人性的問題，只說過：「性相近也，習相遠也。」（《論語‧陽貨》）並未涉及人性善惡的問題。到了孟子，則認為人類的種種道德品質，都是與生俱來而不待他求，所以說：「仁、義、理、智，非由外鑠我也，我固有之也。」（《孟子‧告子上》）何以見得呢？孟子曾從人類的心理作深入的探討。他舉出：「今人乍見孺子將入於井，皆有怵惕惻隱之心；非所以納交於孺子之父母也，非所以要譽於鄉黨朋友也，非惡其聲而然也。」（《孟子‧公孫丑上》）既然這種「怵惕惻隱」之心為人類所共有，而它又是一種至情至性的自然流露，而不雜有任何的目的，自然可以說人類都具備了與生俱來的善性。這就是孟子性善說的理論基礎。

人類既然都具備了善性，那麼只要順此善性而擴充之，就能形成普遍圓滿的人格，真正達到人之所以為人的完美境界，那就是能「踐其形」的「聖人」了。

　　形、色，天性也；惟聖人然后可以踐形。（《孟子‧盡心上》）

有了這樣的論述，然後孔子所謂：「仁遠乎哉？我欲仁，斯仁至矣！」（《論語‧述而》）的說法，就有了更堅實的理論基礎。對於鼓舞人類向善的意志，實具有積極的意義。

2. 民本主義

我國民本之思想，蓋噴矢於《尚書》。如「民爲邦本，本固邦寧。」（《尚書・五子之歌》）「天聰明，自我民聰明；天明畏，自我民明畏。」（《尚書・皋陶謨》）等皆是。孔子本之，而有愛民、惠民的主張。所以談到道千乘之國，則強調「敬事而信，節用而愛人，使民以時。」（《論語・學而》）其稱道子產，也強調「其養民也惠」（《論語・公冶長》）而其答哀公之問，則說：「丘聞之：君者舟也，庶人者水也；水則載舟，水則覆舟。」（《荀子・哀公》）到了孟子，則更明確地提出：「民爲貴，社稷次之，君爲輕。是故得乎丘民而爲天子；得乎天子爲諸侯……」（《孟子・盡心下》）的觀念，要求當政者，對於百姓要「所欲與之聚之，所惡勿施爾也。」（《孟子・離婁》）並認爲君臣之間，乃是相互對待的，所以說：「君之視臣如手足，則臣視君如腹心；君之視臣如犬馬，則臣事君如國人；君之視臣如土芥，則臣視君如寇仇。」（《孟子・離婁》）至於暴虐無道之君，則可以根本推翻之。所以對於湯武革命，則曰：「聞誅一夫紂矣，未聞弒君也。」（《孟子・梁惠王》）這種理論，其在當時，眞是一新人們的耳目；而仁政的思想，亦由此奠基。

3. 重仁義而輕功利

孟子從孔子「君子喻於義，小人喻於利。」的理念出發，形成了極端重義輕利的思想架構，而與法家的言論，形成鮮明的對比；與墨家的主張，也有顯著的差異。孟子於全書之始，即標舉此義：

> 孟子見梁惠王。王曰：「叟，不遠千里而來，亦將有以利吾國乎？」孟子對曰：「王何必曰利？亦有仁義而已矣。王曰：何以利吾國；大夫曰：何以利吾家；士庶人曰：何以利吾身。上下交征利，而國危矣！（〈梁惠王上〉）

再如秦楚構兵，宋牼欲喻之以利害而罷之，孟子也認爲他：「志則大矣」，「號則不可」。且認爲「爲人臣者懷利以事其君；爲人子者懷利以事其父；爲人弟者懷利以事其兄。是君臣父子兄弟，終去仁義，懷利以相接，然而不亡者，未之有也。」（〈告子下〉）懇切的說明了人與人之間的關係，必須以仁義來維繫，而不能以利害相結合，才能和諧而長久。反之，必將因利害之衝突而致於亂亡。抑有甚者，孟子認爲義的重要性，還超過自己的性命。所以爲了追求義，就連犧牲性命，都應該在所不惜：

> 生亦我所欲也，義亦我欲也；二者不可得兼，舍生而取義者也。（〈告

子上》）

我國歷史上多少忠臣烈士，他們慷慨犧牲，義無反顧的精神，正是受到此一言論所感發。其影響亦不可謂不大矣！

4. 反對戰爭

孔子雖然反對戰爭，但只見於反對季氏之伐顓臾，並對衛靈公之問陣而告以：「俎豆之事，則嘗聞之矣；軍旅之事，未之學也。」（《論語·衛靈公》）並未見有更具體的言論。及至孟子，則站在民本的立場，並基於仁愛的理念，極力反對軍國主義的戰爭。所以他說：「徒取諸彼以與此，然且仁者不爲，況於殺人以求之乎？」（《孟子·告子下》）因此，他對於輕啓兵戎，以攻伐爲能事的大臣，目之爲「民賊」：

> 我能爲君約與國，戰必克：今之所謂良臣，古之所謂民賊也。（《孟子·告子下》）

並主張「善戰者服上刑」：

> 爭地以戰，殺人盈野；爭城以戰，殺人盈城。此所謂率土地而食人肉，罪不容於死。故善戰者服上刑。（《孟子·離婁上》）

凡此，皆可以見其對戰爭的深惡痛絕。

（三）荀　子

荀子名況，字卿，又稱孫卿，戰國趙人。他是繼孟子之後的儒家大師。但是他的思想學說，和孔子、孟子，也都有所差異。在此亦僅列舉數項，以明其流衍。

1. 性惡論

孟子主性善，前已言之。至於荀子，則從人類的物慾着眼，而主張性惡。他說：

> 人之性惡，其善者僞也。今人之性，生而有好利焉，順是，故爭奪生而辭讓亡焉；生而有疾惡焉，順是，故殘賊生而忠信亡焉；生而有耳目之欲，有好聲色焉，順是，故淫亂生而禮義文理亡焉。（《荀子·性惡》）

他認爲好利之心、疾惡之念，以及耳目之慾，都是人性中普遍的現象，如果順此發展，必將與辭讓、忠信、禮義文理等美德背道而馳。所以要靠後天的「師法之化，禮義之教」，才能夠出於辭讓，合於文理。因此他主張性惡，認

爲：「桀、紂性也；堯、舜僞也。」（同上）

2. 禮治主義

孟子主性善，所以注重仁義道德的擴充；荀子主性惡，所以強調禮義法度的約制。他曾討論到禮的起源：

> 禮起於何也？曰：人生而有欲；欲而不得則不能無求；求而無度量分界則不能不爭；爭則亂；亂則窮。先王惡其亂也，故制禮義以分之，以養人之欲，給人之求。使欲必不窮乎物，物必不屈於欲；兩者相持而長。是禮之所起也。（《荀子・禮論》）

顯然，他認爲禮的產生，正是爲了整治人性之惡所導致的亂象。而禮的具體意義，就是爲這個紛亂的社會，提供 一個「度量分界」的具體標準。使權力的爭奪，轉化爲權力的認定，而藉以息爭止喙而已。所以他說：「水行者表深，表不明則陷；治民者表道，表不明則亂。禮者，表也。」（〈天論〉）可見其性質實與法家「憲令著於官府」的法，極爲近似。慎子曰：

> 有權衡者，不可欺以輕重；有尺寸者，不可欺以長短；有法度者，不可誣以詐僞。（馬總《意林・引慎子》）

而荀子之論禮曰：

> 故繩墨誠陳矣，則不可欺以曲直；衡誠懸矣，則不可欺以輕重；規矩誠設矣，則不可欺以方圓；君子審於禮，則不可欺以詐僞。（〈禮論〉）

二者的言論，可謂深相符契。要在教導百姓免於刑耳。足見荀子的禮治主義，已沾染法家的氣息，與孔子自發性的「有恥且格」之義，在精神上，已具有相當程度的差異了。

3. 法後王

孔子祖述堯舜，孟子主張「遵先王之法」（《孟子・離婁》）；及至荀子，則屢屢言及後王，並謂：

> 王者之制，道不過三代，法不貳後王；道過三代謂之蕩，法貳後王謂之不雅。（〈王制〉）

他認爲三代以前的政治，由於史籍闕略，難資依憑。所以「欲觀聖王之跡，則於其粲然者矣。後王是也。」（〈非相〉）於是後人遂謂荀子法後王。實則荀子也主張「法先王，隆禮義」（〈儒效〉）只是他認爲先王距今已遠，禮之儀文年久而息，禮之細節時久而變；後王既承先王之緒，益之以應時制宜，故能

使先王之法，更加粲然可觀而已。所以說「百王之道，後王是也。」（〈不苟〉）所以愚意以爲孟子遵先王之法，較着重於精神上之相應；荀子之崇先王，法後王，則着重於禮制之完備，而近於法家之言法。此其同而有異也。

二、墨學之流衍

　　《呂氏春秋》云：「孔、墨之後學，顯榮於天下者眾矣，不可勝數。」（〈當染〉）而韓非子更進一步指出：「世之顯學，儒、墨也。……自墨子之死也，有相里氏之墨，有相夫氏之墨，有鄧陵氏之墨。故孔墨之後，儒分爲八，墨離爲三。取舍相反不同，而皆自謂眞孔墨。」（〈顯學〉）可見當時墨家之興盛，以及派別之流衍，都可以與儒家相抗衡。但是孫貽讓據墨子本書及先秦諸子詳爲鈎稽，成墨學傳授考（見《墨子閒詁・後語上》），僅得墨子弟子十五人（附存三人）；再傳弟子三人，三傳弟子一人，治墨術而不詳其傳授系次者十三人，雜家四人。大都不逾三十餘人。並謂：「傳記所載，盡於此矣！」而這些姓名可考的弟子及後學，又都無個人的專著流傳，無以觀其學術思想流衍遞變之情形。所以欲瞭解墨學之流衍，仍當於《墨子》一書求之。

　　因爲今傳《墨子》一書，並非墨子所自著。其中自卷二〈尚賢上〉至卷九〈非命下〉，凡二十三篇，乃墨學之綱目，也是《墨子》書的中堅；其中文辭質樸，條理明晰；除〈非攻上〉外，都有「子墨子曰」云云，歷來學者，多以爲乃墨子門人傳述其師之作。至於〈經上〉、〈經下〉兩篇，梁任公以爲乃墨子自著，余前撰《墨子教育思想研究》，以思慮未賅，更舉四事以足成其說。其後愈加思索，愈覺〈經上〉、〈經下〉兩篇，不但與〈經說上〉、〈經說下〉、〈大取〉、〈小取〉諸篇，同樣非墨子自著，而且它們的內容，確如胡適所言：「與他篇理想不同」（見《中國哲學史・大綱》）雖然他定爲施、龍之徒所作，頗值得商榷，但爲後期墨家的作品，殆無疑義。

　　第一，誠如胡適所言：「這六篇中所討論的問題，全是惠施、公孫龍時代的哲學家爭論最烈的問題。如堅白之辯，同異之論之類，還有《莊子・天下篇》所舉惠施和公孫龍等人的議論，幾乎沒有一條不在這六篇之中討論過。」（同前）今細按六篇的內容，有許多是針對施、龍輩說之批判與修正。例如「堅白」、「同異」之說，施、龍在於「合同異，離堅白」，墨經則在於「別同異，合堅白」；又如公孫龍有「白馬非馬」之論，〈小取篇〉則謂：「白馬，馬也；乘白馬，乘馬也。」（詳見拙著《墨子教育思想研究》六章七節）可見他

是施、龍同時或稍後的墨家作品，意在對這些爭論的問題作一修正或總結，而不像是問題的引發。

第二，六篇的思想，比之〈尚賢〉、〈尚同〉、〈兼愛〉、〈非攻〉等篇，有補強和小幅修正的意味。

第三，六篇思想綿密，涉及的知識領域極爲廣泛，以當時的時代條件言之，不但非形勞天下的墨子所能獨力完成，而且正如梁啓超所認爲〈經說〉「決非出自一人，且未必出自一時代，或經百數十年遞相增益，亦未可知。」（〈讀墨餘記〉）一般，殆爲後期墨家的集體創作，且迭經增益而成。

由以上三事觀之，我們把〈經上〉、〈經下〉、〈經說上〉、〈經說下〉、〈大取〉、〈小取〉六篇，看成是後期墨家的代表作，應該是很合理的假設；而據以探討墨學之流衍，也不失爲可行的途徑。

但是《墨辯》六篇，所涉既廣，非本文所欲闡發。在此僅列舉與墨子義理有關的幾種事實，略加闡述，以明其流衍：

（一）墨子學說之補強

墨子學說，於草創階段，難免有不夠周延之處，在《墨辯》諸篇，爲之補強的情況甚多。

例如在〈兼愛篇〉中，墨子只是信誓旦旦地提出：「天下兼相愛則治，交相惡則亂。」（〈兼愛上〉）因此要人們「視人之國若其國；視人之家若其家；視人之身若其身。」（〈兼愛中〉）對於很多相關的問題，則未嘗慮及。諸如：兼的定義、兼愛的範圍，以及兼愛的可行性等，都無明確的揭示。《墨辯》中則指出：「體，分於兼也。」（〈經上〉）「愛人不外己，己在所愛之中。……厚人不外己，愛無厚薄」（〈大取〉）「愛人，待周愛人，而後爲愛人。」（〈小取〉）「無窮不害兼，說在盈否。」（〈經下〉）「不知其數而知其盡也，說在明者。」（同上）「不知其所處，不害愛之，說在喪子者。」（同上）其中或對己說的界定，或答辯者之論難，對墨子的學說，都具有補強的作用。至其詳細內容，容於第五章中，再作說明。

（二）墨子學說之修正

在墨子學說中，具有惟心色彩的〈天志〉與〈明鬼〉佔有舉足輕重的地位；但是到了《墨辯》六篇，則未見提及。相反的，具有惟物色彩的科學論證，俯拾即是。顯然是由於理性與理智的增長，逐漸袪除了原有的迷信觀念。

其次，儒、墨兩家，俱道堯、舜，既如前述，而墨子且以為「凡言凡動，合於三代聖王堯舜禹湯文武者，為之。」（〈貴義〉）可是到了後期墨家，顯然有所修正。這在墨經中，可以明顯看出：

〈經下〉：「在諸其所然未然者，說在於是推之。」

〈經說下〉：「在：堯善治，自今在諸古也；自古在之今，則堯不能治也。」

按：《爾雅・釋詁》：「在，察也。」治上世，所然也；治今世，未然也。他認為以今察古，自應肯定堯治的所然之事實。但是以古而推今，則因世異時移，就不能認定堯也能善治了。所以梁啟超以為：「此言復古思想之非。」（見《墨經校釋》）實際上也是對原有學說的修正。

（三）墨子精神的蛻變

人類的思想行為，既經輾轉仿效，難免會產生若干變化。所謂「其父殺人報仇，其子必且行劫。」即其一也。

就墨家言之，刻苦和尚義，可以說是墨子最根本的精神。孟子稱：「墨子摩頂放踵，利天下為之。」正是此一精神的具體寫照。此一精神，既經流衍，乃蛻變成任俠的精神。今按：《韓非子・顯學篇》，皆以儒、墨對舉，而并加撻伐；〈五蠹篇〉則極力反對「國平養儒俠」，並謂：「儒，以文亂法；俠，以武犯禁。」則所謂俠者，當即指具有任俠精神之墨家。陸賈《新書》說：「墨子之門多勇士。」淮南子稱：「墨子服役者百八十人，皆可使赴火蹈刃，死不旋踵。」都足以說明後期墨者確具有任俠之傾向。〈經上說〉：「任，士損己而益所為也。」〈經說上〉說：「任：為身之所惡，以成人之所急。」這種精神，正是戰國末年以至漢初的眾多游俠行俠仗義的行為之所從出。司馬遷於〈游俠列傳〉稱：「今游俠，其行雖不軌於正義，然其言必信，其行必果，已諾必誠，不愛其軀，赴士之厄困；既已存亡生死矣！而不矜其能，羞伐其德。蓋亦有足多者焉。」此寧非墨子刻苦尚義，以及「損己而益所為」之精神為之前導？其為墨學之蛻變，至為顯然。

第三章 孔墨天道及形上思想之異同

　　我國自商、周以來，先民們就普遍具有天、帝、鬼、神的觀念。這可從《詩》、《書》、《左傳》、《國語》等書，以及一些出土的甲、金文字中，得到證明。〔註1〕由這些觀念及其所衍伸出來的種種理念，對於人們的思想行為乃至政治運作，都有着舉足輕重的影響。所以要研究先秦哲學，則於此哲學產生之基礎，必當有所致意。今欲探究孔、墨思想之異同，自然也要先對此根源性的問題，加以探究，庶得其本。

第一節　天與天道

一、孔子的天道觀

　　孔子之道，雖務在彰明人事，但也未嘗忽視天道。《論語》中載孔子言天者凡九，茲據以申述如左：

　　　　子曰：「大哉堯之為君也！唯天為大，唯堯則之。蕩蕩乎，民無能名
　　　　焉；巍巍乎，其有成功也；煥乎，其有文章」（〈泰伯〉）
從這段話中，可見孔子所體認的天，乃是一個客體的最高存在，也是最完美

〔註 1〕　按：卜辭中常見帝、鬼等字；至於天，陳夢家曰：「卜辭的天沒有作上天之義
　　　　的；天之觀念，是周人提出來的。」（《卜辭綜述》十七章，頁 518）至於《詩》、
　　　　《書》、《左傳》、《國語》，就常見天、帝、鬼、神、的觀念。例如：《詩·商
　　　　頌》：「天命玄鳥，降而生商。」《書·洪範》：「帝乃震怒，不畀洪範九疇。」
　　　　《左傳·僖公五年》：「鬼神非人實親，惟德是依。」《國語·晉語》文公四年：
　　　　「億寧百神而柔和萬民。」蓋不勝枚舉。

的表徵，可與《中庸》「博厚高明」之義相表裏，乃所謂「義理之天」。

> 子曰：「予欲無言。」子貢曰：「子如不言，則小子何述焉？」子曰：
> 「天何言哉？四時行焉，百物生焉。天何言哉？」（〈陽貨〉）

這裏所言之天，看似「自然之天」，但却透顯出天不但是客體的最高存在，而且具有精神意志：不但默默地宰制萬物，而且藉着周行不怠，化育萬物的歷程，默默地顯示宇宙自然的理則，讓人們透過細密的觀察和心靈的感應，以上體天心，秉承天意——像堯就是以天爲則的最佳典範。而孔子亦欲法此以爲教，自然是承認天有精神意志，含蘊其間。是爲「主宰而兼義理之天」。

> 子疾病，子路使門人爲臣。病間，曰：「久矣哉由之行詐也！無臣而
> 爲有臣。吾誰欺？欺天乎？」（〈子罕〉）

人既應上體天心，秉承天意，則於行事之際，就不能有違背禮法的行爲，否則就是欺天。可見遵守禮法，乃天意之所在。——這也正是孔子通過觀察和感應所得到的體認。

> 子曰：「莫我知也夫！」子貢曰：「何爲其莫知子也？」子曰：「不怨
> 天，不尤人，下學而上達。知我者其天乎！」（〈憲問〉）

這章是表示孔子對天行無私的虔誠信仰。他認爲只要秉承天意，下學而上達，則必能爲上天知、所喜，因而對任何的委屈和挫折，都能淡然處之，無怨無悔。

> 子曰：「天生德於予，桓魋其如予何？」（〈述而〉）

> 子畏於匡，曰：「文王既沒，文不在茲乎！天之將喪斯文也，後死者
> 不得與於斯文也！天之未喪斯文也，匡人其如予何？」（〈子罕〉）

這兩章說明天爲一切道德之所從出，也是斯文的維護者。他既具有絕對的生殺予奪之權，那麼只要斯文不當喪，道德不當絕，則自己也就不當死。因爲正如儀封人所說：「天將以夫子爲木鐸。」（〈八佾〉）則桓魋和匡人又將奈之何？這足以見他對上天威權的堅定信仰。

> 顏淵死，子曰：「噫！天喪予！天喪予！」（〈先進〉）

天既具有絕對的生殺予奪之權，則顏回之短命而死，自可認定是天之所爲。只是站在深厚的師徒之情，以及憂己之或將失去傳人的角度上，不免要認爲天之喪顏回，無異於將使其喪亡。所以才作此沈痛的悲號。

> 王孫賈問曰：「與其媚於奧，寧媚於竈。何謂也？」子曰：「不然，
> 獲罪於天，無所禱也。」（〈八佾〉）

這章是反諷王孫賈之言。所以朱注云：「天即理也，其尊無對，非奧、竈之可

比也。逆理則獲罪於天矣，豈媚於奧、竈所能免乎？」而且既將「無所禱」，更足以顯示天爲位格化（Personlity）之最高存在，而且擁有最高的權威，以福善禍淫，非任何力量所能抗拒。

> 子見南子，子路不悦。夫子矢之曰：「予所否者，天厭之！天厭之！」（〈雍也〉）

以孔子人格之崇高，而以天之厭棄爲誓，來表明自己的心跡，亦足以見其敬天、畏天之誠篤。否則，這個誓言就不但毫無意義，而且將更見其內心之虛矯了。

　　由以上的論述，可見孔子心目中的天，有時是指客體的最高存在，有時則指有位格特性的實體。他具有情感、意志，是最完美的典範。他一方面在默默不言之間生養萬物，揭示宇宙自然的理則，讓人們自行去體會，而爲一切道德之所從出；一方面則以至公至明的態度，以維護真理，福善懲惡，而爲宇宙萬物的最高主宰。

二、墨子的天道觀

　　至於墨子之論天，則有關天所具備的德能，大抵與孔子所言相近似，而其所表現的意趣，卻頗不相同。

　　首先，墨子認爲天是萬有的根源，所以大自宇宙的實體及其運行，小至人們的衣食所需，都出於上天的創造和安排。所以他說：

> 且吾所以知天之愛民之厚者有矣！曰：磨爲日月星辰以昭道之；制爲四時春秋冬夏以紀綱之；賣降雪霜雨露以長遂五穀麻絲，使民得而財利之；列爲山川谿谷，播賦百事，以臨司民之善否；爲王公侯伯，使之賞賢而罰暴；賦金木鳥獸，從事乎五穀麻絲，以爲民衣食之財。（〈天志中〉）

天既爲萬有的根源，所以至貴至聖，無與倫比，而爲一切義之所從出。

> 義不從愚且賤者出，必自貴且知者出。……然則孰爲貴，孰爲知？
> 曰：天爲貴，天爲知而已矣！（〈天志中〉）

他的德行，廣大悉被，無所偏私；雖厚施於人，卻不自矜其德；而且恆久不變。

> 天之行廣而無私，其施厚而不德，其明久而不衰。（〈法儀〉）

> 周詩曰：「王道蕩蕩，不偏不黨；王道平平，不黨不偏；其直若矢，其易若厎；君子之所履，小人之所視。」（〈兼愛下〉）

因此，上自天子，下至庶民，都必須聽命於天，並以天爲最高的法儀。

天子未得次（恣）己而爲政，有天政之。（〈天志上〉）

天下從事者，不可以無法儀，無法儀，而其事能成者無有也。……
然則奚以爲治法而可？當皆法其父母奚若？天下之爲父母者眾，而
仁者寡；若皆法其父母，此法不仁也；法不仁不可以爲法。當皆法
其學奚若？天下之爲學者眾，而仁者寡；若皆法其學，此法不仁也；
法不仁不可以爲法。當皆法其君奚若？天下之爲君者眾，而仁者寡；
若皆法其君，此法不仁也；法不仁不可以爲法。故父母學君三者，
莫可以爲治法。然則奚以爲治法而可，故曰莫若法天。（〈天志上〉）

子墨子言曰：「我有天志，譬若輪人之有規，匠人之有矩；輪匠執其
規矩，以度天下之方員。曰：中者是也，不中者非也。」（〈天志上〉）

在這裏，他似乎否定了人的價值。他不像孔子予人理性的觀察和思考的空間，
而要求人們別無選擇地去效法天，而以之爲惟一的規矩準繩。

其次，他特別強調天是具有位格化特性的最高主宰，有意志，有好惡。
他具有最高的權威，以賞善罰惡，而且無所不在，無所不明，任何人都逃離
不了他的掌握。

若處家得罪於家長，猶有鄰家所避逃之。……處國得罪於國君，猶
有鄰國所避逃之。……晏日焉而得罪，將惡避逃之？曰：無所避逃
之！夫天不可爲林谷幽澗無人，明必見之。（〈天志上〉）

天既然是這麼活靈活現，所以墨子要人們必須順從天意，以尊天事鬼。那麼天
意是什麼呢？他認爲天是欲義而惡不義，喜兼而惡不兼。所以只要秉持義的原
則，以行其兼相愛、交相利之實，爲天之所欲、所喜，則必能得上天的賞賜；
反之，則必得罰。

然則天亦何欲何惡？天欲義而惡不義。然則率天下之百姓，以從事
於義，則我乃爲天之所欲也；我爲天之所欲，天亦爲我所欲。然則
我何欲何惡？我欲福祿，而惡禍祟。若我不爲天之所欲，而爲天之
所不欲，然則我率天下之百姓，以從事於禍祟中也。（〈天志上〉）

順天意者，兼相愛，交相利，必得賞；反天意者，別相惡，交相賊，
必得罰。（〈天志上〉）

昔之聖王禹、湯、文、武，兼愛天下之百姓，率以尊天事鬼，其利
人多，故天福之，使立爲天子，天下諸侯皆賓事之；暴王桀、紂、

> 幽、厲，兼惡天下之百姓，率以詬天鬼，其賊人多，故天禍之，使
> 遂失其國家，身死爲僇於天下。（〈法儀〉）

至於遭遇疾病禍祟，那就要齋戒沐浴，潔爲酒醴粢盛，以祭祀於天鬼，而祈
福於天。

> 天子有疾病禍祟，必齊戒沐浴，潔爲酒醴粢盛，以祭祀天鬼，則天
> 能去除之。（〈天志中〉）

> 天子賞罰不當，聽獄不中，天下疾病禍祟，霜露不時，天子必且犓
> 豢其牛羊犬彘，絜爲粢盛酒醴，以禱祠祈福於天。（〈天志下〉）

其於上天之嚴恭寅畏，於此可見。

三、比較與論評

　　孔、墨的天道觀，既如上述，茲分別從幾個不同的角度加以比較論評，
以見其異同：

　　第一，孔子和墨子所肯定的天，都是具有位格特性的實體，具有意志和
好惡，並掌握最高的權威以賞善罰惡。他至高、至聖、至智、至明，實爲萬
有之本源而宇宙萬物的最高主宰。此兩家之說法，大抵相同。只是孔子比較
淡化其威靈性，從而降低了迷信的色彩。墨子稱：「儒以天爲不明」（〈非儒〉）
當即指此。

　　第二，對於天道的體認，孔子是透過道德心性之自覺，因而藉其對人道
之體認，以及於天道，然後又以對天道的體認，以證成人道。使天道和人道，
合而爲一，而成爲宇宙的最高原理。所謂「天何言哉，四時行焉，百物生焉。」
以及「逝者如斯夫，不舍晝夜。」（《論語・子罕》）實際上都是孔子在至誠無
息的道德實踐中，體認了此一生生不已的天道，而要人們去效法，以落實於
人道。人類的精神文明，就是在這樣不斷地體認和相互印證中，獲得進展；
於理性的啓發，更具有實質的意義。至於墨子對天的體認，則來自其質實的
公利意識。因而取假於古代「神道設教」之法，以遂其愛利萬民之主張。所
以他說：「我有天志，譬若輪人之有規，匠人之有矩。」（〈天志上〉）又說：「故
置此以爲法，立此以爲儀，將以量度天下之王公大人卿大夫之仁與不仁。譬
之猶分黑白也。」（〈天志中〉）「故子墨子置天之（志）以爲儀法。」（〈天志
下〉）顯然，天志是由墨子所置立，而成爲遂行其學說的工具。否則，窈冥難
測的天意，他又何能這般如數家珍地道出呢？這種神道設教之法，於人們行

爲之約束和善心之發揚，自有其正面的意義和功能，且較儒家之啓發理性，更具有快速而直接的效應，然亦在人之信仰而已。——信仰堅，則天志立見其效；信仰衰，則亦將不免於失墜。是又不若儒家之能探其本。

　　第三，孔子和墨子所認定的天，雖然都是義之所從出，但孔子云：「天生德於予」，可見人類的善良之德，是秉受於天，所以天人之間，有其血脈淵源，而可以貫通合一。此與《中庸》：「天命之謂性，率性之謂道。」的說法，正可相互發明。而孟子：「盡其心者，知其性也；知其性，則知天矣。」（〈盡心上〉）的理論，正承此而來。至於他說：「予欲無言」，又說：「天何言哉？」亦有以天自喻之意。朱注云：「四時行，百物生，莫非天理發現流行之實；聖人一動一靜，莫非精義妙道之發，亦天而已矣！豈待言而顯哉？」這正是天人合一思想之濫觴。《易‧乾文言》云：「夫大人者，與天地合其德，與日月合其明，與四時合其序，與鬼神合其吉凶；先天而天弗違，後天而奉天時。」也正可說明此一境界。而人性的尊嚴，於以得到確切的肯定，而人類的地位，亦因而提升。至於墨子謂：「夫愚且賤者，不得爲政乎貴且知者；貴且知者，然後得爲政乎愚且賤者：此吾所以知義之不從愚且賤者出，而必自貴且知者出也。然則孰爲貴，孰爲知？曰：天爲貴，天爲知而已矣！」（〈天志中〉）顯然天並不以義賦予人類，而只是以其認定的義來統制人類。所以他說：「父母、學、君三者，莫可以爲治法。」人類永遠只能別無選擇地遵照天意以行事，而無個人的思想和意志。而天人的關係，也永遠是統制與被統制的關係。所以說：「且夫天之有天下也，辟之無以異乎國君諸候之有四境之內也。」（〈天志中〉）這對於人類自我的肯定和精神意志的鼓舞，實有很大的阻礙。

　　第四，孔子、墨子都肯定上天的權威性。但孔子認爲人們只要體認天道之精神以行事，下學而上達，不作任何違反禮法、違反仁道之事，即可心安理得，決不在義理之外，更有所求。所以說：「不怨天，不尤人，下學而上達，知我者，其天乎？」而《論語‧述而》載：「子疾病，子路請禱。子曰：『有諸？』子路對曰：『有之。誄曰：「禱爾於上下神祇。」』子曰：『丘之禱久矣！』」可見在孔子心目中，認爲只要依理行事，不愧不作，就是最有效的「禱」，不必更求助於天；反之，則禱亦無益。所以說：「得罪於天無所禱也。」乃是一種只問義理，不帶欲求的宗教情懷。墨子則除了要人們遵從他所指稱的天志，亦步亦趨之外，還要「犓牛羊，豢犬彘，潔爲酒醴粢盛，以祈福於上帝鬼神。」（〈天志上〉）除了顯出天的專制之外，與其所謂：「天之行廣而無私，其施厚

而不德。」之義，也有所出入，從而降低了上天神聖而超越的地位。所以嚴師靈峰說：「天既責人之報，則非無私和不德；天還要人間仰給煙火，又如何能創造萬物？百姓不祭祀，就要受罰，怎樣能夠不衰？假使在天國那兒還存在着要人民戴高帽、送紅包的最高主宰，它算得上全能的和偉大的嗎？」（見《墨子簡編》）所以墨子的天道思想，在義理的層次上，較之孔子，不免相形見絀，而較適合於對一般大眾說教，很難再有發展的空間。

第二節　天命與命

一、孔子所謂的天命與命

伴隨着天與天道而來的，就是天命和命的觀念。這種觀念，蓋起於周人天命轉移的歷史觀。所以殷之承夏，湯誓曰：「有夏多罪，天命殛之。」《詩・商頌》曰：「殷受命咸宜」；周之革殷，大誥曰：「天休於寧（文）王，興我小邦周。」君奭曰：「天降喪于殷，殷既墜厥命，我有周既受。」這些都旨在說明政權的轉移，皆上天為考量現實的政治情況所採取的調整措施；而天命之所在，也必然是天理之所在。因此要人們記取歷史的教訓而引以為戒。

及至孔子，則承此觀念而推衍之，以為每一個人的生命狀態中，也都各有其天命的本然之理，而要我們去加以正視和面對。所以他說：「君子有三畏，畏天命、畏大人、畏聖人之言。」（《論語・季氏》）本章朱注云：「天命者，天所賦之正理也。」天命既為天所賦予我們的正理，亦即天意、天理之所在，則我們於此天意、天理自不能不加以敬畏；而大人者，代天行事；聖人者，代天立言，所以同樣也應加以敬畏。

那麼人的生命狀態中所隱含的天賦之正理是甚麼呢？可惜孔子只說過他「五十而知天命」（《論語・為政》），並不曾揭示此一天命的具體內容。但根據《中庸》：「天命之謂性」，以及荀子：「節遇之謂命」的說法，我們可以把它分為「性命之命」與「節遇之命」；而節遇之命，又可以含攝於「天命之命」。

首就性命之命言之，則人之「性」，既為上天所賦之正理，站在「畏天命」的立場，自應以審慎的態度，去探求其中之理，以期有完全的自知，從而妥善地發揮之、擴充之，或誘導之、轉化之，以至於其極。而達到《中庸》所謂的「盡其性」的境界。孟子說：「盡其心者，知其性也；知其性，則知天矣！」

（《孟子・盡心上》）可見「盡其性」、「盡其心」與「知命」、「知天」之間，有着相互依存的關係。所以孔子說：「不知命，無以爲君子也。」（《論語・堯曰》）這純然是一種積極的修養歷程。以孔子之聖，至五十而始知天命，至七十乃至於其極，而能於自然之中，與天道冥合，達到「從心所欲不踰矩」的境界。我們要知道，他是在少年之時就立志於學，經過長期地體道行仁，歷經以道自立而漸進於不惑的階段以後，才漸漸眞切地體認到這個天命之理，這是多麼彌足珍貴的啊！

其次，再就節遇之命言之，它是指非人之意志、能力、智慧所能作主或預期，或者雖能作主或預期，却因更重要的考慮而不得不捨棄者。這大抵是環境、機緣或客觀的條件之限制所造成，既非人力所能克服，自然也就可以視之爲上天所給予我們的一種「定限」。這在孔子，通常稱之曰「命」。可視爲「天命」的一部分。所以「伯牛有疾，子問之。自牖執其手，曰：『命矣夫！斯人也，而有斯疾也！斯人也，而有斯疾也。』」（《論語・雍也》）因爲冉伯牛素以德行見稱，而其所以染此惡疾，正如本章朱注所云：「非其不能謹疾有以致之。」似此莫之致而至的遭遇，若不歸之於命，除了更增加內心的不平與無奈之外，對事實又能有何補益？

但我們在此所必須特別致意的，就是孔子所謂的命，必也先盡其應盡之人事，其結果才可以委之於命。試看孔子一生栖栖遑遑，奔走天下，雖知其不可而爲之，直到身老力疲，又面對着重重的阻力和打擊，才慨然歎曰：「道之將興也與？命也；道之將廢也與？命也。公伯寮其如命何？」因自己已盡了全力，而道之將興、將廢，還要視整個社會的條件及情勢的變化而定，即使除掉一個說壞話的公伯寮，也無濟於事，倒不如訴之於天，委之於命了！

再如「司馬牛憂曰：『人皆有兄弟，我獨亡！』子夏曰：『商聞之矣：「死生有命，富貴在天。」君子敬而無失，與人恭而有禮，四海之內，皆兄弟也。君子何患乎無兄弟也。』」（《論語・顏淵》）本章雖非孔子之言，但很可能是聞於孔子。朱注云：「天莫之爲而爲，非我所能必，但當順受而已。」因爲人的生死，固然可以因適當的調養，而獲得延續，但終究各有其極限，而且因人而異，無法強求，除了順受之外，又能如何？至於遇到「生亦我所欲，義亦我所欲」的時候，更應爲了成全義，而把生死坦然地交付予天，才能「不爲苟得」，才能「患有所不避」；否則降志辱身，苟活取容，雖生，又何足貴？何足取？——生死如此，富貴又何獨不然？所以孟子說：「行一不義，殺一不辜，而得天下，不爲也。」

（《孟子·公孫丑上》）能得天下，尚且有所不爲，更遑論其他。《中庸》曰：「素富貴，行乎富貴；素貧賤，行乎貧賤；素夷狄，行乎夷狄；素患難，行乎患難。君子無入而不自得焉。」這正是孔子心目中知命的君子。

二、墨子的非命論

至於墨子，他對命的觀念，則是持堅決反對的態度。他認爲「命者，暴王所作，窮人所術（述），非仁者之言也。」（〈非命下〉）

那麼墨子何以反對有命呢？其最主要的原因，乃是他認爲人們一旦相信有命的說法，就會誤認爲一切都已經由上天在冥冥中做了安排，則一切人事上的努力，都屬罔然，因此將會失去努力奮鬥的意志而趨於怠惰。影響所及，將使整個社會的各個階層都忽於職守，造成行政的廢弛，生產的停頓，而導致天下的貧窮與動亂，甚至國家的滅亡。所以〈非命下〉說：

> 今雖毋在乎王公大人蕢若信有命而致行之，則必怠乎聽獄治政矣；卿大夫必怠乎治官府矣；農夫必怠乎耕稼樹藝矣；婦人必怠乎紡績織紝矣。王公大人怠乎聽獄治政、卿大夫怠乎治官府，則我以爲天下必亂矣；農夫怠乎耕稼樹藝，婦人怠乎紡績織紝。則我以爲天下衣食之財，將必不足矣。若以爲政乎天下，上以事天鬼，天鬼不使；下以持養百姓，百姓不利，必離散不可得用也。是以入守則不固，出誅則不勝，故雖昔者三代暴王，桀紂幽厲之所以失隕其國家，傾覆其社稷者此也。

其次，他認爲執有命之說，將會使人們把一切的榮辱得失，一概諉之於命，如此一來，一方面沒有人肯爲爭取獎賞而修身勵德，行善助人；一方面又會使人產生行險僥倖之念而爲非作歹。賞罰既失其獎善懲惡的效果，則社會道德必將敗壞，社會倫理亦將淪亡。所以〈非命上〉說：

> 執有命者之言曰：「上之所賞，命固且賞，非賢故賞也；上之所罰，命固且罰，不暴故罰也。」是故入則不慈孝於親戚，出則不弟長於鄉里，坐處不度，出入無節，男女無辨。是故治官府則盜竊，守城則崩叛，君有難則不死，出亡則不送。此上之所罰，百姓之所非毀也。

此外，他認爲執有命之說，很容易爲偷惰苟安者，作爲其推諉責任的藉口：於是事前畫地自限，不肯進取；事後又把一切責任委之於天，歸之於命。形成大家都不肯爲自己的行爲負責的現象。其結果，將使整個社會陷於頹靡敗壞的境地。所以〈非命上〉說：

> 昔上世之窮民，貪於飲食，惰於從事，是以衣食之財不足，而飢寒
> 凍餒之憂至。不知曰：我罷不肖，從事不疾，必曰：我命固且貧。若
> 上世暴王，不忍其耳目之淫，心涂之辟，不順其親戚，遂以亡失國家，
> 傾覆社稷，不知曰：我罷不肖，爲政不善。必曰：吾命固失之。

總之，他認爲世人一旦相信有命之說，必將造成整個社會的大不利，則以公利意識特別強烈的墨子，自必要堅決反對有命之說了！

此外，墨子又以其三表法來否定有命之說。

他的第一表，是本於古先聖王之事。他徵引了許多古籍，以證明古先聖王都不相信命；命純然是那些暴王所假造的。他並指出：「古者桀之所亂，湯受而治之；紂之所亂，武王受而治之。此世未易，民未渝，在於桀紂則天下亂；在於湯武則天下治。豈可謂有命哉？」（〈非命上〉）同樣的時代，同樣的百姓；在於聖王則治，在於暴王則亂。可見國家之安危治亂，乃繫於執政者之力與不力，與命無關。國家如此，個人之成敗亦然。此說雖尚欠周延，卻仍具相當的說服力。

他的第二表，是原察百姓耳目之實。他認爲：「自古以及今，生民以來，亦嘗見命之物，聞命之聲者乎？則未嘗有也。」（〈非命中〉）這是訴諸感官經驗，認爲自古以來，人們皆未見其物，未聞其聲，以證明其並不存在。此一論證，顯然甚爲牽強，其缺失容後再述。

他的第三表，是發爲刑政，觀其中國家百姓人民之利。認爲「今用執有命者之言，則上不聽治，下不從事——上不聽治，則刑政亂；下不從事，則財用不足。」（〈非命上〉）換句話說，他認爲當命的觀念，一旦普及於現實政治，必將導致極不利的後果。所以這純然是以社會之利爲着眼點，來反對有命之說。

以上的說法，除了在論證上有一些缺失之外，其非命的精神，對於鼓勵積極奮發，革新社會風氣，確具有極其重大的意義。

三、比較與論評

由以上的論述而觀之，孔、墨兩家對命的態度，似乎是站在完全對立的立場。實者不然。茲分從以下數事，以論其異同：

第一，墨子的非命，絲毫都未曾及於孔子的「性命之命」，而僅及於「節遇之命」，甚至於可以說，只能視爲對一般「宿命論」者的批判。如果以此非毀儒家或孔子，則根本上是不相應的。

　　因爲孔子的性命之命，固無論已；即其節遇之命，也只是承認人的生命狀態中，必然各有其定限，以及不同的遭遇——無論如何，這是不可否認的事實。這些定限和遭遇，固然可以因其努力而獲得若干程度的改善，但畢竟仍有其極限。而在力圖改善的過程中，如果再遇到情感道義等問題糾結其間的時候，則其限制和顧慮又將更多，絕不是那麼單純地可以予取予求。所以才要人們認清此一事實，一切依循正道，而不要逞欲強求，甚至悖理妄爲。絕無要人委心任運的意思。這是我們首先要認清的。

　　第二，墨子雖不承認「有命」，却倡導「天志」。而其天志的內容，實際又與孔子和儒家的「天命」觀念，有着相當程度的契合。只是其中有一個很重要的關鍵：就是墨子的天志中，認定天有「行廣而無私」的絕對公平性，因此「順天意者，兼相愛，交相利，必得賞；反天意者，別相惡，交相賊，必得罰。」（〈天志上〉）只要「我爲天之所欲，天亦必爲我所欲。」（同上）所以無形中就把「天命」併入「天志」，兩者合而爲一，自然就不承認在天志之外，另有一個命的存在。但事實上，天固有其公平性，却亦有其差異性。譬如同樣生而爲人，有人生於富貴之家，有人生於貧賤之家；有人生而聰敏、健壯，有人生而駑鈍、羸弱。而在現實社會中，「智慮深而無財；才能高而無官；懷銀紆紫，未必稷契之才；積金累玉，未必陶朱之智。」（《論衡·命祿篇》）的情形，也是所在多有。就連墨子自己，不是也在無意中承認：「今王公大人其所富，其所貴，皆王公大人骨肉之親，無故富貴，面目美目美好者也。……此非可學而能也。」（〈尚賢下〉）之類不公平的事實嗎？若必一一計較之，則不但墨子的天志根本無法自圓其說，而舉世亦將充斥着憤激不平之氣，逞欲莽撞之行亦將隨之，對於社會的安定、和諧、必有其負面的影響。至於儒家，則正視此一差異的現象而肯定之，認爲這也是天道自然之理，而教導人們如何去面對，因而就衍生了命的觀念。這也正是「有見於齊，無見於畸」的墨子所未及見的。

　　第三，再就墨子的三表法觀之：其第一表，乃在說明「盡力無命」，但如前條所述，盡不盡力與獲不獲福之間，事實上只具有相當的關連性，而非絕對的必然性。何況在諸多人事之中，有可求者，有不可求者。例如孟子說：「有天爵者，有人爵者。仁義忠信，樂善不倦，此天爵也；公卿大夫，此人爵也。」（〈告子上〉）天爵操之於己，固可求則得之；人爵操之於人，則不宜有所強求。只能努力地修其天爵，抱着「求之有道，得之有命。」（《孟子·盡心上》）的態度，以期人爵之來，如此而已。次就其第二表言之，則純以感官來證驗

命之有無，頗覺不類。因爲具像之物，固可證驗於感官；抽象之物，豈感官所能見，所能聞？以此來判定命之有無，寧非膠柱鼓瑟，毫無是處？再就其第三表言之，以發爲刑政，觀其中國家百姓人民之利，以證明有命之說爲「凶言之所自生，而暴人之道也。」（〈非命上〉）乃是完全站在利與不利的觀點加以評斷，大體上雖能切中宿命論的弊病，但另一方面，却亦顯示出他對孔子的天命思想缺乏深入的瞭解。以此非儒，實無異於隔靴搔癢。何況利、不利與有、沒有之間，並不存在必然的關係。凡此，均不免降低了非命說的說服力，確實是令人深致婉惜的。

　　第四，儒家天命的觀念，固然有其很高深的義理層次，及其積極的意義；對於人性的體認、價值的判斷、情操的提昇，以及社會人心的安頓，都有其很高的價值。但也不能否認，由於「定限」的觀念，缺乏明確而客觀的標準以爲之依據，再加上認知上的差異，很容易使人產生消極的態度，形成內斂、退縮的性格，因而常常畫地自限、安於現狀，從而減緩了社會進化的脚步，阻滯了蓬勃發展的生機；而在遭遇失敗之時，也由於諉之於命，因而降低了檢討改進的意念，造成因循苟且的習性。此種社會現象，若無外力入侵，自亦未見其不可；而一旦與富有積極精神的強勢文化相接觸，就不免相形見絀，而退居於弱勢了。所以墨子破除命定之說，強調力行之效，理論雖然還不夠圓滿，然亦自有其卓識；而此一精神的宏揚，尤爲陷於頹靡、沈滯之中國社會的一劑振衰起弊的良方。

第三節　鬼神觀

一、孔子對鬼神的態度

　　在《論語》中，孔子對於鬼神的存在，既不曾明確地加以肯定，也不曾明確地加以否定。然就〈述而篇〉所稱：「子之所愼：齊（齋）、戰、疾。」之言，以及〈泰伯篇〉贊禹之：「菲飲食，而致孝乎鬼神；惡衣服，而致美乎黻冕」。爲「無間然」以觀之，則其對於鬼神之存在及其價值，必持肯定的態度，應該是確然無疑的。

　　那麼孔子心目中的鬼神，究竟是甚麼呢？《禮記‧祭義》嘗載其答宰我之言曰：

氣也者，神之盛也；魄也者，鬼之盛也。合鬼與神，教之至也。眾
生必死，死必歸土，此之謂鬼；骨肉斃于下，陰爲野土。其氣發揚
于上，爲昭明焄蒿悽愴。此百物之精也，神之著也。

因爲眾生必死，而死必歸土，此之謂鬼。說文云：「人所歸爲鬼」，祭法云：「人死曰鬼」，皆其義也。此乃就其死後體魄之入於幽者而言。至於神，就是指「其氣發揚於上」者。孔穎達正義以爲：「人之精靈而謂之神。」此就其死後精神之重伸，而出於幽者而言。這些雖然都不能據以認定爲孔子的看法，但至少可以代表當時儒者對鬼神的詮釋。

孔子既然肯定鬼神的存在，所以他特別注重祭祀。他說：「吾不與祭，如不祭。」（《論語‧八佾》）而祭祀之時，又必竭其誠敬之心，所以他說：「祭如在，祭神如神在。」（同上）換言之，他認爲在祭祀之時，雖不能憑藉其感官，察覺到被祭者「有神來格」之情景，然其內心的感格之誠，仍然要「洋洋乎如在其上，如在其左右。」（《中庸》）一般，而不能有絲毫的怠慢與虛矯之意。所以墨子稱：「執無鬼而學祭禮，是猶無客而學客禮也，是猶無魚而爲魚罟也。」（《墨子‧耕柱》）乃是針對公孟子之言而發，與孔子無涉。

但是孔子之誠敬祭祀，絕不在於諂媚祈福，而在於人生價值之肯定，以及報本返始觀念之落實。

孔子說：「非其鬼而祭之，諂也。」（《論語‧爲政》）所謂「非其鬼」，亦即「非我所當祭之鬼」；既然有「非我所當祭之鬼」，自然也應有「我所當祭之鬼」。那麼我所當祭之鬼爲何？曾子稱：「愼終追遠，民德歸厚矣！」（《論語‧學而》）顯然，自己的祖先，乃是最所當祭的。而祭祀祖先，一方面乃所以敬我生命之本源，一方面則是肯定此生命本源所具有的悠久無疆的價值；而人類短暫的生命，也因以突顯其價值；無限的情思，亦因以得到適當的寄託。再者，人們既然肯定了生命的價值，就會更加珍惜自己的生命，謹慎自己的行爲。既然能敬其生命之本源，亦必能推此愛敬之心，以敬其生命歷程中所有曾幫助其生命成長、茁壯之人，而使整個社會，充滿感恩之心，而人心之純篤，風俗之敦厚，亦於焉形成，則其於世道人心之維繫，實有其極深遠的意義。

祭祀鬼神，既具有如此莊嚴的意義，就應保持其動機之純淨，而不當有所私求。所以「子疾病，子路請禱。子曰：『有諸？』子路對曰：『有之！誄曰：禱爾于上下神祇。』子曰：『丘之禱久矣！』」（《論語‧述而》）因爲孔子認爲，一個人只要能修身勵德，不愧不怍，自然就能夠得到鬼神的福祐，而

不必刻意地去請禱，以免混淆了祭祀鬼神所代表的莊嚴意義。

此外，孔子之肯定鬼神，絕不帶有絲毫迷信的色彩。所以《論語·述而篇》載：「子不語怪、力、亂、神。」而「子路問事鬼神。子曰：『未能事人，焉能事鬼？』問死，曰：『未知生，焉知死？』」(《論語·先進》)這就是教導人們，應該把有限的精力，致力於人事之修為；對於窈冥難知的鬼神，除了如前述地致其應有的禮敬之外，不宜更存有其他的幻想，也不宜向鬼神求接近：因為那是不切實際，而且也沒有意義的作法。因而「樊遲問知。子曰：『務民之義，敬鬼神而遠之，可謂知矣！』」(《論語·雍也》)其務實而理性的態度，於此可見。

二、墨子對鬼神的態度

至於墨子，他對鬼神所持的態度，不僅是肯定，而且還極力地強調其威靈。而其所以如此，乃是把當時天下之亂象，歸咎於人們之不信鬼神。他說：

> 逮至昔三代聖王既沒，天下失義，諸侯力正。是以存夫為人君臣上下者之不惠忠也，父子弟兄之不慈孝弟長貞良也……是以天下亂，此其故何以然也？則皆以疑惑鬼神之有與無之別。(〈明鬼下〉)

天下之亂，既由於人們懷疑鬼神之存在，所以墨子乃極力以證實之。而其所據以證實之者？仍然是前面所提到過的「三表法」：

第一、本之於古先聖王之事：因為古先聖王，都是智、德雙全，而為後人所景仰，則人們之一切言行，乃至於對宗教之信仰，自然都可以以之為依據。所以〈明鬼下〉云：

> 姑嘗上觀聖王之事：昔者武王之攻殷誅紂也，使諸侯分其祭曰：使親者受內祀，疏者受外祀。故武王必以鬼神為有。……故古聖王治天下也，必先鬼神而後人者，此也。

第二、原察百姓耳目之實或徵以先王書：墨子極注重耳目之實，故曰：「有聞之，有見之，謂之有；莫之聞、莫之見，謂之亡。」(〈非命上〉)而先王之書，必不我欺也。所以都可作為論證之依據。其〈明鬼下〉云：

> 若以眾之所同見與眾之所同聞，則若昔者杜伯是也。周宣王殺其臣杜伯而不辜。杜伯曰：吾君殺我而不辜，若以死者為無知則止矣！若死而有知，不出三年，必使吾君知之。其三年，周宣王合諸侯，而田於圃；田車數百乘，從數千，人滿野。日中，杜伯乘白馬素車，

朱衣冠，執朱弓，挾朱矢，追周宣王，射之車上，中心折脊，殪車
中，伏弢而死。當是之時，周人從者莫不見，遠者莫不聞，著在周
之春秋。（〈明鬼下〉）

大雅曰：「文王在上，於昭于天。周雖舊邦，其命維新。有周不顯，
帝命不時。文王陟降，在帝左右。穆穆文王，令問不已。」若鬼神
無有，則文王既死，彼豈能在帝之左右哉？（同上）

第三、發以為刑政，觀其中國家百姓之利：墨子為功利主義者，所以一
切做為，都是以國家百姓之利為前提。利則為之、信之；不利，則不為之、
不信之。所以〈明鬼下〉云：

今若使天下之人，偕若信鬼神之能賞賢而罰暴也。則夫天下豈亂哉？
今執無鬼者曰：鬼神固無有，旦暮以為教誨乎天下，疑天下之眾，
使天下之眾皆疑惑乎鬼神有無之別，是以天下亂。是故子墨子曰：
今天下之王公大人士君子，實將欲求興天下之利，除天下之害，故
當鬼神有與無之別，以為將不可以不明察者，此也。

以上三表所證，是否具有價值，在此姑置弗論，而其信仰之虔誠，救世之苦
心，卻是不難理解並值得肯定的。

在墨子心目中，鬼神之存在，既如上述，而其類別，亦有所區分。他說：

古今之為鬼，非他也。有天鬼，亦有山水鬼神，亦有人死而為鬼者。
（〈明鬼下〉）

可見他是一位傳統的多神論者。

所謂天鬼，當係如《墨子·明鬼下》引〈大雅〉所謂：「文王陟降，在帝
左右」之類，乃人格偉大之鬼神，常處上帝左右者；至於山水鬼神，乃天地
山川之精，凝聚而成者。〈明鬼下〉曰：「雖有深谿博林幽澗毋人之所，施行
不可不董，見有鬼神視之。」或即此類；〈明鬼下〉云：「有神入門而左，鳥
身」者，或亦此類。至於人死而為鬼者，則如〈明鬼下〉所記：杜伯、句芒、
莊子儀之類。由此可見鬼神之眾多，更增添許多神秘的色彩。

那麼這些眾多的鬼神，究竟具有何種德能？對於人類世界，又會產生甚
麼作用呢？墨子認為鬼神是至智、至明的。

故鬼神之明，不可為幽澗廣澤山林深谷，鬼神之明，必知之。（〈明
鬼下〉）

就連最明智的聖人，也難以望其項背。

　　巫馬子謂子墨子曰：「鬼神孰與聖人之明智？」子墨子曰：「鬼神之
　　明智於聖人，猶聰耳明目之與聾瞽也。」（〈耕柱〉）

同時，鬼神又具有極大的威靈，非堅甲利兵之所能勝：

　　鬼神之罰，不可爲富貴眾強，勇力強武，堅甲利兵，鬼神之罰必勝
　　之。（〈明鬼下〉）

而鬼神的最大任務，似乎就在於賞賢而罰暴，以及對惡人施以報復而已。

　　古聖王必以鬼神爲能賞賢而罰暴，是故賞必於祖，而僇必於社。（〈明
　　鬼下〉）

　　鬼神之所賞，無小，必賞之；鬼神之罰，無大，必罰之。（同上）

　　祩子揖杖出與言曰：「觀辜！是何珪璧之不滿度量，酒醴粢盛之不淨
　　潔，犧牲之不全肥也，春夏秋冬選（饌）失時也……。」……祩子
　　舉杖而槀（敲）之，殪之壇。……諸不敬慎祭祀者，鬼神之誅至，
　　若是其憯速也。（同上）

　　燕簡公殺其臣莊子儀而不辜，……日中，燕簡公方將馳於祖塗，莊
　　子儀荷朱杖而擊之，殪之車上。……凡殺不辜者，其得不祥，鬼神
　　之誅，若此其憯速也。（同上）

基於以上的認識，所以他認爲「今若使天下之人，偕信鬼神之能賞賢而罰暴
也，則夫天下豈亂哉？」（同上）

　　至於〈明鬼下〉載句芒謂秦穆公曰：「無懼！帝享汝明德，使予賜女壽
十年又九，國家蕃昌……則鬼神顯然是秉承上帝的意旨以行事，而爲上帝的
附庸。」

　　鬼神既如此明智而具有威靈，又能秉承上帝的意旨以賞賢罰暴，那麼我
們應如何來事奉鬼神呢？墨子曾列舉古先聖王之舉措以爲說明：

　　昔者虞夏商周三代之聖王，其始建國營都日，必擇國之正壇，置
　　以爲宗廟；必擇木之修茂者，立以爲叢社；必擇國之父兄，慈孝
　　貞良者，以爲祝宗；必擇六畜之腯肥倅毛，以爲犧牲；珪璧琮璜，
　　稱財爲度；必擇五穀之芳黃，以爲酒醴粢盛。故酒醴粢盛，與歲
　　上下也。故古聖王治天下也，必先鬼神而後人者，此也。（同上）

其事奉鬼神之敬謹，於此可見。

三、比較與論評

　　孔、墨兩家對鬼神所持的態度和看法，既如上述，茲就管見所及，以論其異同。

　　第一，孔、墨兩家皆肯定鬼神之存在，但孔子很少正面談論鬼神；《中庸》和《禮記》中雖然偶有引述孔子論鬼神之言，也僅僅是一些抽象的概念，絲毫不帶有迷信的色彩。誠如近人王桐齡所謂：「還他本來面目，不着色相，不露痕跡，立論最爲得體。」〔註2〕因爲鬼神之爲物，既視之不可見，呼之不可出，所以他的存在，大抵是基於情感的因素，而在超越意識中，感受其存在而已。所以馮友蘭先生以爲：「吾人對待死者，若純依理智，則爲情感所不許；若專憑情感，則使人流於迷信，而阻礙進步。」〔註3〕孔子所持的態度，正是情感與理智並重，既不違背人情，也不流於迷信，此其道所以爲《中庸》也。

　　至於墨子，則僅憑一些道聽塗說的傳聞，或無稽的記載，一味地繪影繪形，以證明其存在，只是一種不可靠的經驗論，既不合於科學之證驗，又不合於純理論的推演，所以那些利用三表法所作的有鬼論，不僅不具說服力，亦徒見其荒謬而已。因而王充《論衡‧薄葬篇》駁之曰：「是非信聞見於外，不詮訂於內，是用耳目論，不以心意議也。夫以耳目論，則以虛象爲言：虛象效，則以實事爲非。是故是非者，不徒耳目，必開心意。墨議不以心而原物，苟信聞見，則雖效驗章明，猶爲失實。」其所評論，頗能切中墨子理論上之缺失。實則墨子自己也說：「雖使鬼神誠亡，此猶可以合驩聚眾，取親於鄉里。」（〈明鬼下〉）這種模稜兩可的說法，亦可以窺見其內心的虛怯。固不若孔子之說，來得平實、圓滿，而又具有包容性。

　　第二，孔、墨兩家，皆重祭祀，此其所同。但孔子之重祭祀，乃出自不安不忍之情，以及報本溯源之道德意識，而無迷信邀福之念。所以宰我以：「三年之喪，期已久矣！」且以食夫稻、衣夫錦爲安。孔子則曰：「女安則爲之！」並謂：「予之不仁也，子生三年，然後免於父母之懷。夫三年之喪，天下之通喪也；予也，有三年之愛於其父母乎？」（《論語‧陽貨》）孔子就是根據這種不安、不忍之情，而制爲各種禮文，以爲適當之抒表，除了求取心安之外，自不忍再對欲圖報恩的對象，有任何的求索。所以梁漱溟先生謂：「這些禮文，或則引發崇高之情，或則綿永篤舊之情。使人自盡其心而涵厚其德，務鄭重其事而妥安其

〔註2〕　見王桐齡《儒墨之異同》，頁22。
〔註3〕　見馮友蘭《中國哲學史》，頁418。

志。人生如此，乃安穩牢韌而有味，却並非要向外求得什麼。——此爲其根本不同於宗教之處。」〔註4〕唐君毅先生亦謂：「此中所信之鬼神，亦顧念人間，而與生人之精神相感格者。人對天地鬼神，依此思想，又不當有所私求，亦不當望其能爲吾人伸冤屈而雪仇恨，以至賞善罰惡，皆非天地鬼神主要之責任。天地鬼神之德，皆在無思無爲之生物成物之事，或與人之自然的感格上見。」〔註5〕他們對於孔子與儒家的鬼神觀，都有相當精闢的見解。

　　至於墨子，既要求人們：「犧牛羊，豢犬彘，潔爲粢盛酒醴，以祭祀上帝鬼神，而祈福於天。」（〈天志上〉）則其祭祀鬼神的主要目的，顯然是在於祈求福祐；而自〈明鬼下〉載祐觀辜因祭祀不豐，而爲袾子敲死於壇上之事以觀之，則鬼神顯然也要求人類必須敬謹祭祀，否則將致其罰。一方面顯見其與孔子所稱述的鬼神之德，頗有異致；另一方面又以見人們之祭祀，亦在於避免鬼神之罰。而其所以持此充滿功利思想的論調，與其說是發自內心的虔誠信仰，不如說是一種策略的運用，——無非是想透過人們對鬼神的信仰，以作爲檢束人心，改良社會的一種手段。所以他說：「今若使天下之人，偕信鬼神之能賞賢而罰暴也，則夫天下豈亂哉？」（〈明鬼下〉）這是兩家着眼點上的根本差異。

　　第三，孔子之教的精神，皆首重人事，所以主張事人重於事鬼，所以說：「未能事人，焉能事鬼？」；對於死後之事，也不願多做揣測，所以說：「未知生，焉知死？」。至於墨子，則是主張「先鬼而後人」（見前引〈明鬼下〉）所以墨子書中，除有〈天志〉、〈明鬼〉之篇以外，其餘言及人事者，也幾乎都離不開〈天志〉與〈鬼神〉。在這一點上，亦顯見兩家學說精神之異致。雖然孔子也以禹之「菲飲食，而致孝乎鬼神」爲「無間然」，但也只是着眼於前項所述的宗廟祭祀所代表的意義上，贊美禹之虔誠敬謹，並不表示他也有先鬼後人的思想。由於這種差異，所以孔子以啓發理性，提昇道德，做爲改善社會的途徑，而墨子則取假於信仰以爲之階。就務實的眼光言之，自以孔子爲能探其本，且其信賴人類自己，而不依賴外力的精神，對於提高人性之尊嚴，鼓舞向上之意志，亦有積極的意義。然就其效果言之，則在知識尚未普及，行爲規範未具雛形，經濟、文化條件尚稱不足的社會，則孔子之說，其能促使人們共遵、共守約制力，實不若宗教力量來得大。正所謂：「民可

〔註 4〕見梁漱溟《中國文化要義》，頁 114。
〔註 5〕見唐君毅《中國文化之精神價值》，頁 468。

使由之，不可使知之。」（《論語・泰伯》）所以梁漱溟先生以爲：「宗教……是一種對於外力之假借。而此外力實在就是自己。它比道德多一個彎，而神妙奇效即在此。」〔註6〕但到了文化逐漸成長，人類理性漸次覺醒之後，仍必須從神文走向人文，才能使人們的認知更加正確，人心更加鞏固，社會更加健全。即此而論，則兩家思想，乃是各有其攸宜的。

第四節　孔墨與宗教

　　孔子與墨子，對於天和鬼神都有相當程度的信仰，也都注重祭祀等具有宗教情調的儀式。而以他們門徒之眾多，影響之深遠，也與一般宗教的教主頗相類似。但是他們仍然只能算是一個學派而非宗教，這也是不可不辨的。

　　墨子學說中的宗教氣氛雖然比較濃厚，但是他並不像一般宗教的創始者，利用一些神話，讓世人相信自己是神的使者或神的化身；相反地，從他的言行事蹟中，處處表現出他也只是一個普通的平民，而且穆賀還曾稱之爲「賤人」；〔註7〕他的門人後學，也都未嘗稱之曰神。葛洪《神仙傳》雖云：「墨子年八十二，入周狄山學道。」也僅僅是後世的一種傳說，而且既云學道，亦見其原本就是普通人。

　　再者，一般的宗教，都是從人生的負面着眼，所以耶教視人皆有原罪，只能在上帝的面前懺悔，以祈求寬恕，而把一切希望，寄託於死後靈魂之能否昇入天堂，靠近上帝；佛教則具有苦業意識，認爲人世無常，因而產生對西方極樂世界的嚮往。總之，都是屬於出世的。但墨子只着眼於現實人世，而不言他界；只重今生，而不言死後。乃是積極的、入世的。

　　有了以上的根本差異，所以墨家之非宗教，墨子之非宗教家，乃是確然無疑的。

　　至於孔子的教化，其與宗教之差異，則又更爲顯而易見。所以美國學者桑戴克（Lynn Thorndike）在《世界文化史》一書中就曾明確地指出：「孔子絕不自稱爲神所使，或得神啓示，而且不語怪力亂神；孔子沒後，弟子亦未奉之爲神；孔子不似佛之忽然大覺，但學而不厭，過則勿憚改；孔子絕無避世

〔註6〕見梁漱溟《中國文化要義》，頁106。
〔註7〕《墨子・貴義篇》記墨子見楚惠王，獻書，惠王受而讀之，曰良書也，而不用。穆賀謂墨子曰：「子之言則誠善矣！而君王，天下之大王也，毋乃曰賤人之所爲而不用乎？」是墨子爲出爲出身賤人之證。

之意，而周遊列國，求有所遇，以行其改革思想；孔子嘗答其弟子曰：『未能
事人，焉能事鬼』、『未知生，焉知死』、『務民之義，敬鬼神而遠之，可謂知
矣』。其自表甚明。」〔註8〕其說甚為透闢。必與宗教相比附，甚無謂也。

〔註 8〕原書未見，本文據梁漱溟《中國文化要義》，頁 103 所引。

第四章　孔墨人生觀的異同

　　一個人生存在這個世界上，由於生活的歷練、環境的薰染，再加上個人的體悟，對於現實人生，必各有其不同的看法，及其所欲追求的目標。又由於這些看法和目標的差異，於是產生了許多不同的因應態度。所以欲探求孔、墨思想之異同，亦當於此三致其意。

第一節　對生命的體認

一、孔子對生命的體認

（一）生命的意義與價值

　　在孔子的言論中，雖然很少直接談到生命的問題，但是我們仍然可以在他的一些言行之中，體會出他對生命的看法。

　　《論語・陽貨篇》載孔子之言曰：「天何言哉？四時行焉，百物生焉。天何言哉？」他對於天之生物、成物，發出這樣的禮讚，而他又積極地欲效法天，足見他對生命意義與價值之肯定。又：《易・繫辭上》云：「生生之謂易」；〈繫辭下〉云：「天地之大德曰生」。人的生命，既得之於具有生生不已之德的天地，那又是具有何等神聖的意義與價值，我們又怎麼不加以珍惜？

　　《論語・先進篇》記子路、曾皙、冉有、公西華侍坐，孔子要他們各言其志：子路、冉有、公西華都說了一番自己的抱負，而孔子最後却獨稱許曾皙所說的：「莫春者，春服既成，冠者五六人，童子六七人，浴乎沂，風乎舞雩，詠而歸。」究其原因，也正在於四人之中，惟有曾皙能就自己的日常生

活中，認清生命中最自然的狀態，而欣賞之，肯定之；同時也爲人類揭示了
一個很美好的安身立命之地。所以朱注云：「而其言志，則又不過即其所居之
位，樂其日常之用。初無舍己爲人之意，而其胸次悠然，直與天地萬物，上
下同流，各得其所之妙，隱然自見於言外。」無怪乎孔子深致其嚮往之情。

　　生命既如此值得禮讚，那麼它的意義與價值究竟何在呢？《中庸》曰：「大
哉，聖人之道！洋洋乎，發育萬物，峻極於天。」而《論語‧泰伯篇》亦云：
「唯天爲大，唯堯則之。」可見聖人之所以偉大，就在於他能順應此天地自
然之道，以參贊天地之化育，使整個宇宙、人生，都充滿着蓬勃的生機，這
也正是生命的意義之所在。先總統蔣公說：「生活的目的，在增進人類全體之
生活；生命的意義，在創造宇宙繼起之生命。」〔註1〕正可與此相互發明。

　　此外，《易‧繫辭下》云：「易之爲書也，廣大悉備，有天道焉，有人道
焉。兼三才而兩之，故六；六者非它也，三材（才）之道也」。人而能與天、
地，並列爲三才，則人類的地位，又是何等的崇高？豈可消極頹廢，自棄於
高明？所以孔子特別注重人類理性的啓發，與道德的培養，以積極透顯生命
之意義與價值，而確立其積極、進取的人生觀。

　　（二）對人性的體認

　　有關人性的問題，孔子甚少論及。《論語‧陽貨篇》中只說過：「性相近
也，習相遠也。」以及「惟上知與下愚，不移」之類的話。至於性善、性惡
之間，則未有明確的宣示。其後由於同是儒家陣營中的孟子與荀子，却有性
善與性惡的兩極主張，因而引發了後世眾說紛紜的討論。

　　其中如唐韓愈根據「惟上智與下愚，不移」之語，發而爲「性之品有上、
中、下三」之論，以爲「上焉者，善而已矣；中焉者，可導而上下也；下焉
者，惡焉者而已矣！」〔註2〕到了伊川先生，則以爲：「性無不善；而有不善
者，才也。性即是理，理則自堯、舜至於塗人一也；才稟於氣，氣有清濁，
稟其清者爲賢，稟其濁者爲愚。」〔註3〕因爲他認爲性即是理，而理無不善，
所以性亦無不善。但由於人具有形體，而形體之能有所作爲，又需有賴氣之
運使；氣有清濁之分，所以人亦有賢愚之別。這種稟於氣者，伊川先生謂之
才；由才所發者，謂之情；故情可見，而性不可見。及至朱子，承此而發揮

〔註1〕見先總統　蔣公〈自述研究革命哲學經過的階段〉一文。
〔註2〕見韓愈〈原性〉一文。
〔註3〕見《二程遺書》卷十八，4至5頁。

之，遂區分爲「義理之性」與「氣質之性」。雖然都言之成理，而且各有孤詣，但究竟是經過輾轉引申所得，是否即是孔子的本意，實不可得而知。所以唐君毅先生說：「就孔子之已明言者上看，仍無孔子言性善確證。而謂孔子亦言性善，乃就其引申以說。」〔註4〕

那麼孔子對性的看法，究竟如何？《論語‧雍也篇》記孔子之言曰：「人之生也直，罔之生也幸而免。」似乎「直」，才是常態；「罔」（朱註：不直也）則是一種病態。再就《易‧繫辭傳上》云：「一陰一陽之謂道。繼之者，善也；成之者，性也。」人之性，既可以成就道，雖未必代表人之性必善，但至少是傾向於善，或具有許多善的成分。──此皆就義理之性言之。至於孔子又說：「中人以上，可以語上也；中人以下，不可以語上也。」（《論語‧雍也》）又可見人確有上、中、下之分。──此則就氣質之性言之。今就「人之生也直」，「成之者，性也。」以及「性相近也，習相遠也」之言以觀之，可見孔子固以「直」爲人性之常態，並承認人性中具備着道。但他顯然並不規規於人性之初的爲善爲惡，而乃致其意於習染之所成。因爲人性無論其爲善爲惡，仍將因後天習染之不同，而產生很大的差異。因此孔子非常注重立志，因爲「苟志於仁矣，無惡也。」（《論語‧里仁》）又注重學習，因爲「君子博學於文，約之以禮，亦可以弗畔矣夫！」（《論語‧雍也》）也很注重交友，因爲「益者三友，損者三友。」（《論語‧學而》）對於居住的環境，也都非常講究，所以說：「里仁爲美，擇不處仁，焉得知。」（《論語‧里仁》）究其目的，也都是欲使大體相近之人性，能夠因方向之正確，習染之合宜，而獲得最有利的影響，以達於至善之境。

二、墨子對生命的體認

（一）生命的意義與價值

墨子是一位實踐家，他是在平日的生活實踐中，去體現生命的價值；在其學說中，則未嘗論及之：只能從墨經及有關的言論中，去加以推論。

在基本上，墨子認爲生而爲人，就應該依恃自己的力量以求取生存，不可仰賴他人。而生命的意義，也在此透顯。所以他主張：「賴其力者生，不賴其力者不生。」（〈非樂上〉）決不可以成爲人間的寄生蟲。由於這樣的認知，所以《墨子‧經上》曾對「生」下了一個定義。他說：

〔註4〕見《中國哲學原論‧原性篇》13頁。

> 生：刑（形）與知處也。

意思是說：所謂生，必須是形與知相輳合。所謂「形」，自然是指人的軀殼；所謂「知」，推究其義，當非一般知覺之知，而是有知識、有條理的知。其義當與〈經說下〉：「恕也者，以其知論物，而其知之也著。」的那種知相當，也相當於孔子「知者不惑」之知。所以本條〈經說〉云：

> 生。盈（原作楹，據閒詁改。）之生，常（原作商，據閒詁改。）
> 不可必也。

按：此段〈經說〉，係承以上之經文而引申之。梁任公《墨經校釋》曰：「故生常不可必也。此與佛說無常義頗相合。」後人亦多從之。但竊以為此種說法與墨子積極進取之旨，殊不相合。愚意以為此所謂「不可必」，乃謂欲求芸芸眾生「形與知處」之不可必，那麼這種知，自屬高層次的知，其意乃在勉人勵學。——若是蒙蒙懂懂，則生命又有何意義可言？《墨子·貴義篇》載：

> 墨子南遊使衛，關中載書甚多。弦唐子見而怪之曰：「吾聞夫子教公
> 尚過曰：揣曲直而已。今夫子載書甚多，何有也？」子墨子曰：「昔
> 者周公旦朝讀書百篇，夕見漆（七）十士，故周公旦佐相天子，其
> 脩至於今。翟上無君上之事，下無耕農之難，吾安敢廢此？」

「揣曲直」蓋意在推理；「讀書」則意在求知。皆足以證明墨子非常重視知識。

再者，墨子之求知，並不僅在於滿足個人的求知慾，而在於作為行的依據。所以〈貴義篇〉又說：

> 古之聖王，欲傳其道於後世，是故書之竹帛，鏤之金石，傳遺後世
> 子孫，欲後世子孫法之也。今聞先王之道而不為，是廢先王之傳也。

由此可知，生命的意義，就在於知識、經驗之累積與傳承，而在力行實踐之中，透顯其價值。這就是墨子對生命的真切體認。

（二）對人性的體認

有關人性的問題，墨子未嘗討論過。這大概是因為他既特別強調天志，要人屈從於天，自然就比較忽略人性。但是從他的一些言論中，也不難測知其對人性之本然的看法。茲就其較顯而易見者，分述於后：

1. 欲生惡死

求生是人類的本能，也是人類最基本的欲望；既欲求生，相對的自必惡死。所以《墨子·尚賢中》說：

民生爲甚欲，死爲甚憎。所欲不得，而所憎屢至。自古及今，未嘗
能有以此王天下、正諸侯者也。

從這段話中，正足以說明欲生而惡死，乃人性之所同然。其能超脫生死，安
時處順者，多緣於修養所得，蓋非人性之本然。所以墨子常以「使不得終其
壽」（〈天志上〉）、「使身死而爲刑戮」（〈尚賢中〉）之類的話，來警惕世人，
而使之從善棄惡。並以利民之生做爲施政的基本目標。

然而人性雖欲生而惡死，却也由於個人價值判斷之不同，而有差異。故
墨子曰：「予子天下而殺子之身，子爲之乎？必不爲！何故？則天下不若身之
貴也！爭一言以相殺，是義貴於其身也。」（〈貴義〉）這與孟子所說：「生亦
我所欲，所欲有甚於生者，故不苟得也；死亦我所惡，所惡有甚於死者，故
患有所不避也。」（《孟子・告子》）其義正合。但此一價值判斷，實以後天的
影響力或情緒的成分居多，終究不如欲生而惡死之出於自然。

2. 趨利避害

《墨子・天志上》曰：「我爲天之所欲，天亦爲我所欲。然則我何欲何惡？
我欲福祿而惡禍崇。」〈尚賢下〉曰：「天下之士君子，皆欲富貴而惡貧賤。」
可見福祿富貴，凡有利於己者，人皆爭鶩之；禍崇貧賤，凡有害於己者，人皆
爭避之。所以趨利避害，也是人性之所同然。墨子有鑑及此，所以常用「愛人、
利人者，天必福之。」（〈法儀〉）之類的話，來激勵世人；而以「惡人、賊人者，
天必禍之。」（同上）之類的話，來警惕世人。並主張以「不義不富，不義不貴，
不義不親，不義不近。……有能則舉之，無能則下之。」（〈尚賢〉）作爲用人的
原則，並以爲勸賢的手段。這都是順應人性的共同趨向，而加以誘導。

3. 好逸惡勞

墨子雖然提倡勞動，並以自苦爲極，但是他也承認人性是好逸惡勞的。
所以他論及音樂時說：「身知其安也，口知其甘也，目知其美也，耳知其樂也。」
（〈非樂上〉），而其所以反對之者，只是囿於其功利的心靈意識，而強烈地主
張約制之。至於舟、車之類，因其能使「君子息其足焉，小人休其肩背焉。」
頗符合大眾之利，所以他就順此人性之趨向，而倡導之。

4. 務私難公

自私也是人性的一種傾向。此一傾向，墨子雖未正面說出，但他却認爲
「言而非兼，擇即取兼。」（〈兼愛下〉）爲人之常情。又說：「吾不識孝子之

為親度者，亦欲人愛利其親與？意欲人之惡賊其親與？以說觀之，即欲人之愛利其親也。然即吾惡先從事即得此。」（同上）可見他是肯定人性之自私的。因此，墨子一方面強調愛人、利人正所以愛己、利己，以順應人性的要求；一方面要人們轉而法天，以救濟人性之偏。這正是他苦心。

5. 求榮遠辱

榮耀之來，很令人喜悅與振奮；屈辱之來，則令人沮喪與忿懣，這也是情性之本然。而且榮耀之誘人，甚至能讓人死生相許。所以墨子說：「乃若夫少食惡衣，殺身而為名，此天下百姓之所皆難也。若苟君說之，則眾能為之。」（〈兼愛中〉）他又以「家日益、身日安、名日榮。」為得；以「家日損、身日危、名日辱。」為憂。（見〈所染〉）至於政令的推行，也常以「勸之以賞譽，，威之以刑罰。」（〈兼愛下〉）為主要手段。這都是由於他對人性的體認使然。

由以上的論述，我們大致可以看出墨子對人性的體認。至於人性善、惡的問題，則除以上所述，再證以以下的言論，就可以做一個明確的判斷。他說：

> 古者民始生未有刑政之時，……至有餘力不能相勞，腐朽餘財不以相分，隱匿良道不以相教。——天下之亂，若禽獸然。（〈尚同上〉）

> 天下之為父母者眾，而仁者寡，若皆法其父母，此法不仁也。……天下之為學者眾，而仁者寡，若皆法其學，此法不仁也。……天下之為君者眾，而仁者寡，若皆法其君，此法不仁也。……然則奚以為治法而可？故曰：莫若法天。（〈法儀〉）

既然人的本性，都是欲生惡死、趨利避害、好逸惡勞、務私難公、求榮遠辱，似乎都以自我為本位，而圖謀一己之利，因而表現於社會者，就是餘力不相勞、餘財不相分、良道不相教，所以導致「天下之亂，若禽獸然。」至於父母、學者、國君，又都是「仁者寡」，則人性之傾向於惡，似甚顯然。無怪乎墨子一再地強調「法天」了。

三、比較與論評

由以上的論述，可以見孔子非常重視生命本身所具有的意義，同時也積極地肯定了人的地位與價值。使人類得以在這種自我的期許下，不斷突破個人時空的限制，以提昇自我，造福人群，而追求完美的人生。所以孟子說：「君子所過者化，所存者神，上下與天地同流。」（《孟子‧盡心》）實具有非常積

極的意義。

至於墨子所體認的生命之意義，則在於知識、經驗之傳承，而在力行實踐中透顯其價值。這其中，自然也具有相當積極的意義。惜其對人類本身的地位與尊嚴，不但不採取當下肯定的態度，反而直將人類淪爲上帝鬼神的附庸，一切作爲，似乎都只是在取得上帝鬼神的歡心而已。這樣的人生，與奴隸何以異？這實在是墨子學說中所應積極反省的。

其次，有關對人性的體認，孔子和墨子都未明言其善惡。但孔子却賦予人性以更大的發展空間，使人類對人性的發展，具有主宰性和不自限性，並且能夠在自尊、自信的情況下，充分地發展自我。──這實在是人類精神文明向上昇進的一條康莊大道。

至於墨子，則對人性採取不信任的態度，因而一味地要人們舍人而法天，乃充滿着消極性和自限性。於人類理性的啓發，以及精神文明的發展，都會產生阻滯的作用。這也是不可不深思熟慮的。

第二節　處世態度

一、孔子的處世態度

人生的意義與價值，以及人性之本然和可塑性，既如上述，那麼孔子面對着這樣的人生，以及天賦的這些條件，又懷着甚麼樣的態度以爲因應呢？這在孔子的言論中，俯拾即是。茲標舉其犖犖大者數端，以見其一斑：

（一）克己復禮

禮，雖然指的是古代的禮制與禮儀，但在日常生活之中，則指的是一種適當的規範和合於理性的一切行爲。這是孔子一生立身處世的主要精神之所在。所以顏淵問仁，子曰：「克己復禮爲仁。」至於其目，則爲「非禮勿視，非禮勿聽，非禮勿言，非禮勿動。」（見《論語・顏淵》）可見在孔子心目中，凡人之視、聽、云、爲，都各有其適當的規範，有了這些規範，人與人間的關係才能趨於和諧，而其所行，也才能臻於圓滿。反之，則就連動機純良的善行，或人們心目中的美德，都會因爲未能把握住適當的分寸，而產生很大的弊端，乃至盡失其原有的精神，甚至還會成爲禍亂的根源。所以孔子說：「恭而無禮則勞，愼而無禮則葸，勇而無禮則亂，直而無禮則絞。」（《論語・泰

伯》）這就是孔子特重於克己復禮的原因。

《論語·鄉黨篇》載「孔子於鄉黨，恂恂如也，似不能言者；其在宗廟朝廷，便便言，唯謹爾。」「朝與下大夫言，侃侃如也；與上大夫言，誾誾如也；君在，踧踖如也，與與如也。」「君召使擯，色勃如也，足躩如也；揖所與立，右左手，衣前後，襜如也；趨進，翼如也；賓退，必復命曰：賓不顧矣！」「入公門，鞠躬如也……」甚至於「席不正不坐。」「割不正不食。」其執着如此。

總之，其一切言行舉止、交際酬酢，乃至飲食衣服，無一不力求其敬謹中禮。可見克己復禮，確爲孔子處世最基本的原則。而復禮之所以必待克己者，亦正所以說明其爲後天的習染之功，並非天生而然的。

（二）下學上達

孔子之重禮，已如上述，但「禮」亦必待「學」，然後乃可積漸以幾於成，這正是「習相遠」的最好注腳。何況人之初生，蓋一無所知，一無所能，必賴後天的學習，然後可。即使聖人，也不能例外。所以孔子經常強調「我非生而知之者，好古敏以求之者也。」（《論語·述而》）「十室之邑，必有忠信如丘者焉；不如丘之好學也。」（《論語·公冶》）「聖則吾不能。我學不厭，而教不倦也。」（《孟子·公孫丑》）而且孔子之於學，非止於一般的好學而已。他說：「學如不及，猶恐失之。」（《論語·泰伯》）因爲光陰易逝，人生苦短，而宇宙間的妙理卻是無窮無盡，如果不加緊學習，不但不足以因應日常之用，而爲日新月異的社會所淘汰，也會造成內心的遺憾和空虛。因此孔子自述其好學的情況時，說他是：「發憤忘食，樂以忘憂，不知老之將至。」（《論語·述而》）就是到了晚年，還深感自己所學之不足，而謂：「加我數年，五十以學易，可以無大過矣！」（《論語·述而》）像這種好學不倦的精神，確非常人所能及。斯亦無怪乎孔子能成爲後世所景仰的聖人了。

由於這種積極好學的精神，又形成了孔子虛懷樂取、博學好問的學習態度。在博學方面，孔子不但主張要「博學於文，約之以禮。」（《論語·雍也》）而且還要「下學而上達」。也就是透過人事切己之學的深入探究與踐履，而上達天地宇宙之理，所以他自己說：「不怨天、不尤人，下學而上達，知我者，其天乎？」（《論語·憲問》）因此，他不徒以聞見爲功，務記覽爲能。而是運用自己的智慧與思考，把所學的知識，加以融會貫通，條貫引申，組織成綿密而有統緒的學問。《論語·衛靈公篇》記：「子曰：『賜也，女以予爲多學而識之者與？』對曰：『然！非與？』曰：『非也！予一以貫之。』」

這也是一種非常科學的學習態度。

在好問方面，他不但強調「就有道而正焉」（《論語‧學而》）而且還常常「以能問於不能，以多問於寡。」《史記》稱：「孔子所嚴事：於周，則老子；於衛，蘧伯玉；齊，晏平仲；於楚，老萊子；於鄭，子產；於魯，孟公綽。」（〈仲尼弟子列傳〉）又嘗訪樂於萇弘（見〈孔子家語〉），學鼓琴於師襄子，聞韶於齊太師（見《史記‧孔子世家》），又從郯子而學焉（見《左傳‧昭公十七年》）。而且他說：「三人行，必有我師焉。擇其善者而從之，其不善者而改之。」（《論語‧述而》）可見他隨時隨地都在學習之中。子貢說：「文武之道，未墜於地，在人；賢者識其大者，不賢者識其小者：莫不有文武之道焉；夫子焉不學，而亦何常師之有？」（《論語‧子張》）正是此一精神的最好說明。

（三）積極用世

孔子下學而上達的求道精神，略如上述，而其求道的主要目的，簡單地說，不外乎「脩己以安人」而已。這在《論語‧憲問篇》，就有明白地表露：「子路問君子。子曰：『脩己以敬。』曰：『如斯而已乎？』曰：『脩己以安人。』曰：『如斯而已乎？』曰：『脩己以安百姓。脩己以安百姓，堯舜其猶病諸！』」其與弟子言志，亦曰：「老者安之，朋友信之，少者懷之。」（《論語‧公冶長》）至其自述其用世的效驗，則曰：「苟有用我者，期月而已可也；三年有成。」（《論語‧子路》）其積極用世之意於此可見。

雖然孔子曾讚美蘧伯玉：「邦有道則仕，邦無道則可卷而懷之。」（《論語‧衛靈公》）曾對顏淵說：「用之則行，舍之則藏，惟我與爾有是夫！」（《論語‧述而》）也曾說過「天下有道則見，無道則隱。」（《論語‧泰伯》）之類的話。但這些話的用意，只是在說明一個人要有「提得起、放得下」的胸襟氣度。因為有了這種修養，才可以不戀棧自己的權位，才可以不計較個人的利害得失，因而直道而行。而在失意困頓之時，也才不會懷憂喪志、怨天尤人，從而攪亂了自己的人生步伐，或造成降志辱身的局面。——在基本上，他是絕不輕易放棄任何一個用世的機會。所以孟子稱其：「三月無君，則皇皇如也；出疆必載質。」（見〈滕文公下〉）而《論語‧鄉黨篇》亦稱其：「君命召，不俟駕而行矣。」其急切用世之心，更是表露無遺。

《論語‧陽貨篇》記：「公山弗擾以費畔（叛），召，子欲往。子路不說曰：『末之也已！何必公山氏之之也？』子曰：『夫召我者，而豈徒哉？如有用我者，吾其為東周乎！』」「佛肸召，子欲往。子路曰：『昔者由也聞諸夫子

曰：「親於其身爲不善者，君子不入也。」佛肸以中牟畔，子之往也，如之何？』子曰：『然，有是言也！不曰堅乎？磨而不磷；不曰白乎？涅而不緇。吾豈匏瓜也哉？焉能繫而不食！』這兩則記載，雖然〈崔述洙泗考信錄〉以爲可疑，却頗能透顯孔子積極用世之意，也無損於孔子的人格。所以程子曰：「聖人以天下無不可有爲之人，亦無不可改過之人，故欲往；然而終不往者，知其必不能改故也。」何況孔子既以「脩己以安百姓」爲目的，所以重點自然就放在百姓身上，只要把持自己的立場和原則，則個人的一些出處的細節，也就不必過分計較。若像匏瓜一般，繫而不食，寧非白白蹧蹋人才？且使自己的理想永無實現之日，而百姓之倒懸，也永遠難望解脫。所以子貢和子路以管仲之相桓公爲非仁，而孔子則謂：「管仲相桓公，霸諸侯，一匡天下，民到於今受其賜。微管仲，吾其被髮左衽矣！豈若匹夫匹婦之爲諒也？自經於溝瀆，而莫之知也！」（《論語・憲問》）此間消息，正可相互參證。而這種忠於民的思想，也正符合今日的民主思潮。

　　基於以上的認識，所以孔子在周遊列國的過程中，雖然遭受許多的挫折和冷嘲熱諷，甚至弄到「在陳絕糧，從者病，莫能興。」（《論語・衛靈公》）的地步，他仍然其志彌堅。面對長沮、桀溺之倫的譏諷之言，斷然告以：「天下有道，丘不與易也。」（《論語・微子》）子路深體斯旨，也曾慨然說道：「不仕無義。長幼之節，不可廢也；君臣之義，如之何其廢之？欲潔其身，而亂大倫？君子之仕也，行其義也。道之不行，已知之矣！」（《論語・微子》）像這種「知其不可而爲之」（《論語・憲問》）的用世與救世的精神，也正是孔子立身處世的一大特色。然此非「平時袖手言心性，臨危一死報君王」，而置天下蒼生於不顧的迂儒，所能知耳。

（四）述而不作

　　孔子雖具有下學而上達的高深學養，以及積極的用世精神，但對於述、作之事，却持相當審慎的態度。

　　《論語・述而篇》記載孔子的話說：「述而不作，信而好古，竊比於我老彭。」其於學術文化之傳承所抱持的態度和作法，於此可見。但是孔子所爲如此，我們應從積極和消極兩方面去加以體認。

　　首就消極的意義言之，則孔子之出爲此言，可能是有感而發的。因爲社會上有太多好高騖遠的人，不求實學，不務根本，隨意發表一些淺薄的言論或主張，就以創作自矜。這對於學術的發展，無寧說是一種可憂的現象。所

以孔子說：「蓋有不知而作之者，我無是也。多聞，擇其善者而從之，多見而識之，知之次也。」（《論語·述而》）可見孔子所反對的，只是「不知而作」，並不包括一切的「作」。而其所以致力於傳述前賢之所作，也正是對「作」的一種積極的肯定；至於他主張多聞、多見，也是爲要了要增廣見聞，恢宏器識，先讓自己具有眞知灼見，然後再去求有所作：這樣的作，才會是有價值的作。反之，設若不知而作，難免陷於淺薄、偏執，不但與孔子「毋意、毋必、毋固、毋我。」（《論語·子罕》）的一貫精神，有所違背，甚至還會有淆亂視聽、隱晦大道之虞。所以孔子說：「惡紫之奪朱也；惡鄭聲之亂雅樂也；惡利口之覆邦家者。」（《論語·陽貨》）此作之所以不可不愼也。

再就其積極的意義言之，則孔子之述而不作，並不代表他眞的是無所作，而只是不同於一般人所謂的作。

因爲孔子生於諸聖之後，當時作者略備，郁郁乎文。所以最迫切急需的，並不在於有更多的創作，而是如何把這些古聖先賢極具價值的智慧結晶，透過有系統的整理，把它們保存下來，以免有滅絕之虞；同時更經由傳述、闡明，而將之發揚光大，以成爲求取知識、指導人生的主要依據。因此，在其「信而好古」之意念的驅使下，投入了這項極其艱鉅的工作。

但是這項工作，雖名之曰：「述」，實則在整理與闡述的過程中，仍然有賴於獨到的見解加以取舍、排比，使其具有條理性和一貫性，以便於後人的研究和學習。《論語·子罕篇》記：「子曰：『吾自衛反魯，然後樂正，雅頌各得其所。』」就是此一作爲的具體說明。

而且不僅如此，他在述的過程中，還常常加入自己的意見：或褒貶其是非，或賦以新的意義。例如孔子據魯史作春秋，寓褒貶，別善惡，而亂臣賊子懼。《孟子·滕文公篇》引他的話說：「知我者，其惟春秋乎！罪我者，其惟春秋乎！」又如孔子之言「仁」，雖見於《詩經》和《尙書》，而其所代表的意義，則有顯著的差異。〔註5〕像這種折衷群言，以述爲作的做法，對於優美的文化之保存和發揚，實具有莫大的貢獻。所以《論語·述而篇》本章朱注云：

〔註5〕《詩經》中「仁」字凡兩見。〈國風鄭風叔于田〉：「叔于田，巷無居人。豈無居人？不如叔也：美且仁。」〈齊風盧令〉：「盧令令，其人美且仁。」兩個仁字，皆與打獵有關；若謂其「仁及禽獸」，則何以獵爲？所以都僅能作「厚道」解。《尙書》中仁僅一見：〈金縢篇〉記周公欲代武王死，乃禱於祖曰：「予仁若考。」若爲連詞，作而解：考與孝金文多通用，在祖先面前而自言其仁，自與孔子以仁爲統攝諸德之義有別，亦應作厚道解。可見仁道思想，實爲孔子之所創。

> 孔子刪《詩書》、定《禮樂》、贊《周易》、修《春秋》，皆傳先王之
> 舊，而未常有作也。故其自言如此。蓋不惟不敢當作者之聖。而亦
> 不敢顯然自附於古之賢人。蓋其德愈盛而心愈下，不自知其辭之謙
> 也。然當是時，作者略備，夫子蓋集群聖之大成而折衷之，其事雖
> 述，而功則倍於作矣！

其於孔子以述爲作之價值，及其持此態度的心路歷程，實有很深刻的體會。

（五）安貧樂道

喜愛富貴，厭棄貧賤，乃是人之常情。因爲貧賤不但會使人感受到物質匱乏，生活缺少保障的痛苦，而且還常會招致他人鄙視的眼光；許多希望和理想，也因而難以實現。所以說：「貧而無怨難。」（《論語・憲問》）但是也正因爲它是如此令人難以忍受，所以一個人品德是否高尚，志節是否堅卓，往往可以從他處困時所表現的態度中，去加以認定。

孔子就說過：「不仁者，不可以久處約。」（《論語・里仁》）就是因爲其志不堅，其心不固，必不能長期忍受貧賤的痛苦。於是，爲了急欲改變現狀，往往會做出違背良心的事來。因此，孔子認爲所貴於君子者，就在於能夠安於貧賤，而不做任何有傷仁道之事。所以他說：

> 富與貴，是人之所欲也，不以其道得之，不處也；貧與賤是人之所
> 惡也，不以其道得之，不去也。君子去仁，惡乎成名？君子無終食
> 之間違仁；造次必於是，顛沛必於是。（《論語・里仁》）

因爲他有這樣的體認，所以平日的生活，相當的簡樸，而且清心寡欲，充分享受着心靈上當下具足之樂。〈述而篇〉中，曾自述其生活：

> 飯疏食，飲水，曲肱而枕之，樂亦在其中矣！不義而富且貴，於我
> 如浮雲。

而當他在陳絕糧，從者病，莫能興之際，他仍能「講誦弦歌不衰」（見《史記・孔子世家》）；面對子路之慍見，仍能心平氣和，無怨無悔地說道：「君子固窮；小人窮，斯濫矣！」（《論語・衛靈公》）

而其所以如此，既非生性就喜愛貧賤，亦非不知富貴之可樂。他曾說：「富貴如可求，雖執鞭之士，吾亦爲之；如不可求，從吾所好。」（《論語・述而》）可見他也喜愛富貴。只是他一方面堅守着「求之有道」的原則，另一方面，則是他有着更高遠的目標，要去追求：因爲他所好者「道」，所求者也是「道」。物質的充裕與否，自然就擺在其次了。所以他說：「君子謀道不謀食，……憂

道不憂貧。」(《論語‧衛靈公》)並認為一個好學的人，就應該：「食無求飽，居無求安；敏於事而慎於言，就有道而正焉。」(《論語‧學而》)因為一旦聞道、悟道，不但可使他「樂以忘憂」，甚至認為「朝聞道，夕死可矣！」有了這樣的願力，則物質享受之有無，又何足道哉？所以他說：「士志於道，而恥惡衣惡食者，未足與議也。」(《論語‧里仁》)他最得意的弟子顏回，正因為能夠深體這種「貧而樂」(《論語‧學而》)的處世態度而踐履之，所以孔子稱之曰：「賢哉！回也。一簞食，一瓢飲，在陋巷。人不堪其憂，回也不改其樂。賢哉！回也。」(《論語‧雍也》)而子路能「衣敝縕袍，與衣狐貉者立，而不恥」，孔子亦稱其「不忮不求，何用不臧？」(《論語‧子罕》)師弟之節，後先炳耀，允為千古美談。在這物慾橫流，道德隱晦的社會裏，這種安貧樂道的精神，實亦為針砭衰俗之良方。

二、墨子的處世態度

墨子的處世態度，其相對於孔子者，大約有下列諸端：

(一) 平等互利

禮的主要功能，就在於規範人我之分際，其中最顯而易見的，就是長幼尊卑之節。但墨子既以其煩擾而不悅，所以就轉而法天。而墨子心目中的天，是具有絕對的權威。因此，在天的面前，所有的人類，不論其所處的地位為何，其為上天的子民則一。所以〈法儀篇〉說：「人無長幼貴賤，皆天之臣也。」由於這樣的理念，無形中沖淡了儒家以禮為中心的倫理思想，而代之以「天之行廣而無私」(《墨子‧法儀》)的平等觀念。

由於這種平等的觀念，所以墨子主張人與人之間的關係，都是相互對待的。所以他說：「臣子之不孝君父，所謂亂也。……雖父之不慈子，兄之不慈弟，君之不慈臣，此亦天下之所謂亂也。」(《兼愛上》)這與孟子：「君之視臣如手足，則臣視君如腹心；君之視臣如犬馬，則臣視君如國人；君之視臣如土芥，則臣視君如寇讎。」(《孟子‧離婁》)之說，實有異曲同工之妙，都在於說明人格的平等。

在政治上，墨子反對世襲的舊制，主張「官無常貴，而民無終賤；有能則舉之，無能則下之。舉公義，辟私怨。」(〈尚賢上〉)乃所以求政治地位的平等。

在經濟上，墨子主張每一個人，在其有生之年，都要「各因其力所能至

而從事。」（《墨子‧公孟》）以盡其本分。於日用所需，則「凡足以奉給民用則止；諸加費不加於民利者，聖王弗爲。」（〈節用中〉）至於死後，則「桐棺三寸，足以朽體；表衾三領，足以覆惡；及其葬也，下毋及泉，上毋通臭；壟若三耕之畝則止矣！」（〈節葬下〉）不分貴賤，一視同仁。皆所以求經濟地位之平等。所以《太史公論六家要旨》曰：「使天下法若此，則尊卑無別也。」孔、墨思想之扞格，亦於此見之。

《荀子‧天論篇》曰：「墨子有見於齊，無見於畸。」〈非十二子篇〉並批評墨子：「上功用，大儉約，而僈差等；曾不足以容辨異，縣君臣。」雖皆意在攻詆，卻適以透顯其平等的精神。而〈富國篇〉稱：「墨子大有天下，小有一國，將蹙然衣麤食惡，憂戚而非樂，……將少人徒，省官職，上功勞苦，與百姓均事業，齊功勞。」則其平等的精神，尤所顯而易見。

此外，墨子雖不講求「禮」，但非常講求「義」；而他所謂的義，又與「利」相通。所以《墨子‧經上》曰：「義，利也。」但他所追求的利，乃是「天下百姓人民之利」而非一己之私利。由於這種公利的心靈意識，配合其平等的精神，於是產生互利的思想行爲。所以他要求人們：「有力相營，有道相教，有財相分。」（〈天志中〉）並強調：「無言而不讎，無德而不報。投我以桃，報之以李。」（〈兼愛下〉）「先從事乎愛利人之親，然後人報我以愛利吾親也。」（同上）這些想法，無非是希望能透過兼相愛和交相利的平等互惠的原則，使天下百姓，都能遍蒙其利，以達到共存共榮的目標。這正是墨子畢生努力以赴的。

（二）勤學不苟

墨子是一位腳踏實地的思想家，所以儘管急切救世，奔走天下，却也未嘗忽略學的重要。對於書本上的知識，固極爲重視。《墨子‧貴義篇》記：

> 子墨子南遊使衛，關中載書甚多，弦唐子見而怪之曰：「吾夫子教公尚過曰：揣曲直而已。今夫子載書甚多，何有也？」子墨子曰：「昔者周公旦朝讀書百篇，夕見漆（七）十士。故周公旦佐相天子，其脩至於今；翟上無君上之事，下無耕農之難，吾安敢廢此？」

可見墨子之好學不倦，實取法於周公；《呂氏春秋》將之與孔子相提並論。並言曰：「孔丘、墨翟，晝日諷誦習業，夜親見文王、周公旦而問焉。」（《呂氏春秋‧博志篇》）莊子稱其：「好學而博不異。」（《莊子‧天下篇》）抱朴子亦謂：「墨翟大賢，載文盈車。」（〈勖學篇〉）皆足其見好學之精神。

學既如此重要，所以墨子之教導子弟，亦每誘其向學之志。〈公孟篇〉記：

有遊於子墨子之門者，身體強良，思慮徇通，欲使隨而學。子墨子
曰：「姑學乎？吾將仕子。」

《墨・經下》曰：「學之益也，說在誹者。」〈經說下〉曰：「學也，以爲不知
學之無益也，故告之也，是使智學之無益也。是教也，以學爲無益也。教（故）
誖。」（按：此乃駁斥以學爲無益之說。因爲既以「學爲無益」之說教人，也
要使人明白其理而接受其說，其本身也是一種教與學的行爲。可見學是不可
少的。）亦足見墨子是如何重視學習。今觀墨子五十三篇，引詩之處凡十一
見；引書之處凡二十七見，又常雜引各國春秋。可見他對古代的經籍，也曾
下過一番功夫。

可是墨子最可貴者，不僅在於求知，尤在於探求眞理，絲毫不苟的態度。
〈公孟篇〉載墨子問儒者：「何故爲樂？」儒者應之以：「樂以爲樂也。」〈耕
柱篇〉載葉公子高問仲尼：「善爲政者若之何？」仲尼對曰：「善爲政者，遠
者近之，而舊者新之。」墨子皆譏其未能中其肯綮，不足以解人之惑而釋人
之疑。可見其質實不苟的態度。

尤有進者，墨子除了前引〈貴義篇〉所謂「揣曲直」之外，又恐其立論
涉於主觀，所以制爲三表法以爲立論的依據。而《墨辯》六篇，更是我國古
代思維論證的偉大巨構。雖不成於墨子之手，但也必然是墨子勤學不苟的處
世態度爲之前導，才能有這樣輝煌的成果。

（三）棄祿向義

墨子是一位極端積極入世的思想家。爲了拯救天下之亂，畢生東奔西馳，
突不得黔。嘗周遊宋、衛、齊、楚、魏、越諸國，蓋皆強聒以說教。究其目
的，端在行義而已。他在〈貴義篇〉說：

萬事莫貴於義。今謂人曰：予子冠履（履），而斷子之手足，子爲之
乎？必不爲。何故？則冠不若手足之貴也。又曰：予子天下，而殺
子之身，子爲之乎？必不爲。何故？則天下不若身之貴也。爭一言
以相殺，是義貴於其身也。故曰：萬事莫貴於義。

他把義看得比生命還要可貴，至爲顯然。此與孟子所謂：「生亦我所欲，所欲
有甚於生者，故不爲苟得也。」（《孟子・告子》）其義正可相互發明。

義，既然是如此的重要，所以墨子之行義，更有超然高舉，遺世獨立的氣
概。——不但不因其道之孤而退縮，而且堅卓誠信，愈挫愈勇。〈貴義篇〉載：

故人謂子墨子曰：「今天下莫爲義，子獨自苦而爲義，子不若已。」

> 子墨子曰：「今有人於此，有子十人，一人耕而九人處，則耕者不可
> 以不益急矣！何故？則食者眾而耕者寡也。今天下莫爲義，則子如
> 勸我者也，何故止我。」

他認爲其道愈孤，行義者愈寡，則愈應倍加奮勉，以彌補其缺憾。其不顧流
俗，以道自任的精神，於此可見。抑有進者：墨子之行義，純粹是行其所當
行，既不求人知，也不企求任何的回報。所以〈耕柱篇〉載：

> 巫馬子謂子墨子曰：「子之爲義也，人不見而服，鬼不見而富，而子
> 爲之，有狂疾。」子墨子曰：「今使子有二臣於此，其一人者，見子
> 從事，不見子則不從事；其一人者，見子亦從事，不見子亦從事。
> 子誰貴於此二人？」……。

墨子既然是本着這樣的態度以行義，所以對於個人的封賞和祿位，都能毫不
計議。只要其道得行，則「量腹而食，度身而衣」，就已心滿意足；否則，雖
予高官厚祿，也寧願不就。所以〈魯問篇〉記越王因公尙過之言，欲裂故吳
之地五百里以封墨子，並使束車五十乘往迎。墨子曰：

> 子觀越王之志若何？意越王將聽吾言，用吾道，則翟將往：量腹而
> 食，度身而衣，自比於群臣，奚能以封爲哉？抑越王不聽吾言，不
> 用吾道，而吾往焉，則是我以義糶也；鈞之糶，亦於中國耳，何必
> 於越哉？

本着這樣的原則，所以「楚惠王五十年，墨子至郢，獻書惠王，王受而讀之，
曰：良書也！寡人雖不得天下，而樂養賢人。墨子辭曰：翟聞賢人進，道不
行不受其賞，義不聽不處其朝。今書未用，請遂行矣！」又「魯陽文君言於
王曰：墨子北方賢聖人，君王不見，又不爲禮，毋乃失士。乃使文君追墨子，
以書社五里封之，不受而去。」（均見〈渚宮舊事三〉）其耿介如此。《墨子·
耕柱篇》記：

> 子墨子使管黔敖游高石子於衛。衛君致祿甚厚，設之於卿。高石子三
> 朝必盡言，而言無行者。去而之齊，……子墨子曰：「……爲義非避
> 毀就譽。去之苟道，受狂何傷？」高石子曰：「石去之，焉敢不道也。
> 昔者夫子有言曰：天下無道，仁士不處厚焉。今衛君無道，而貪其祿
> 爵，則是我苟啗人食也。」子墨子說而召子禽子曰：「姑聽此乎！夫
> 倍義而鄉祿者，我常聞之矣！倍祿而向義者，於高石子焉見之也。」

師弟之行，後先炳耀，允爲千古美談。可見背祿而向義者，實亦墨家精神之

所在。而「天下無道，仁士不處厚焉。」與孔子：「邦有道，穀；邦無道，穀。恥也！」（《論語·憲問》）的思想，亦深相契合。其出處進退之節，蓋有足多者。

（四）述作並重

墨子不但積極入世，而且非常富有創造發明的精神。因此在其實利主義的驅使之下，不甘墨守故常。——認為只要對天下百姓有利，則不論其為宏揚舊有，或積極創新，都在其倡導之列。而且要兩者並重，不可偏廢。〈耕柱篇〉云：

> 公孟子曰：「君子不作，述而已矣！」子墨子曰：「不然！人之甚不
> 君子者，古之善者不述，今之善者不作；其次不君子者，古之善者
> 不述，己有善則作之，欲善之自己出也；今述而不作，是無異於不
> 好述而作者矣。吾以為古之善者則述之，今之善者則作之，欲善之
> 益多也。」

他認為最不合於君子之道者，就是既不述，又不作。因為這種人對社會毫無貢獻，自為墨子公利的心靈意識所不容；至於徒作而不述，則是只知自我表彰；徒述而不作，則是只知表彰古人：雖然都各有其貢獻，但是都只盡了一半的社會責任，仍不免有偏枯之憾，亦未符合墨子的要求。因此，為了使天下百姓獲得更多的實利，他強調：「古之善者則述之，今之善者則作之。」以便使「善之益多」。此其所不同於孔子者。

由於墨子秉持着這樣的態度，所以他在述與作上，都有所表現。在述的方面，墨子也一如孔子之稱述古聖先王，並主張「凡言凡動，合於三代聖王堯、舜、禹、湯、文、武者為之。」（《墨子·貴義》）〈耕柱篇〉載：

> 巫馬子謂子墨子曰：「舍今之人而譽先王，是譽槁骨也。譬若一匠人
> 然，智槁木也，而不智生木。」子墨子曰：「天下之所以生者，以先
> 王之道教也；今譽先王，是譽天下之所以生也；可譽而不譽，非仁
> 也。」

對於學術立場有所歧異的孔子，亦嘗加以稱述。所以〈公孟篇〉載：

> 子墨子與程子辯，稱於孔子。程子曰：「非儒，何故稱於孔子也？」
> 子墨子曰：「是（其）當而不可易者也。」

此外，例如墨子的明鬼學說，乃明顯地採取夏商以來的鬼神觀念和民間傳說，以為其神道設教之資。所以〈明鬼下〉云：「故尚者夏書，其次商、周之書，

語數鬼神之有也，重又重之。」這都是他所謂「古之善者則述之」之證。

在作的方面，則墨子學說中，頗不乏出於墨子自作者。例如兼愛、尚同的學說，以及節葬之法，皆其較顯而易見者。所以清儒汪中《述學・墨子後序》云：「墨子者，蓋學焉而自為其道者也。故其〈節葬〉曰：『古聖王制為葬埋之法。』又曰：『子墨子制為葬埋之法。』則謂墨子自制者是也。」

此外，《韓非子・外儲說左上》載：「墨子為木鳶，三年而成；蜚一日而敗。」《墨子・魯問篇》載：「子墨子謂公輸子曰：『子以為鵲也，不如翟之為車轄。』須臾，削三寸之木，而任五十石之重。」《淮南・齊俗訓》亦載：「魯般、墨子，以木為鳶而飛之，三日不集。」皆以見其創作的精神。餘如《墨子・公輸篇》以下所論守禦之法，也都不乏墨子之所作。此皆其「今之善者則述之」之證。而其述作並重的態度，亦於此可見。

（五）自苦為極

墨子雖然是一位非常講求現實之利的功利主義者，但他所追求的利，並不是個人生活的享受或物質上的滿足，而在於求取整個社會的安定與和諧。為了達成此一目標，他一直抱持着「摩頂放踵，利天下為之。」（《孟子・盡心上》）的精神，並且「日夜不休，以自苦為極。」（《莊子・天下篇》）因此，這也就成了墨子處世的基本態度。而墨子這種自苦為極的處世態度，又可以從「克己」與「為人」兩方面以言之。

在自苦以克己方面，墨子主張要「去六辟」。〈貴義篇〉云：「必去六辟，……必去喜、去怒、去樂、去悲、去愛、去惡。」所謂「辟」，乃偏頗不正之謂。因為墨子既以人性為傾向於惡，則其「喜、怒、樂、悲、愛、惡」等諸情之發，自然必不容易「中節」，所以主張舉而去之。而去之之道，就在於克制情慾。其節用、節葬、非樂之主張，即其最直接的產物。所以莊子稱其「以裘褐為衣，以跂蹻為服，日夜不休，以自苦為極。」「其生也勤，其死也薄；其道大觳，使人憂，使人悲。其行難為也。」（〈天下篇〉）

在自苦以為人方面，那就是犧牲奉獻，舍己為群的具體行為。《墨子・經上》曰：「任：士損己而益所為也。」〈經說下〉曰：「任。為身之所惡，以成人之急也」可見犧牲自己的利益，甚至不憚為其自身之所惡，以成全他人，正是墨家一貫的精神表徵。〈魯問篇〉載墨子之言曰：「美善在上，而怨讎在下；安樂在上，而憂戚在臣：此翟之所謂忠臣者也。」也正是此一精神的註腳。至於〈大取篇〉謂：「斷指與斷腕，利於天下相若，無擇也；死生利若，

一無擇也。」尤見其生死以之，義無反顧的精神。

在此種精神的主導之下，所以墨子一生形勞天下，雖枯槁而不舍。而且始終爲人而不爲己：其背祿向義的處世態度，已見前述。至如止楚攻宋，則百舍重繭，不辭勞瘁；面對公輸般與楚王之時，尤將自己的生死置之度外。凡此行徑，非具有極度的犧牲精神，曷克臻此？斯亦無怪乎其弟子亦深受此精神所感召，因而雖赴火蹈刃，死不旋踵。例如《呂氏春秋・上德篇》載墨子弟子孟勝等百八十人死陽城君之難，其壯烈的事蹟，直可驚天地而泣鬼神。此實墨子之流風餘韻，有以致之。

梁任公《墨子學案・第二自序》云：「夫所謂『摩頂至踵利天下』者，質言之，則損己以利他而已；利億萬人固利他，利一二人亦利他也；汎愛無擇固利他，專注於所親亦利他也；己與他之利不可得兼時，當置他於第一位，而置己於第二位，是之謂『損己而益所爲』，是之謂墨道。今之匹婦，曷嘗知有墨子其人者？然而不知不識之中，其精神乃與墨子深相懸契。其在他國，豈曰無之；然在彼則爲畸行，在我則爲庸德。嗚呼！我國民其念之：此墨翟、禽滑釐、孟勝、田襄子諸聖哲，瀝百餘年之心力，以蒔其種於我先民之心識中，積久而成爲國民性之一要素焉。我族能繼續繩繩，與天地長久，未始不賴是也。」可謂最能深體墨子此一精神者也。

三、比較與論評

孔子和墨子的處世態度，已約如上述。茲再提出幾點，以凸顯其異同：

第一、孔子特別重視一個人的內心之德和行爲的規範，因此強調克己復禮，希望能夠透過禮的規範，使個人的行爲，合於適當的節度；長幼尊卑的關係，都能有條而不紊，以形成一個上和下睦的社會。至其流弊所及，則許多虛矯之習，不免緣此而生；繁文縟節之譏，亦緣此而起。

墨子以天意爲訴求的標的，所以特別強調上天平等博愛的精神，泯除人與人間上下尊卑的觀念。期能平等相待，互助互利，以形成一個沒有特權，只有公義的社會。至其流弊所及，則傳統的倫理，將遭受破壞。而其過分地強調物質生活的平等，遂使個人的努力，不能得到相當程度的回饋，亦將使人們因減少積極奮鬥的誘因，而趨於因循。

第二，孔子生平既最注重禮，而禮的內容極爲繁博，益以歷代的因革損益，雖窮一生之力，仍然不足以全盤通曉。再加上他對古代的歷史文化，具

有廣泛的興趣，因此孔子常常在發憤忘食之餘，還四處向他人求教。在這種情況之下，他自然只能以述爲作，而較具有保守的色彩。因此孔門之中，率多蹈常習故之士，而道統的觀念，亦緣此而來。

至於墨子，他既以禮爲煩擾而不悅，乃轉而效法上天的平等、博愛。因此，雖然他也具有勤學不苟的精神，但是追求的方向，則是以如何落實其平等互利的精神爲主。所以他的學，只在於「揣曲直而已」（《墨子·貴義》）並認爲只要能「數逆於精微，同歸之物，既知要矣。」（同上）就當遠離文字，親證道妙，不必一直在古書堆中苦苦研求。所以他援引古人言論，或先王事蹟，也都是意在做爲自己學說的注脚，因而枝枝節節，殊乏統緒。王桐齡認爲：「其學說中援引古人言論，斷章取義，牽掣古人學說，以附會自己學說之處，亦自不少。」〔註6〕可謂所言不誣。在這種方向和做法之下，他自然比較有創作的餘裕，而勇於創作。因而抱着「述作並重」的態度，而較具有創新的精神。因此墨學後人，每多破格敢爲之士，常常表現出較激進的作爲。

第三，孔子和墨子，都是積極的、入世的：這是基本型態上的相同。但孔子既以維護周禮作爲自己責無旁貸的神聖使命，並以脩己安人。作爲君子必須實踐的目標。而這些使命和目標之達成，都必須依附政治的運作以體現之。因此，在「必也正名乎」的觀念主導下，自然很急切地希望能有用世的機會，以名正言順地實踐其理想。至於物質生活的享受，以及權慾的滿足，原本都不是他所要追求的。所以儘管他的求仕生涯，飽經挫折，他仍能安貧樂道，一方面堅守「貧與賤是人之所惡也，不以其道得之，不去也。」（《論語·里仁》）的原則以處之。一方面則更發揮其「謀道不謀食」的精神，以期悟道益深，而終能貢獻所學。所以他的安貧樂道和積極用世之間，其精神仍然是一致的。但後世士大夫的觀念，或萌芽於此；而奔競之惡習，亦或以此爲口實。這是不可不辨的。

至於墨子，他所認定的，只是上天之「義」，而這個義，是要靠整個社會的分工來完成，並不專屬於某一階層的責任。所以他說：「譬若築牆然：能築者築，能實壤者實壤，能欣者欣，然後牆成也；爲義猶是也：能談辯者談辯，能說書者說書，能從事者從事，然後義事成也。」（《墨子·耕柱》）既然每一個人都能各就其所長，以從事於義，因而在其平等互利的理念下，自然只求其「量腹而食，度身而衣，自比於群臣。」而不在意於個人所居的職位，更不在意於個人

〔註 6〕見《儒墨之異同》第六章，138頁。

的封賞。所以他雖然也和孔子一樣地奔走天下，却表現得極爲超然而澹泊。並在力行實踐以透顯其生命價値的理念下，「日夜不休，以自苦爲極。」可謂充分地表現出他那特異孤高的處世風範。然而其淑世利人之精神固千古罕有其匹，却也不免有「其道太觳」之譏。這作爲他個人的處世態度，自然値得欽佩，設若以此爲天下倡，那恐怕是強人所難，而大有檢討的必要了。

第三節　人生理想

一、孔子的人生理想

　　一個人生活在世界上，面對着現實人生，以及不可知的未來，都會抱着某種程度的期盼。而一個有理想、有抱負的思想家，則不論其所處的環境如何，都會積極地在現實生活之外，去尋求一個理想的人生境界，以作爲一生奮鬥的目標，並不斷尋求達到此一理想的方法，從而引導世人，共同努力以赴。

　　孔子的人生理想爲何？簡單地說，就是「內聖外王」。但是此一理想，決不像「我欲仁，而斯仁至矣！」那般地單純而一蹴可幾。他有一個先決的條件，那就是必須先成爲一個才德兼備的「君子」。等到將君子之道，推展到極致，那就是「聖人」了。所以《禮記・中庸》說：「君子之道費而隱：夫婦之愚，可以與知焉；及其至也，雖聖人亦有所不能焉。」茲分述如下：

（一）君　子

　　何謂君子？根據《論語・學而篇・皇侃疏》云：「君子，有德之稱也。」《朱熹集注》亦云：「君子，成德之名。」但這僅是概括的定義，未足以確知其具體的內涵。至於《論語》中言及君子者，達一百零七次之多，雖不難據知其內涵，但其間或隨感而發，或因其人之所缺失而匭勉之，必須加以有系統的整理，始足以確知何謂君子，及其可循而致之的途徑。

　　《論語・憲問篇》載：

　　　　子曰：「君子道者三，我無能焉：仁者不憂，知者不惑，勇者不懼。」

　　　　子貢曰：「夫子自道也。」

所謂「君子道者三」的「道」，就是「路」，也就是指通往某一目標的「途徑」。所以君子有君子之道，小人也有小人之道；道不同，不相爲謀。那麼「君子道者三」，也就是說：通往君子的途徑有三：那就是知、仁、勇。

　　《禮記・中庸》說：「知、仁、勇三者，天下之達德也。」又說：「好學近乎知，力行近乎仁，知恥近乎勇。」又可見「好學」可幾於「智」；「力行」可幾於「仁」；「知恥」可幾於勇。這可以說，已把通往君子所應循的途徑和做法，都做了清晰的交代。

　　因為一個人，若能「好學」不倦，就可以洞達事理，通透人生，而無所惑。這種人，既是「智者」，也是「君子」。所以「知者不惑」，自是君子的一種典範；再者，若能經由理性之不斷提昇，因而戰勝私慾，而在自然之中，透顯其內心之德，於是一心「行道」，不恤一己之憂。則既是「仁者」，也是君子。所以「仁者不憂」，也是君子的一種典範；此外，若能由於「恥不若人」，因而反躬自勵，使其所執者，皆能配義與道，自反而不縮，而有雖千萬人吾往矣的氣概，那麼既是「勇者」，也是「君子」。所以「勇者不懼」，又是另一種君子的典範。

　　茲再就《論語》中所言及的君子，列舉其要，以見其與智、仁、勇三者間的關係，以求更具體地瞭解孔子心目中的君子，並藉以明其途徑。

　1. 仁者不憂

　　一個人，若能不斷地提昇其理性，就能漸漸地去人慾、存天理，而成為「仁者」。這種「脩己」的工夫，就是「內聖」的基礎；其表現於人與人之間者，就是對他人的愛和關懷，並發為具體的行動以謀求安頓之。這種「安人」的行為，就是「外王」的嚆矢。所以《論語・憲問篇》記：

　　　子路問君子。子曰：「脩己以敬。」曰：「如斯而已乎？」曰：「脩己
　　　以安人。」曰：「如斯而已乎？」曰：「脩己以安百姓。——脩己以
　　　安百姓，堯舜其猶病諸！」

可見一個人若能常存「脩己以安人」的意念，而努力以赴，就是孔子心目中的仁人君子。

　　至於這種仁人君子的具體表現，而見於孔子之稱述者，在脩己方面，約有以下諸條：

　　　君子懷德，小人懷土；君子懷刑，小人懷惠。（〈里仁〉）

此就其存心言之；

　　　君子食無求飽，居無求安，敏於事而慎於言，就有道而正焉，可謂
　　　好學也已！（〈學而〉）

此就其所致力者言之；

君子義以爲質，禮以行之，孫以出之，信以成之。（〈衛靈公〉）

君子不重則不威，學則不固。主忠信，無友不如己者，過則無憚改。
（〈學而〉）

君子泰而不驕，小人驕而不泰。（〈子路〉）

此就其平日的言行舉止言之；

君子固窮，小人窮斯濫矣！（〈衛靈公〉）

君子無終食之間違仁。造次必於是，顚沛必於是。（〈里仁〉）

人不知而不慍，不亦君子乎。（〈學而〉）

君子哉蘧伯玉！邦有道則仕，邦無道，則可卷而懷之。（〈衛靈公〉）

君子無所爭，必也射乎！揖讓而升，下而飮，其爭也，君子。（〈八
佾〉）

君子坦蕩蕩，小人長戚戚。（〈述而〉）

此就其操守和風範言之；

君子恥其言而過其行。（〈憲問〉）

君子欲訥於言而敏於行。（〈里仁〉）

此就其躬行踐履之精神言之。所謂「力行近乎仁」者，此也；

君子周而不比，小人比而不周。（〈爲政〉）

君子和而不同，小人同而不和。（〈子路〉）

君子矜而不爭，群而不黨。（〈衛靈公〉）

此就群己關係之處理上言之。

　　再就「安人」方面，孔子說：

子產有君子之道四焉：其行己也恭，其事上也敬，其養民也惠，其
使民也義。（〈公冶長〉）

君子惠而不費，勞而不怨，欲而不貪，泰而不驕，威而不猛。（〈堯
曰〉）

君子之德風，小人之德草，草上之風必偃。（〈顏淵〉）

此就爲政之道言之；

君子易事而難說也，說之不以道，不說也；及其使人也，器之。（〈子
路〉）

此就其對人之任使言之；

> 君子成人之美，不成人之惡。（〈顏淵〉）

> 君子周急不繼富。（〈雍也〉）

此就助人之原則言之。

　　總之，一個仁德的君子，在其道德心性的自覺之下，必能安於行仁，樂於行仁；且以脩己安人為其終身職志，而無一己之私；心胸坦蕩，與世無爭。所以說：「仁者不憂」。

2. 智者不惑

　　孔子所說的第二種君子之道是「智」。因為「仁者安仁，知者利仁。」（〈里仁〉）都是非常可貴的。而智的泉源則在於學。所以說：「好學近乎智」。那麼君子所學者何？孔子說：「君子謀道不謀食。」（〈衛靈公〉）可見君子所學的，就是「道」。〈雍也篇〉又說：「君子博學於文，約之以禮，亦可以弗畔矣夫！」可見君子為學的主要目的，也正在於讓自己不背離道。能夠求道而不背離道，自能不斷進步，日就於高明。所以說：「君子上達，小人下達。」（〈憲問〉）這是「內聖」所必經的途徑。至於上達的結果，一方面可以通透人生之理，一方面則漸漸塑造美好的才具，足以承擔大任。——所謂「學也，祿在其中矣」（〈為政〉）。這就是「外王」的基礎。那麼何謂美好的才具？其條件固然很多，但最重要的是「君子不器」（〈為政〉），以及「君子不可以小知，而可大受也。」（〈衛靈公〉）惟其如此，才可以體無不具，而無用不周。這些都是具有高度智慧的君子具體的表徵。

　　此外，所貴於君子者，不僅在於博學多能，更重要的是要能夠「不惑」。因為在求道和行道的過程中，難免會被一些似是而非的說法所困擾，貴在持志不惑。所以子路遇丈人之沮，而能慨然謂：「不仕無義。長幼之節，不可廢也；君臣之義，如之何其廢之？欲潔其身，而亂大倫。君子之仕也，行其義也。道之不行，已知之矣！」（〈微子〉）這是子路之不惑。而孔子說：「君子喻於義，小人喻於利。」（〈里仁〉）又說：「君子之於天下也，無適也，無莫也，義之與比。」（同上）而其用人之時，既能不為巧言令色所迷惑，又不因其人之不足道而輕忽其言。所以說：「君子不以言舉人，不以人廢言。」（〈衛靈公〉）這都是孔子之所以不惑。而當他遭受困頓和挫折時，又能居易以俟命，絕不灰心喪志，迷失自我。所以孔子說：「不知命，無以為君子也。」（〈堯曰〉）這又是一種不惑。

　　再者，一個人如果徒有行道的意志，而無足夠的智慧，不但不足以實現其理想，而且還有任人擺布或受人利用之虞。例如〈雍也篇〉載：

　　　　宰我問曰：「仁者雖告之曰：井有仁焉。其從之也？」子曰：「何爲
　　　　其然也？君子可逝也，不可陷也；可欺也，不可罔也。」

可見一個明智的君子，只能誑以理之所有，而不能昧之以理之所無。決不能盲目從事，而淪爲愚仁。再如孔子曾強調：「君子貞而不諒。」（〈衛靈公〉）意思是說：君子除了要堅守正道之外，還要懂得如何去通權達變，而不拘泥於小信。所以〈憲問篇〉載：

　　　　子路曰：「桓公殺公子糾，召忽死之，管仲不死。曰：未仁乎！」子
　　　　曰：「桓公九合諸侯，不以兵車，管仲之力也。如其仁，如其仁！」
　　　　子貢曰：「管仲非仁者與？桓公殺公子糾，不能死，又相之。」子曰：
　　　　「管仲相桓公，霸諸侯，一匡天下，民到于今受其賜。微管仲，吾
　　　　其被髮左衽矣！豈若匹夫匹婦之爲諒也：自經於溝瀆，而莫之知也。」

因爲召忽之殉節，只是在桓公和公子糾的兄弟鬩牆中，顧全了個人的節義。——雖有其意義，但價值不大；管仲在個人的節義上雖有虧缺，卻因而使天下萬民蒙受其澤，同時也拯救了整個民族的危亡。其價值之高，就遠非召忽之死所能望其項背了。然以子路和子貢之識，一時尚不足以知此，自不免有所迷惑。

　　以上種種情況，都有賴於明智的君子，才能權衡得失，妥爲因應，而不至亂了自己的腳步。所以「智者不惑」，也是有志於君子者，所可取資的一條途徑。

3. 勇者不懼

　　孔子所說的第三種君子之道是「勇」。這個勇，其積極的意義，乃是勇於行道；其消極的意義，則是勇於改過：這都是有志於君子者，所宜致力的。

　　就其積極的意義言之，一個胸懷大志的君子，面對着坎坷的人生，應該要有旺盛的鬥志和積極進取的精神，期能有所建樹；絕不肯悠悠忽忽，以虛度其一生。所以孔子說：「君子疾沒世而名不稱焉。」（〈衛靈公〉）惟其有此強烈的意圖，才能不懼一切的艱難，百折不回，愈挫愈奮。《史記·孔子世家》載：

　　　　（孔子）將適陳，過匡，……匡人拘孔子益急，弟子懼。孔子曰：「文
　　　　王既沒，文不在茲乎？天之將喪斯文也，後死者不得與于斯文也；
　　　　天之未喪斯文也，匡人其如予何？」

　　　　孔子去曹適宋，與弟子習禮大樹下，宋司馬桓魋欲殺孔子，拔其樹。

> 孔子去。弟子曰：「可以速矣！」孔子曰：「天生德於予，桓魋其如
> 予何？」

像這種處變不驚，行道不輟的大無畏精神，正是「勇者不懼」的表現。

但是君子之勇，決不是莽撞的，而是要配義與道的。所以〈陽貨篇〉記：

> 子路曰：「君子尚勇乎？」子曰：「君子義以爲上。君子有勇無義爲
> 亂；小人有勇無義爲盜。」

可見勇雖爲君子的美德，但不合義的匹夫之勇，就不能不加以導正了。

再就勇的消極意義言之，一個有心行道的君子，無論是才高遭忌，或是行有違失，都要勇於面對現實，反求諸己而作適當的修正，甚至痛改前非，決不能有文過飾非的行爲。因爲惟有面對現實，勇於認錯的人，才能勇於改過，從而表現其行道之誠。所以說：「知恥近乎勇。」孔子說：「君子之過也，如日月之食焉：過也，人皆見之；更也，人皆仰之。」（子張）相反地，「小人之過也，必文。」（同上）可見能否勇於認錯、勇於改過，也正是君子與小人的分野。

同時，一個人經過不斷地自省和改過，自能漸臻於完美；再加上行爲之配義與道，自能有「千萬人吾往矣」的道德勇氣。所以〈顏淵篇〉載：

> 司馬牛問君子。子曰：「君子不憂不懼。」曰：「不憂不懼，斯之謂
> 君子已乎？」子曰：「內省不疚，夫何憂何懼？」

由以上的論述，可見「仁者不憂，知者不惑，勇者不懼。」乃是孔子所認定的三個成爲君子的途徑，而可以涵蓋各種類型的君子。一個人只要經由這些途徑去努力，就不難成爲君子。而且正如《中庸》所說：這是夫婦之愚，所可與知，可與行的。但是及其至也，就連聖人恐怕也有所不知，有所不能了。

（二）內聖外王

孔子心目中的君子，已如前述。但他只是有德者的通稱，尚非孔子的最高理想。孔子說：「君子而不仁者，有矣夫！未有小人而仁者！」（《論語‧雍也》）可見君子原則上應該是仁者，但有時仍未必能完全符合仁的要求。這就像孔子所說的：「回也，其心三月不違仁，其餘則日月至焉而已矣！」（《論語‧雍也》）「三月不違仁」固然高於「日月至焉而已」，然其未臻於最高理想則一。所以都只能算是君子。

《論語‧述而篇》云：

> 子曰：「聖人，吾不得而見之矣！得見君子者，斯可矣！」子曰：「善

人，吾不得而見之矣！得見有恆者，斯可矣！亡而爲有，虛而爲盈，

約而爲泰，難乎有恆矣！」

孔子慨歎於不得見聖人，只好退而求其次，以期能得見君子。可見聖人才是他的最高標的。至於善人，以意推之，當係指具有美德善行之人，其層次當亦不若聖人之崇高。

那麼聖人的標準是甚麼呢？在孔子的言論中，並沒有直接的答案，但卻不難從孔子及其弟子的言論中，窺其大概。《孟子·公孫丑篇》載：

孔子曰：「聖，則吾不能；我學不厭，而教不倦也。」子貢曰：「學

不厭，智也；教不倦，仁也。仁且智，夫子既聖矣！」

可見既仁且智者，即可躋之於聖人。所以聖人，蓋指全德者。這雖然只是孟子傳述子貢對孔子之言，但仍有參考的價值。此外，《論語·子張篇》載：

子游曰：「子夏之門人小子，當灑掃應對進退則可矣！抑末也，本之

則無，如之何？」子夏聞之曰：「噫！言游過矣！君子之道，孰先傳

焉，孰後倦焉，譬如草木，區以別矣。君子之道，焉可誣也？有始

有卒者，其惟聖人乎！」

從子夏的言論中可以推知：一個君子，若能把一切君子之道，依其本末終始，「有始有卒」地去加以實踐，那就是聖人了。所謂有始有卒，應該就是孟子所講的「集大成」。《孟子·萬章下》云：

伯夷，聖之清者也；伊尹，聖之任者也；柳下惠，聖之和者也；孔

子，聖之時者也。孔子之謂集大成。集大成也者，金聲而玉振之也。

金聲也者，始條理也；玉振也者，終條理也。始條理者，智之事也；

終條理者，聖之事也。智，譬則巧也；聖，譬則力也。由射於百步

之外也；其至，爾力也；其中，非爾力也。

如果根據此一說法，則子夏以「有始有卒」爲聖，和前引子貢所稱的以「仁且智」爲聖，實正相吻合。因爲「智」譬則始條理之巧；「仁」，譬則終條理之力。巧力兼至，正是「金聲而玉振之」。像這種德無不備的集大成者，自然可稱爲眞正的聖人。

其次，我們再從孔子的言論中，以推論聖人的標準。《論語·雍也篇》載：

子貢曰：「如有博施於民，而能濟眾，何如？可謂仁乎？」子曰：「何

事於仁？必也聖乎！堯舜其猶病諸！」

所謂「博施於民，而能濟眾」，與〈憲問篇〉所謂「脩己以安百姓」，大致是相

當的。若能確實做得圓滿無憾，則早就超越「君子」和「仁者」的標準，而躋於孔子理想中的「聖人」之列了。所以孔子都以：「堯舜其猶病諸！」的疑辭作結。因為堯、舜雖為聖王，但現實再怎麼圓滿，其與理想之間，畢竟仍有其未能完全吻合者。所以如何更期於圓滿，也正是孔子所追求的最高理想。

最後，我們所要特別致其意的，就是正如前面所論：孔子所謂的聖人，應該是「仁智合一」的。《禮記・中庸》說：「誠者，非自成而己也，所以成物也。成己，仁也；成物，知也。」所以一位仁且知的聖人，不但是要「成己」，而且還要「成物」。所以孔子所說的「脩己」，也正是「成己」，乃是「仁」的體現；「博施於民而能濟眾」和「安百姓」，則是「成物」，既是「智」的高度發揮，也是「仁」的全面完成。──這就是所謂的「內聖外王」。

可見孔子心目中的聖人，除了個人人格的完美之外，亦必有其外在的事功。所以內聖，乃是外王的基礎；外王，才是內聖的完成。惟有注意及此，才不致形成文化偏枯的現象。所以堯、舜之聖，固有其外在的事功；即如孔子之不遇於時，也仍有「祖述堯舜、憲章文武」，為中華文化奠定萬世之基的偉大功業。這也正是孔子人生最高理想的實現。

二、墨子的人生理想

墨子的人生理想為何？他雖然未曾有明確的宣示，然就墨子五十三篇而觀之，其中言及「君子」者，計五十三次，此外又屢見聖、元聖、先聖、至聖、聖王、聖君等稱謂。似乎君子和聖人，應該也都是墨子所嚮往的人生境界。茲分別探討之：

孔子所謂的「君子」，乃是有德之稱，已見前節所述；但是《論語・陽貨篇》：「君子學道則愛人，小人學道則易使也。」《朱熹集注》云：「君子、小人，以位言之。」《論語・泰伯篇》：「君子篤於親，則民興於仁。」《朱熹集注》也說：「君子，謂在上之人也。」可見君子也可以是地位的表徵，而未必是專指有德者。《墨子》書中所稱的君子，亦多屬此類。例如〈非樂上〉：

　　舟用之水，車用之陸：君息其足焉，小人休其肩背焉。

　　君子不強聽治，即刑政亂；賤人不強從事，即財用不足。

〈公孟篇〉：

　　若用子之言，則君子何日以聽治？庶人何日以從事？

餘如〈非攻上〉云：

> 今小為非則知而非之，大為非攻國則不知非，從而譽之，謂之義。
>
> 此可謂知義與不義之辯乎？是以知天下之君子，辯義與不義之亂也。

〈天志中〉云：

> 若豪之末，非天之所為也，而民得而利之，則可謂否矣！然獨無報
>
> 夫天，而不知其為不仁不祥也。此吾所謂君子明細而不明大也。

以上兩條中所稱的君子，很難確定它是以位言之，或是有德之名。但前者義
與不義，尚且不辯；後者則明於細而不明於大。照理都不能算是有德的君子。
如果不是以位言之，則比較合理的解釋，乃是稱呼一般世人心目中的君子，
而非墨子心目中的君子。所以也自然不是墨子的人生理想。那麼墨子心目中
有德的君子，應該是如何呢？墨子在〈非儒下〉說：

> 夫一道術學業仁義者，皆大以治人，小以任官；遠施周偏，近以脩
>
> 身；不義之處，非理不行。務興天下之利，曲直周旋，利則止，此
>
> 君子之道也。

可見在墨子心目中，一個有德的君子，也就是一個能齊一道術的仁義之人。
能齊一其道術，所以不論其大自臨國治民，小至居官任職，都能遠施周遍，
而以「務興天下之利」為職志；其於自身的要求，則是以修身為務，而且秉
持「不義不處，非理不行」的原則以處世。至於要想達到這些目標，其最簡
捷的辦法，就是要以他人為借鏡。所以他說：「君子不鏡於水而鏡於人：鏡於
水，見面之容；鏡於人，則知吉與凶。」（〈非攻中〉）所以《墨子》書中，常
常不厭其煩地列舉古代興亡的事蹟，以教導世人，知所取捨。而在根本上，
他認為身為一個君子，就必須亦步亦趨地遵循聖王之道，不能有所違背。所
以〈明鬼下〉說：

> 今執無鬼者曰：鬼神固無有。則此反聖王之務；反聖王之務則非所
>
> 以為君子之道也。

對於鬼神的信仰如此，對於兼愛、利人的理念和作法亦復如此。所以〈兼愛
下〉說：

> 兼者聖王之道也，王公大人之所以安也，萬民衣食之所以足也。故
>
> 居子莫若審兼而務行之：為人君必惠；為人臣必忠；為人父必慈；
>
> 為人子必孝；為人兄必友；為人弟必悌。

因此，一個人只要能遵循聖王之道，務行兼愛之德，那就是墨子心目中理想
的君子。

至於墨子心目中的「聖人」又是怎樣的人物呢？《墨子·天志下》說：

> 昔也，三代之聖王堯、舜、禹、湯、文、武之兼愛天下也，從而利
> 之；移其百姓之意，焉率以敬上帝山川鬼神。天以爲從其所愛而愛
> 之，從其所利而利之。於是加其賞焉，使之處上位，立爲天子以法
> 也，名之曰聖人。

他認爲堯、舜、禹、湯、文、武之所以成爲聖人，乃在於他們一方面能夠領導百姓，以敬事上帝山川鬼神；另一方面，則又能兼愛和兼利天下之百姓。所以「尊天事鬼」和「愛利萬民」，實爲「聖人」之所以爲聖人的兩大要件。這也正是墨子學說中所極力宣導的兩大政治訴求。

在尊天事鬼方面，墨子主張除了要「犓牛羊，豢犬彘，潔爲酒醴粢盛以祈福於上帝鬼神。」（〈天志上〉）之外，還要在政治體制上，實施「尚同」之治，所以他說：

> 故古者聖人之所以濟事成功，垂名於後世者，無他故異物焉：曰，
> 唯能以尚同爲政者也。（〈尚同中〉）

爲甚麼有了聖人，還要上同於天呢？因爲墨子信賴上帝鬼神的程度，還遠超過聖人。所以他說：「鬼神之明智於聖人，猶聰耳明目之於聾瞽也。」（〈耕柱〉）由此言之，聖人雖爲人生的最高境界，但是在上帝鬼神的威權之下，他仍然不得不臣服，因而拳拳服膺。

至於個人的脩爲方面，墨子主張要成爲聖人，就要去除原有的情性——六辟，而使其在思慮、言談和行事之餘，都能符合「義」的要求：

> 必去六辟。嘿（默）則思、言則誨、動則事。使三者代御，必爲聖
> 人：必去喜、去怒、去樂、去悲、去愛、去惡，而用仁義。手足口
> 鼻耳從事於義，必爲聖人。（〈貴義〉）

爲甚麼要去除原有的情性，而歸之於義呢？因爲情性發之於人，而義則出自於天：

> 義者，不自愚且賤者出，必自貴且知者出。曰：誰爲貴？誰爲知？
> 曰：天爲貴，天爲知。然則義果自天出也。（〈天志下〉）

墨子既然強調尊天，則在其天道思想的前導下，自然要主張去除人類原有的情性，而歸之於源自上天的義，以免產生不良的效應。

在愛利萬民方面，墨子認爲：「聖人以治天下爲事者也，必知亂之所自起，焉能治之；……當察亂何自起？起不相愛。」（〈兼愛上〉）由於這樣的認知，

再加上他尊天的思想，於是提出了效法「天之行廣而無私」（〈法儀〉）的一體平舖的兼愛學說；又由於兼相愛，所以又要交相利以落實之。爲了達到這樣的理想，墨子認爲身爲一個聖人，在政治上，要「尚賢」。所以〈尚賢中〉說：

> 今王公大人欲王天下正諸侯，將欲使意得乎天下，名成乎後世，胡
> 不察尚賢爲政之本也。此聖人之厚行也。

因爲賢人在位，才會上體天意，以愛利萬民。至於在財用上，則要力行儉節。所以〈辭過篇〉說：

> 君實欲天下之治而惡其亂也，當爲宮室不可不節；……當爲衣服不
> 可不節；當爲食飲不可不節；……當爲舟車不可不節；當蓄私不可
> 不節：凡此五者，聖人之所儉節也。

因爲儉節，就不必厚措斂於百姓，而使百姓的生活，得到安定。這也都是墨子的基本主張。除此之外，〈親士篇〉又說：「聖人者，事無辭也，物無違也，故能爲天下器。」換句話說，一個聖人，一定要勇於任事，決不推諉；心能容物，和樂同衷。如此，始足以肩負天下之重任。此就其待人處事之態度言之。至於〈脩身篇〉說：「藏於心者，無以竭愛；動於身者，無以竭恭；出於口者，無以竭馴。暢之四支，接之肌膚，華髮隳顛者，其唯聖人乎！」可見身爲一個聖人，其藏於心者，有着無窮盡的愛；其發於行者，有着無限的篤恭；其出於口者，有着無限的善言。其布乎四體，形於顏色，都是始終如一。直到華髮脫落，仍然行之不已。此就其誠於中而形於外的踐履精神言之。所以《墨子·尚賢中》曾讚美伯夷、禹、稷之德，認爲「三聖人者，謹其言、慎其行，精其思慮，索天下之隱事遺利，以上事天，則天鄉其德；下施之萬民，萬民被其利。終身無己。」這就是墨子心目中的聖人，同時也是他終身所追求的目標。

三、比較與論評

由以上的論述，可知孔子所謂的君子，雖然有時是以位言之，但大多是以德言之；至於聖人，則更是才德兼備的最高表徵，並不限於古之聖王。而墨子所謂的君子，都是以位言之；至於聖人，則皆指實踐天意的聖王而言。此其根本上的差異。

由於這種根本上的差異，所以孔子所提出的君子之道，乃是人生普遍的指導原則，是人人都可以企及，也是應該要躬行踐履的人生目標。因此，它

的適用性，可及於社會的各個階層。他的目的，是要使整個社會的人，都能成爲君子，都具有「仁者不憂、知者不惑、勇者不懼」的情懷，人人講禮讓、明事理、重公義、知進取，因而形成一個沒有爭執、沒有怨恨、沒有矛盾和衝突，也沒有痛苦和災難的一個祥和的社會。

至於墨子所提出的君子之道，雖然有些也可以適用於一般人，但他主要的用心，是對在位者的一種期許。希望能藉着這些人的智慧和道德，從事正確的領導，以增進全民的福祉。因此我們可以說：孔子之言君子，乃偏重於全民道德的自覺和提昇，而爲政者自然也包涵其間；墨子則較措意於在位者利人之績效，而百姓之於君子，只是聽命以行事而已。其間實有相當有的差異。

再就聖人之道言之，則孔子所謂的聖人，乃君子之道進一步的昇進與完成，而成爲最完美的表徵。但是它的標準雖高，卻是人人都可循此以進的人生大道。所以孟子說：「子服堯之服，誦堯之言，行堯之行，是堯而已矣！」(《孟子·告子》) 而且只要努力以赴，即使是「力不足者，中道而廢。」(《論語·雍也》) 仍不失爲君子。這對於理性的啓發和人心的鼓舞，都極具正面的意義。

至於墨子所謂的聖人，乃實踐天意的聖王。此一境界，惟身居其位者才能企及。而且如此明智的聖王，在墨子心目中，其比之於鬼神，乃如聾瞽之於聰耳明目。這無異於自貶人類的身價。不但對人們的自尊和自信，將構成莫大的打擊；對於理性的啓發和人生境界的提昇，也都有負面的作用。所以這種理論和做法，就其效果言之，自不能加以全盤否定；而其實踐利他的精神，亦有足多者。但他對人類精神文明所造成的阻滯作用，實爲此一學說最根本的缺憾。

第五章 孔墨的中心思想

　　大凡一種學說的形成，必有其中心思想，而爲其整個學說的精神之所寄。因此，在探討某種學說的內涵之時，若能先就其中心思想進行一番深入的研究和分析，則不獨對其立說的精神，能有一個深切的體認；對其各項主張間的關聯性，也能有脈絡可循。至於它與別種學說的同異之間，也將會由於掌握到最根本的關鍵之所在，而不難有一個確切的瞭解。

　　那麼孔子的中心思想是甚麼呢？無疑地，就是「仁」；至於墨子，則是「兼愛」。茲爲分別探討於后：

第一節　孔子的中心思想——仁

　　「仁」是孔子學說的根本精神。所以《論語》中，不但論仁者達五十八章，凡一百零五見，而且究其內涵，實爲其一切道德之所從出，也是他一切行事的主要依據。以之爲孔子的中心思想，當無疑義。以下僅就管見所及，試爲推闡，以明其奧蘊。

一、仁的涵義

　　孔子所謂的「仁」，其最基本的涵義，就是「愛人」。所以「樊遲問仁。子曰：愛人。」（《論語・顏淵》）而《孟子・離婁篇》也說：「仁者愛人，有禮者敬人。」至於荀子亦謂：「彼仁者愛人，愛人，故惡人之害也。」（《荀子・議兵》）。但這只是對於仁者的基本要求而言，並非仁的全部。否則，孔子就不至如此不輕易以仁許人，就連德行最高的顏回，也只說他：「其心三月不違

仁。」至於其他弟子，則僅僅「日月至焉而已矣！」（見《論語・雍也》）了。

在《論語》論仁諸章中，有許多是不能直接以愛人一義加以涵括，而另有其它的內涵，蘊藏其間。其例如：

> 顏淵問仁。子曰：「克己復禮爲仁。……」（《論語・顏淵》）

按：克，約也。約制其自身的偏頗，使事事都能歸於合理的情態，這就是仁的具體表徵。可見禮乃涵括於仁。

> 仲弓問仁。子曰：「出門如見大賓，使民如承大祭。己所不欲，勿施
> 於人。在邦無怨，在家無怨。」（同上）

按：「出門如見大賓，使民如承大祭。」這是處事以敬的表現；至於「己所不欲，勿施於人」，則是恕道的發揮。而這兩種美德，也都是發之於仁。

> 司馬牛問仁，子曰：「仁者，其言也訒。」（同上）

按：此謂仁者言必由衷，故當沈潛而發。與〈里仁篇〉：「古者言之不出，恥躬之不逮也。」其義正可相互發明。

> （樊遲）問仁。曰：「仁者先難而後獲。」（《論語・雍也》）

按：此謂仁者見所當爲，必不憚其難而勇於爲之，至於個人是否能得到好處，則置諸腦後。

> 樊遲問仁，子曰：「居處恭，執事敬，與人忠；雖之夷狄，不可棄也。」
> （《論語・子路》）

按：此謂生活嚴謹，處事敬慎，待人忠誠。即使身處夷狄，仍能不改其本色。這也都是內心之仁，有以致之。

> 子張問仁於孔子。孔子曰：「能行五者於天下爲仁矣。」請問之。曰：
> 「恭、寬、信、敏、惠……。」（《論語・陽貨》）

按：此謂能力行恭敬、寬厚、信實、勤敏、澤惠之德於天下，即可稱之曰仁。此以見仁的涵攝之廣。

> 子曰：「……仁者必有勇；勇者不必有仁。」（《論語・憲問》）

按：此謂仁可以涵括勇；勇則不足以涵括仁。

> 知及之，仁不能守之，雖得之，必失之。（《論語・衛靈公》）

按：此謂智亦必以仁來固持之，然後其智乃固。可見智也是不能離開仁而獨立的。

總之，仁，是從愛人出發，及其至也，則又包涵了人生的一切善行，而爲道德的最高表徵，也是一個有德的君子，所必需時刻謹守的。所以說：「君

子無終食之間違仁：造次必於是，顛沛必於是。」（《論語‧里仁》）這麼說來，顏回能夠連續三個月保有這種完美的道德情操，而無所違失，自然是非常難能而可貴了。

二、仁的根源

仁，是從人與人間的同類意識中所產生。所以說文云：「仁，親也；从人二。」鄭玄〈中庸注〉以為「相人偶」，謂二人相親偶也。這種同類意識，乃是一種人類情性之本然的自覺，而不假於外力。這種本然的自覺，又往往因人類所共同具有的惻隱之心的發動而顯現。《孟子‧盡心上》云：

> 人皆有不忍人之心，……所以謂人皆有不忍人之心者；今人乍見孺子將入於井，皆有怵惕惻隱之心，非所以內交於孺子之父母也，非所以要譽於鄉黨朋友也，非惡其聲而然也。

又曰：

> 惻隱之心，仁之端也。

這種怵惕惻隱之心，就是一種自然情感的流露，絲毫不帶勉強。而且這種自然的情感，若能向外擴充，則亦能普遍存在於人與萬物之間。因此，有了這種自然的情感，則不僅當其見孺子將入於井，必將產生怵惕惻隱之心；即見鳥獸之觳觫，草木之摧折，甚至一瓦一礫之毀損，亦必將有所不忍，而產生憐恤之意。這都是人心的本然反映，而不假外求的。所以宋儒說：「仁者與天地萬物為一體。」（《二程語錄》）惟其能以天地萬物為一體，所以能普愛天地萬物，因而處處致以關懷、尊重和體恤，並隨時自我約束，以免妨礙他人，而一切美好的道德，也都於此奠基。這就是仁的根源。

三、求仁的方法

瞭解了仁的根源以後，我們要怎麼樣去求得這個仁呢？孔子認為最具體的作法，就是「能近取譬」和「推己及人」。所以《論語‧雍也篇》說：

> 子貢曰：「如有博施於民，而能濟眾，何如？可謂仁乎！」子曰：「何事於仁，必也聖乎！堯舜其猶病諸！夫仁者，己欲立而立人，己欲達而達人。能近取譬，可謂仁之方也已。」

因為博施濟眾固然是孔子之所蘄尚，但它不僅不是常人的能力所能及；就連堯、舜之聖，及其所居之尊，恐怕其心猶有所不足於此；若必以此然後為仁，

勢將難期於有成，反而將使人們視求仁爲畏途。因此，孔子認爲求仁的方法，只要從最切己之處，將心比心地去爲他人設想即可。這就是「能近取譬」。換句話說，就是只要以己之所欲，推以知他人之欲，然後推己之所欲，以及於人；以己之所不欲，推以知他人之所不欲，然後去己之所不欲，而勿施於人。如此而已。所以只要是在自己的精神意志之所能及的範圍去力求實踐，則以此求仁，就能「我欲仁，斯仁至矣！」（《論語・述而》）人人可行，人人能行，本無玄奧之處。孟子說：「強恕而行，求仁莫近焉。」（《孟子・盡心篇》）也就是這個道理。所以孟子本此說法，又提出了「推恩」的理論。

> 故推恩足以保四海；不推恩，無以保妻子。古之人所以無大過人者，
> 無他焉，善推其所爲而已矣！（《孟子・梁惠王》）

> 仁者，以其所愛，及其所不愛。（《孟子・盡心》）

一個人能夠經常從最切己之處去爲他人設想，不斷「舉斯心加諸彼」（《孟子・梁惠王》）並且進而「善推其所爲」（同上）就不難漸臻於仁的境界。然後本此仁心而固持之，「無終食之間違仁：造次必於是，顛沛必於是。」（《論語・里仁》）甚至抱着「有殺生以成仁」（《論語・衛靈公》）的精神以貫徹之，那就是仁的完成。

當然，一個人在不斷向仁昇進的過程中，也不能僅憑着推己及人之心，任其孤立且漫無目標地進行。爲了讓他有一個規矩準繩和明確的方向，又需要「禮」來規範之，所以說：「克己復禮爲仁」（《論語・顏淵》）；爲了讓這種鍛鍊更生動地進行，以增強其效果，又需要「樂」來陶冶之，所以說：「興於詩，立於禮，成於樂。」（《論語・泰伯》）夫然，求仁之能事盡矣！這就是孔子所揭示的求仁的方法。

四、踐仁的步驟

前面說過，仁是來自一種人類情性之本然的自覺；由這種本然的自覺，透過道德意識的反省，最直接的投射，就是「愛人」；然後再由此擴而充之，就能達到「以天地萬物爲一體」之仁。但是，這其間是有步驟的。

因爲仁既然來自人類情性之本然的自覺，所以天地萬物雖眾，但由於和自身的關係，有着親疏遠近之別，因此自身和萬物之間所產生的情愫之互動，自然會有相當程度的差異；因而在在影響其愛心之輕重多寡，以及形式上的差異。故以常情衡之，則吾人「見孺子將入於井」因而產生的怵惕惻隱之心，

必較諸「見鳥獸之轂觫」爲深且鉅；而「見鳥獸之轂觫」因而產生的「怵惕惻隱」，又將較諸「見草木瓦礫之摧折毀損」爲深且鉅。以同理推之，則吾人見其所親遭遇變故，因而產生的驚懼與不安，亦必較見路人之遭遇變故爲深且鉅，而所採取的因應態度，也難免因客觀情況之差異而有所不同。這種自然的情性，是不待矯飾的。而由此自然之情性所投射出來的愛，自然就會有輕重多寡的區別。所以《中庸》說：

> 仁者，人也。親親爲大；義者，宜也。尊賢爲大。親親之殺，尊賢
> 之等，禮所生也。（《中庸·哀公問政》）

所謂「親親之殺」，就是指愛的深淺而言，孟子也說：

> 君子之於物也，愛之而弗仁；於民也，仁之而弗親。親親而仁民，
> 仁民而愛物。（《孟子·盡心上》）

可見愛人之愛，與愛物之愛不可混同；至於愛親人之愛，與愛路人之愛，也不可以混同。——而必根據其親疏之分，而有輕重之別。所以孔子之言「泛愛眾」，又繼之以「而親仁」（《論語·學而》）其於厚薄之間，亦可以見其一斑。其大弟子有若，深體斯旨，乃謂：

> 其爲人也孝弟，而好犯上者鮮矣；不好犯上而好作亂者，未之有也。
> 君子務本，本立而道生。——孝弟也者，其爲仁之本與。（《論語·
> 學而》）

顯然，愛人之仁，必須先從孝悌入手，才能落實。而孟子亦謂：

> 老吾老，以及人之老；幼吾幼，以及人之幼。（《孟子·梁惠王》）

也是要先老吾之老，然後乃及於他人之老；必先幼吾之幼，然後乃及於他人之幼。《書·堯典》說：

> 克明峻德，以親九族；九族既睦，平章百姓；百姓昭明，協和萬邦。

這就是所謂的本末終始。而這個本末終始，原本就是順應自然的情性，而以禮規範之耳。如此，先後之間，才能井然有序；輕重之間，也才能發而中節。這是踐仁之際，所不能不加以深察的。

第二節　墨子的中心思想——兼愛

　　墨家的學說，雖有尚賢、尚同、兼愛、非攻、節用、節葬、天志、明鬼、非樂、非命諸端。但是整個學說的精神，仍在於兼愛。觀墨子畢生摩頂放踵，

以思一利天下者，即爲此兼愛思想之實踐，而無父無君的罪名，亦因之而起。
〔註1〕這個問題，自唐韓愈以來，辯之者眾矣！但或以與儒家的仁愛，相互混淆；或以與耶教的博愛，強爲比附；或謂其與仁愛僅程度有別；或謂其與仁愛全然相反。〔註2〕其糾結難辯者，可見一斑。所以特爲在此，做一個較詳盡的剖析：

一、兼愛的涵義

　　一般研讀墨子者，其所以對兼愛之義，常有不能確切掌握之感的原因，就在於對「兼」字的涵義，仍然把持不定。因爲墨子的遣詞、用字，往往有特定的涵義，所以要爲兼愛一詞，下一個明確的界說，最好的方法，就是從墨經中去加以推敲。

　　〈經上〉：「體，分於兼也。」體既然是分於兼，則兼，自然就是合諸體而成。又本條〈經說〉云：「若二之一，尺之端。」因爲二之中，包涵兩個一；尺之中，包涵兩個端。二者分量相等，輕重相若。區而分之，則爲體；合而一之則爲兼。所以墨子所謂的體愛，就是指對兩者有所區別的愛；兼愛，則是對兩者無所區別的愛，——也就是不分人、我，不分親、疏，不分遠、近，一律平等對待，而致以相同的愛。

　　又《墨子·兼愛下》，曾把行體愛者，謂之「別士」；行兼愛者，謂之「兼士」。並舉例以說明兩者的差異。他說：

　　　　設以爲二士，使其一士者執別；使其一士者執兼。是故別士之言曰：「吾豈能爲吾友之身若爲吾身？爲吾友之親若爲吾親？」是故退睹其友，飢即不食，寒即不衣，疾病不侍養，死喪不葬埋。——別士之言若此，行若此；兼士之言不然，行亦不然。曰：「吾聞爲高士於天下者，必爲其友之身若爲其身；爲其友之親，若爲其親。然後可以爲高士於天下。」是故退睹其友，飢則食之，寒則衣之，疾病侍養之，死喪葬埋之。——兼士之言若此，行若此。

顯然，行體愛的別士，對其友的愛和對自己的愛有別；對其友之親的愛，和對己親的愛，也是有別，所以才會有上述的情事。至於行兼愛的兼士，則合

〔註1〕《孟子·滕文公下》云：「楊氏爲我，是無君也；墨氏兼愛，是無父也；無父無君，是禽獸也。」
〔註2〕見本文第一章第二節。

而一之，所以一視同仁，無所區別。〈大取篇〉說：「愛人不外己，己在所愛之中。」又說：「厚人不外己，愛無厚薄。」可見不分人我，愛無厚薄，正是墨子兼愛的基本精神。《荀子・非十二子篇》稱之為「優差等」者，以此。所以〈兼愛下〉又引〈周詩〉云：「王道蕩蕩，不偏不黨；王道平平，不黨不偏：其直若矢，其易若底，君子所履，小人所視。」在在都是強調其公平性。

再者，墨經裏也曾對儒家的「仁」有所詮釋。〈經上〉云：「仁，體愛也。」可見在墨家的心目中，儒家的仁愛，正是前面所說的體愛。這種說法的正確性如何？姑且不論，但至少可以肯定墨子的兼愛是絕不同於仁愛的。

其次，為了更強調兼愛的公平性，墨子又將兼愛的範圍，推廣到無窮的時空。所以〈大取篇〉說：「愛眾眾世與愛寡世相若，兼愛之有（又）相若；愛尚（上）世與愛後世，一若今之世。」換句話說：愛人口眾多的國度和人口稀少的國度，必須無所區別；愛前世的古人與愛後世未來之人，也都和愛今世之人一樣無所區別。總之：必須要對古往今來，以及所有地區的人類，都要一視同仁，而致以相同的愛，然後這個愛，才是最公平而圓滿的。所以〈小取篇〉也說：「愛人，待周愛人，而後為愛人。」這就是墨子兼愛精神的極致。

但是世界之大，人口之多，而且上世之人已逝，後世之人未生，又如何一體平舖地致以相同的愛呢？關於這一點，我們可以肯定墨子所謂的「愛無厚薄」，乃是指施愛時所持的態度而言。就好像杜甫戲為六絕句所稱：「不薄今人愛古人」一般，保持絕對公正、公平和超然的態度而已。如果沒有見到這一點，則兼愛的理論根本是說不通的。所以〈大取篇〉說：

> 二子事親，或遇孰（熟），或遇凶，其愛親相若。非彼有行益也，非
> 加損也。

二子事親，一逢熟歲，故奉養較厚；一逢凶歲，故奉養較薄：而仍謂「其愛親相若」。可見所謂「愛無厚薄」，端視其施愛時所持的態度而定，並不能以承受者實際得到的多寡來衡量。就好像天降時雨，也不能同時將相同的雨量，普降於世界的每一個角落；而諸如屋簷下的小草與室內的盆景，雖未能直接蒙受其澤，也並不表示上天之不公。惟有認清這一點，才能正確地把握到墨子兼愛的根本意義。

此外，在墨子的兼愛思想中，還有一項重要的內涵，那就是「利」。所以墨子一提到「愛」，就常常緊接著說「利」。其例俯拾即是：

> 天必欲人之相愛相利。……奚以知天之欲人相愛相利？……以其兼

　　而愛之，兼而利之也。（〈法儀〉）

　　其爲政乎天下也，兼而愛之，從而利之；又率天下之萬民，以尊天
　　事鬼，愛利萬民。（〈尚賢中〉）

　　今若夫兼相愛、交相利，此自先聖六王者親行之。（〈兼愛下〉）
足見他的愛和利之間，有着密不可分的關係。

　　因爲「愛」，只是抽象的意念；「利」，才是實質的作爲。所以倡言愛，又
必以利落實之，然後此愛乃不致陷於空泛。其所以特別強調利者，以此。

　　但墨子所指稱的利，又不同於孔子：「君子喻於義，小人喻於利。」（《論
語・里仁》）的那種競逐私利的利。而是「上利於天，中利於鬼，下利於人。」
（〈天志上〉）的那種公天下之利的利。所以墨子常說：「利人乎即爲，不利人
乎即止。」（〈非樂上〉）這種公利的心靈意識，不但是墨子衡量一切事理的主
要依據；也是兼愛思想的主要內涵。

二、倡導兼愛的動機

　　墨子是一個極端積極入世的社會改革者，所以他的學說，無一不是針對
着當時社會的弊病所開出來的補偏救弊之方。所以〈魯問篇〉說：

　　凡入國，必擇務而從事焉：國家昏亂，則語之尚賢、尚同；國家貧，
　　則語之節用、節葬；國家熹音湛湎，則語之非樂、非命；國家淫僻、
　　無禮，則語之尊天、事鬼；國家務奪侵凌，則語之兼愛、非攻。故
　　曰：擇務而從事焉。

在這段文字中，他已經很明確地指出兼愛和非攻的動機，就是因爲有鑑於國
與國間的「務奪侵凌」——這是他最爲痛心疾首的。〈兼愛下〉又云：

　　聖人以治天下爲事者也，必知亂之所自起，焉能治之；不知亂之所
　　自起，則不能治。譬之如醫之攻人之疾者然，必知疾之所自起，焉
　　能攻之；不知疾之所自起，則弗能攻。治亂者何獨不然，必知亂之
　　所自起，焉能治之；不知亂之所自起，則弗能治。聖人以治天下爲
　　事者也，不可不察亂之所自起。當察亂何自起，起不相愛。……子
　　自愛，不愛父，故虧父而自利；弟自愛，不愛兄，故虧兄而自利；
　　臣自愛，不愛君，故虧君而自利。……雖至天下之爲盜賊者亦然。……
　　雖至大夫之相亂家，諸侯之相攻國者亦然。……

可見除了「務奪侵凌」的攻戰、篡奪之外，諸如：不孝、不慈、不友、不悌，乃至亂臣、暴君、盜竊、匪賊……等等一切社會的亂象，都是由於彼此的不相愛而生。所以救之之術，就是如何去除不相愛的因素，而以相愛為天下倡。

　　那麼不相愛的主要因素是甚麼？就是前一章所標示的人性之務私而難公。因為人性務私，所以平日即使是充滿愛人之心，但當兩方的利害有所衝突而難以兼顧之時，仍不免要捨其比較不愛的一方，以全其比較愛的一方。如此，則亂的根源仍無法徹底消除。為了泯除這種輕重之分，人、我之別，所以他就創造出「兼愛」來取代「體愛」，這就是所謂的「兼以易別」。

　　　　非人者，必有以易之。若非人而無以易之，譬之猶以水救水，以火
　　　　救火也，其說將必無可焉。是故子墨子曰：兼以易別。……藉為人
　　　　之國若為其國，夫誰獨舉其國，以攻人之國者哉？……今吾本原兼
　　　　之所生，天下之大利者也。吾本原別之所生，天下之大害者也。是
　　　　故子墨子曰：別非而兼是者，出乎若方也。（〈兼愛下〉）

因為若能確實做到兼以易別，愛他人，一如愛自己；愛對方，一如愛己方。則社會之亂，就無由而起。就好像沒有人會慫恿自己的左手去打自己的右手；或任由自己的右手，去做一些不利於左手的事情。這就是墨子為甚麼要倡導這種一體平舖、破除差等之兼愛的主要動機。

三、兼愛的根源

　　孔子所倡導的仁，乃是根源於自然的情性。這除了前一節已有討論外，《韓詩外傳》引〈古傳〉亦云：「愛由情出謂之仁。」正可以為此說之註腳。而《墨子・經說上》云：「仁。愛己者，非謂用己也，不若愛馬。」意思是說：人之愛己，乃是出於情性的自然流露，絕非心存利用才愛之。像這樣的愛，就是仁愛；至於人之愛馬，則是心存利用，那就與仁愛有別了。這段話中所顯示的仁愛之基本精神，也正與本文前節所論相合。

　　既然仁愛是出於人類情性的自然流露，墨子何以不但不助成其說，反而去另立一個兼愛，以與之對壘呢？推求墨子之意，乃緣於這種發自情性的仁愛，很本然地會因主、客觀的差異，以及彼此感情互動的情況，而表現出不同程度的愛。這在「有見於齊，無見於畸」（《荀子・天論》）的墨子看來，自然並不是完美的愛。為了符合其公平的理念，實踐其平等互利的一貫主張，並徹底杜絕一切亂的根源，他自然只好求助於「行廣而無私」的天，以為其

兼愛思想的根源了。所以他在〈法儀篇〉首先標舉出法天之義：

> 天下從事者，不可以無法儀，無法儀而事能成者，無有也。……然
> 則奚以爲治法而可？曰：莫若法天。天之行廣而無私，其施厚而不
> 德，其明久而不衰，故聖王法之。既以天爲法，動作有爲必度於天：
> 天之所欲則爲之；天之所不欲則止。

那麼天之所欲，以及天之所不欲，又是甚麼呢？他又說：

> 天必欲人之相愛相利，而不欲人之相惡相賊也。奚以知天之欲人之
> 相愛相利，而不欲人之相惡相賊也？以其兼而愛之，兼而利之也。
> 奚以知天兼而愛之兼而利之也？以其兼而有之，兼而食之也。（同上）

因爲上天既然是「行廣而無私」，其施予人者又是「厚而不德」，對於天地萬
物又是「兼而愛之、兼而利之。」則其本身固然可視之爲一個兼愛的道德實
體，但又如何成爲兼愛的根源，而發動人們也行兼愛呢？於是墨子又強調天
志，及其所具備的賞罰之功能。所以他說：

> 順天意者，兼相愛，交相利，必得賞；反天意者別相惡，交相賊，
> 必得罰。（〈天志上〉）

同時，墨子又舉禹湯與桀紂爲例，以說明上天賞善罰惡的事實：

> 昔三代之聖王禹湯文武，此順天意而得賞者也；昔三代之暴王桀紂
> 幽厲，此反天意而得罰者也。然則禹湯文武其得賞何以也？子墨子
> 言曰：其事上尊天，中事鬼神，下愛人。故天意曰：此之我所愛兼
> 而愛之，我所利兼而利之，愛人者，此爲博焉；利人者，此爲厚焉。
> 故使貴爲天子，富有天下，業延萬世，子孫傳稱其善，方施天下，
> 至今稱之，謂之聖王。然則桀紂幽厲其得罰何以也？子墨子言曰：
> 其事上詬天，中誣鬼神，下賊人，故天意曰：此之我所愛別而惡之，
> 我所利交而賊之。惡人者，此爲之博也；賊人者，此爲之厚也，故
> 使不得終其壽，不歿其世，至今毀之，謂之暴王。（〈天志上〉）

由以上的這些敘述，可知在墨子的兼愛理論裏，認爲兼愛是由天而發，人們
只是在天嚴密的監督之下，照着天意去行事而已。此與孔子之仁的出於自由
意志者，可謂大異其趣。

四、兼愛的可行性

兼愛的理論，其陳義固然很高，然其是否具體可行，則關係尤爲重大。

我們從墨子：「不識天下之士，所以皆聞兼而非之者，其故何也？」（〈兼愛下〉）之言，可見這種思想，當時就遭到了很大的阻力，可是墨子却仍然信誓旦旦地說：「用而不可，雖我亦將非之；且焉有善而不可用者？」（同上）他何以有這樣的自信呢？

首先，他認爲人之常情，都是喜兼而惡不兼。他說：

> （敢問有家室者，將惡從）奉承親戚，提挈妻子而寄託之，不識於兼之友是乎？於別之友是乎？我以爲當其於此也，天下無愚夫愚婦，雖非兼之人，必寄托之於兼之友是也。此言而非兼，擇即取兼，即此言行費也。……天下無愚夫愚婦雖非兼者，必從兼君是也。言而非兼，擇即取兼，即此言行拂也。（〈兼愛下〉）

在墨子看來，行兼愛者，必爲人人所歡迎，所樂予交接，——即使在言論中反對兼愛者，也一樣喜歡交接能行兼愛之人。這就是他所說的：「言而非兼，擇即取兼」。就好像那些行險僥倖的小人，其心又何嘗不仰慕仁人君子之高義而樂與之交？所以墨子認爲人們之所以不肯奉行兼愛的原因，主要還是由於在利害之間，尚未能作正確的分析與判斷，遂舍其長遠之利，而僅着眼於眼前之利。爲了去除這一層障礙，所以他在與巫馬子的論難中，就曾做了很精闢的剖析。

> 巫馬子謂子墨子曰：我與子異，我不能兼愛。我愛鄒人於越人，愛魯人於鄒人，愛我鄉人於魯人，愛我家人於鄉人，愛我親於我家人，愛我身於吾親，以爲近我也。擊我則疾，擊彼則不疾於我，我何故疾者之不拂，而不疾者之拂？……子墨子曰：子之義將匿邪？意將以告人乎？巫馬子曰：我何故匿我義？吾將以告人。子墨子曰：然則一人說子，一人欲殺子以利己；十人說子，十人欲殺子以利己；天下說子，天下欲殺子以利己；一人不說子，一人欲殺子，以子爲施不祥言者也；十人不說子，十人欲殺子，以子爲施不祥言者也；天下不說子，天下欲殺子，以子爲施不祥言者也。說子亦欲殺子，不說子亦欲殺子，是所謂經口者也，殺常之身者也。（〈耕柱〉）

他的理論中，認爲主張有所區別的體愛、別愛，則不論其主張會不會被接受，都會潛伏着不可測的危機，這與前面所說的行兼之人，必爲人人所歡迎，所樂與交接，二者相較，其利害之間，何啻判若霄壤。更何況：「愛人者，人必從而愛之；利人者，人必從而利之。」（〈兼愛中〉）「無言而不讎，無德而不報：投我以桃，報之以李。」（〈兼愛〉）還是可以得到眼前之利。所以墨子認

爲，只要人人明乎此，則兼愛之推行，乃是順理成章的事。這是純就功利的角度，以說明兼愛之可行。

其次，他認爲禹、湯、文、武諸聖王，就是施行兼愛而成功的最佳典範。所以〈兼愛下〉說：

> 今若夫兼相愛，交相利，此自先聖四王者親行之。……泰誓曰：文王若日月乍照，光于四方，于西土。即此言文王之兼愛天下之博大也，譬之日月兼照天下之無有私也。……禹曰：濟濟有眾，咸聽朕言。非惟小子敢行稱亂，蠢茲有苗，用天之罰，若予既率爾群封諸君以征有苗。禹之征有苗也，非以求重富貴，干福祿，樂耳目也，以求興天下之利，除天下之害。即此禹兼也。……湯貴爲天子，富有天下，然且不憚以身爲犧牲，以祠說于上帝鬼神。即此湯兼也。……古者文武爲正（政），均分，賞賢罰暴，勿有親戚弟兄之所阿，即此文武兼也。

既然這些聖王可以很成功地施行其兼愛的理念，就足可證明兼愛之必然可行了。這自然只是墨子託古改制的說法。至於這些聖王是否有行似墨子所主張的那種兼愛之實，恐怕知之者，其惟天乎！

此外，墨經中也曾針對論難者的言論，加以批駁，以說明兼愛之可行。其說大致有以下諸條：

> 無窮不害兼，說在盈否。（《墨子·經下》）

> 無：南者有窮則可盡，無窮則不可盡。有窮無窮未可智（知），則可盡不可盡未可智。人之盈否未可智。而人之可盡不可盡亦未可智，而必人之盡愛也，誖。人若不盈无窮，則人有窮也，盡有窮，無難；盈無窮，則無窮盡也，盡有窮，無難。（《墨子·經說下》）

按：〈經說〉自「南者有窮則可盡」至「誖」止，爲論者言。主要是認爲人不可盡愛。蓋引辯者南方無窮而有窮的說法，以爲南方之地，其爲無窮或有窮尚未可知，因而可盡愛，或不可盡愛，亦未可知；人之盈滿南方之地與否既未可知，而愛人之可盡不可盡自然也就未可知，乃必謂人之可以盡愛，不是悖於事理嗎？以此推論人之不可盡愛，而以兼愛爲非。墨家乃依據此言，揭出無窮不害兼之旨，而以盈否二義答之。蓋人若不盈無窮，則人有窮也。換句話說：人若不能盈滿於無窮之界，則人自屬有窮，於是而愛此有窮之人，何難之有？反之，人若盈無窮，是人能盈滿無窮之界；既能盈滿之，則無窮

之界已盡，也就無所謂無窮了；無窮既盡，是爲有窮。則盡愛此有窮之人，亦何難之有。

> 不知其數而知其盡也，説在明者。（《墨子・經下》）

> 不：不智其數，惡知愛民之盡之也，或者遺乎其問也。盡問人，則盡
> 愛其所問。若不智其數，而智愛之盡之也，無難。（《墨子・經説下》）

按：此承前義，謂雖不知人民的數量，而知其可以盡愛，所以不害於兼愛。因爲前條既以盈否之義答客之難，而難者仍以不知其數，何能盡愛之爲問。於是墨家乃答以盡問有窮無窮界之人，則盡愛其所問，如此，雖不知其數，但盡愛之也就並不難了。

> 不知其所處，不害愛之。説在喪子者。（《墨子・經下》）

按：本條與前一義相承：一言其數，一言其處。意思是說，即使不知所愛的對象身在何處，也不害於對他的愛。就好像有人走失了孩子，儘管音訊全無，存亡莫卜，終不能少損於父母對他的愛。這與本節第一小節所論：「端視其施愛時所持的態度而定，並不能以承受者得到的多寡來衡量。」正可相互發明。

這些邏輯辯證，相當透徹詳明，實爲墨家在學術上很重要的特色，這是孔子所不及的。

五、兼愛的推行

墨子既以兼愛之說爲確然可行，那麼接下來的問題就是如何去行。根據前面所說，墨子的兼愛，不同於儒家仁愛之出於情性所發的道德心性之自覺，所以自然不能期盼人們自動自發地去實踐其兼愛的理想，因此，他只好再度外在地去求助於他所肯定的天或天志。

在墨子的理論中，「天欲義而惡不義。」（《墨子・天志上》）所以可視之爲代表「義的道德主體」。而愛、利萬民，正是一種最大的義。所以天也就「必欲人之相愛、相利，而不欲人之相惡、相賊。」（《墨子・法儀》）因而「順天意者，兼相愛、交相利，必得賞；反天意者，別相惡、交相賊，必得罰。」（《墨子・天志上》）這就是墨子所賴以推行兼愛的主要憑藉。

但是窈冥而不可見其實相的天，欲求貫徹其志意、實施其賞罰，仍然要透過他所屬的尚同的政治實體，以執行之、體現之。於是，各級政長就成了實際執行兼愛理念之推展的關鍵性人物。因此他特別強調「上以爲政」的重要性。〈兼愛中〉說：

> 夫愛人者，人必從而愛之；利人者，人必從而利之；……此何難之
> 有？特上弗以爲政，士不以爲行故也。

爲了證明此一假設，〈兼愛中〉曾列舉：「晉靈公好士惡衣，故文公之臣皆牂羊之裘、韋以帶劍、練帛之冠。入以見於君，出以踐於朝。」「楚靈王好士細腰，故靈王之臣，皆以一飯爲節，脇息然後帶，扶牆然後起。」「越王句踐好士之勇，……士聞鼓音，破碎亂行，蹈火死者，左右百人有餘。」等故事以爲佐證，並謂「乃若少食惡衣，殺身爲名，此天下百姓之所皆難也；若苟君說之，則眾能爲之。」至於〈兼愛下〉也有相同的說法，而最後的結論是：

> 苟有上說之者，勸之以賞譽，威之以刑罰。我以爲人之於就兼相愛、
> 交相利也，譬之猶火之就上，水之就下也，不可防止於天下。

所以利用政治的力量，「勸之以賞譽、威之以刑罰」，就是墨子推行兼愛最爲具體而且也是惟一的手段。這正是所謂：「道之政，齊之以刑。」（《論語·爲政》）而爲孔子所不取的。

第三節　比較與論評

由以上的論述中，可以見孔子之仁與墨子的兼愛，雖同以愛人爲本，而其間却存有相當程度的差異。茲再綜合前論，條舉數端，而爲比較論評，以凸顯其義理之糾葛與矛盾，藉見兩家之所以不得不相非的癥結。

第一，孔子所謂的「仁」，乃是一切道德之所從出；它是根源於人類與生具來的情性和同類意識，然後不斷地透過道德心性的自覺，並依據禮的規範，逐漸發展而成的一種道德的最高表徵，也是一切道德的歸宿，而可以涵括一切道德；「愛人」，只是仁心的一種最直接的投射，因而成爲孔子對仁的基本要求。至於墨子的兼愛，它只是爲了徹底解決人與人之相爭，因而透過其理智的思考，然後託之於天志，所發展出來的一種補偏救弊之方；而「利」則是其主要內涵。因而仁和兼愛，在其根源上以及內涵上，都有很大的差異。

第二，孔子所講的仁，既然是來自人類與生俱來的情性和同類意識，所以他所講的仁愛，就其普遍性來說，自然是包括全人類。甚至推而廣之，還可以恩及禽獸，乃至於一切萬物；但就其差別性來說，則也自然要承認這種愛，必然會因彼此關係的遠近、因緣的深淺，以及情感的厚薄，而影響其愛的多寡。並對此一差異的情況持肯定的態度。因而孔子及儒家乃制爲禮以疏

導之、規範之。所以對於愛的形式與內容，乃至施愛的程序，都順應此自然之情性，而做了比較客觀的規範，以免因主觀的因素而產生太大的差異。至於墨子的兼愛，它主要是為了徹底解決人與人之間，由於畛域之念、人我之別因而導致的紛亂。所以他不從理性出發，——僅透過其理智的思考，然後假托於天志以出之。照理說，天是兼愛萬物的；那麼墨子的兼愛，就其普遍性來說，也應一如孔子一般地普及於天地萬物。但由於他只是為了要解決人事的問題，所以兼愛的對象，也就僅及於全人類，而未遑於其它了。再就差別性來說，這原本就是他在理論上所要否定並設法消除的。所以基本上，他不得不反對禮，並轉而求助於行廣而無私的天。雖然墨子也曾提到過「孝」，但既沒有加以宣揚，也未曾凸顯其意義。《墨·經上》也只說到：「孝，利親也。」並沒有指出它與「利人」之利，以及「利人之親」之利，有何區別。所以愛利其親，而稱之曰孝，似乎僅僅是在不自覺中，沿用一般的說法；其利的實質，則未見其有何差異。所以荀子稱之為「僈差等」、「有見於齊，無見於畸。」絕非誣枉之辭，而是信而有徵的。

　　第三，再就其義理言之，則孔子之言仁愛，對於主觀的差別性，依據倫理的關係，以為適當之疏導與規範，則一方面照顧到人類情性的需求，而給予自由發展的空間；一方面又確定了每一個人應盡的本分，而不使其有推諉的藉口。如此，則親者還之以親，疏者還之以疏；人倫之序，乃得以有條而不紊，骨肉之情，乃可以得到適當的撫慰而無憾。孟子說：「君子之於物也，愛之而弗仁；於民也，仁之而弗親。親親而仁民，仁民而愛物。」（《孟子·盡心上》）所以愛親之愛與愛人之愛不可混同，就好像愛人之愛與愛物之愛不可混同一般；否則就是把親、人、物相混同：既可以把所以愛其親者去愛人、愛物；也可以把所以愛物、愛人者去愛其親。這那裏是有情的人類應的表現？並且這種一體平舖的愛，就好像不分賢愚，不問其曾否努力，而人人有獎一般，把應該酬答賢人者，加以稀釋，然後大家平分。這只是一種公平的假象，何以勵賢？何以報恩？而且施愛者，又必悖其自然之情性而為之，其為不合情理，乃是非常明顯的事實。因而孟子斥之為無父，雖不免過於嚴苛，卻也是激於義理而然者，也就不足為怪了。

　　第四，再就其踐履之道而論之：則孔子之行仁，有輕重，有緩急，不但切合於自然之情性，而且人人都可以因自己能力之所及而行之：如果行有餘裕，自可朝向博施濟眾而努力，以幾於聖人；如果力有未贍，則可暫舍其疏

者、遠者，而先之以親者、近者。即使是「力不足者，中道而廢。」（《論語‧雍也》）也仍不失其爲君子。故其踐履也易。何況「知（智）者無不知也，當務之爲急也；仁者無不愛也，急親賢之爲務；堯、舜之知而不徧物，急先務也；堯、舜之仁，不徧愛人，急親賢也。」（《孟子‧盡心》）惟有急於當務，急於親賢，才是掌握到爲政的要領；否則千頭萬緒，到底從何着手？若必事事皆爲，人人皆親，正所謂好高而騖遠，那是不切實際的。所以墨子的兼愛，不但不切合於自然的情性，而且在一體平舖的原則下，遂致不講本末，不講終始，乃令人有不知從何着手的疑慮。這也是其實踐上很大的障礙。

第五，再就其效果言之：孔子之言仁，只在於「推己及人」，只在於「能近取譬」，本來就是人人所能行。而不斷「推己及人」、「能近取譬」的結果，整個人道精神的全體大用，皆可因之而顯；人類的理性，既可以因不斷地獲得啓發而向上昇進；仁的內涵，亦將因不斷地體認而愈益充實；人性的尊嚴，將因之而更加顯現；人類社會，也將益臻於圓滿。只是他的效應較慢，而且必須靠物質的充裕、教育的普及，以及社會的互動等等條件的配合，乃能竟其全功——這是我們所應努力以赴的。至於墨子所賴以推行兼愛者，乃繫之於冥冥的天志；而天志所能產生的效應，端在人們的信仰。——信仰堅，固然可以立見其效；信仰一旦動搖，亦將立見其失墜。所以如何維繫人們一如墨子般對上天的信仰，毋寧是給推行兼愛者的一個重大的考驗。但按之人類理性開發的過程而觀之，這完全是倒退的做法。質言之：由於舍人而言天，所以人類的理性不容易得到適當的啓發，兼愛的內涵，也就相對顯得格外枯索而貧瘠。所以如果眞能維繫這樣的信仰，亦終使人類變成沒有思想、沒有靈性的機械，一任上天的安排而已。則人性的尊嚴何在？人生的意義何在？至於墨子最後的鐵手鐗。——一味地「勸之以賞譽，威之以刑罰。」的結果，則其所欲追求的理念，不但不足以落實於人心，而且會導致「民免而無恥」的後遺症，這也是很可慮的。何況掌權的天子，如果執行上發生偏差，甚者假借天意，以遂行其極權、恐怖的統治，則一向惟天是從，而缺乏思辨能力的愚民，又將何以自保？這恐怕是墨子學說所潛在的最大危機，而有深切反省的必要。

第六章　孔墨政治思想之異同

政治是改造社會、造福百姓最直接的工具：政治如果上軌道，則社會的亂象自可消除，而百姓的福祉，也可以得到確切的保障。孔、墨兩家，既然都是以救世拯民為目的，所以他們在政治方面，都有一套相當完備的理論；對於當時及後世，皆有舉足輕重的影響。茲分別論列其有關思想於后，並論述其異同。

第一節　政治的基本理念

一、孔子的政治理念

要瞭解一個人的政治思想，必先瞭解其人對政治的基本理念，然後其所主張的種種做為，其因果關係，才有脈絡可循。茲述孔子政治的基本理念於后：

（一）對政治的意義與起源的看法

在孔子的言論裡，論及政治者雖然不少，但對於政治的意義，僅在《論語・顏淵篇》中有過極簡要的議論：

> 季康子問政於孔子，孔子對曰：「政者，正也。子帥以正，孰敢不正。」

從這段答問中，可見在孔子心目中所謂的政治，就是如何去管理老百姓，而使之走向正道。《孟子・梁惠王》引《周書・泰誓》云：「天降下民，作之君，作之師。惟曰其助上帝，寵之四方，有罪無罪惟我在，天下曷敢有越厥志。」這段話和孔子之言，正可相互發明。因為「作之君、作之師」的目的，就在於「正」；「有罪無罪惟我在」，就是「帥以正」的作法；「天下曷敢有越厥志」，

就是「孰敢不正」，則是其預期的結果。這裡已把政治的起源、作法和預期的結果，勾勒出一個簡單的輪廓。

因為以意推之，天降下民之時，必然是有感於這些下民之漫無紀律而需要管理和輔導，所以才指派一群賢能的人，「作之君、作之師」以正之。《周禮・夏官》載：「司馬使率其屬，而掌邦政，以佐王平邦國。」注云：「政，所以正不正者也。」也正是此意。等到人人都歸於正道，自然國治而天下平。這就是政治所要追求的目標。

（二）政治理想

在孔子政治理念中，大同之治，乃是他政治的終極目標。所以《禮記・禮運》記載其告子游之言曰：

> 大道之行也，天下為公；選賢與能，講信修睦。故人不獨親其親，不獨子其子。——使老有所終，壯有所用，幼有所長，矜寡孤獨廢疾者皆有所養；男有分，女有歸。貨惡其棄於地也，不必藏於己；力惡其不出於身也，不必為己。是故謀閉而不興，盜竊亂賊而不作，故外戶而不閉。是謂大同。

在這個大同社會裏，天下是大家所共有的。所以說「天下為公。」孔子曾讚美泰伯：「其可謂至德也已矣！三以天下讓，民無得而稱焉。」（《論語・泰伯》）讚美舜、禹：「巍巍乎！舜、禹之有天下也，而不與焉。」（同上）正在於讚美其以天下為公之精神。

在這種天下為公的社會裏，政治上，是「選賢與能」。所以《論語・顏淵篇》記孔子告訴樊遲：「舉直錯諸枉」之義，而樊遲未達；子夏乃申之曰：「舜有天下，選於眾，舉皋陶，不仁者遠矣；湯有天下，選於眾，舉伊尹，不仁者遠矣！」在人與人間，大家都是「講信修睦」，所以孔子主張：「道千乘之國，敬事而信，節用而愛人，使民以時。」（《論語・學而》）並以恭、寬、信、敏、惠為仁。（見《論語・陽貨》）至於社會上，則是「人不獨親其親，不獨子其子。——使老有所終，壯有所用，幼有所長，矜寡孤獨廢疾者皆有所養；男有分，女有歸。」所以孔子與弟子言志，則以「老者安之、朋友信之，少者懷之。」為其心胸懷抱。在財貨上，要抱着「貨惡其棄於地也，不必藏於己。」的態度以為對應。所以《呂氏春秋》記：「荊人有遺弓者，而不肯索。曰：『荊人遺之，荊人得之，又何索焉？』孔子聞之曰：『去其荊而可矣！』」（〈孟春紀〉）至於在勞力或心力上，也要抱着「力惡其不出於身也，不必為

己。」的態度。所以孔子以禹之「卑宮室，盡力乎溝洫。」為「無間然」（《論語‧泰伯》）果能如此，的確是一個最圓滿的社會，也就是孔子在政治上的終極目標。

　　但是《禮記‧禮運篇》的這段記載，自宋朝以來，就頗有疑之者。例如黃震《日鈔》以為「其主意微近於老子」；呂祖謙認為是「老聃、墨翟之論。」〔註 1〕清姚際恆《古今偽書考》也與呂氏持相同的看法。近人方授楚著《墨學源流》，尤極力證明其為墨翟之說。〔註 2〕並謂：「不獨親其親，不獨子其子，則孟子所詆為兼愛無父。」實者其中所謂的「不獨」，只是要人們「推己及人」，使他人之親、他人之子，也能「有所終」、「有所用」、「有所長」而已，並不帶有墨子所謂「兼」的涵義。至於錢賓四先生在《先秦諸子考辨》裏，據家語「孔子為魯司寇，與於蜡，既賓，事畢，乃出遊於觀之上，喟然而歎，言偃侍」，以為孔子年五十一為司寇，子游方六歲，不足以語大同小康之義。然高師仲華以為「禮運言孔子與於蜡賓，並沒有說是在為魯司寇時。家語偽書，安足為據？」並謂：「宋儒胡寅說禮運是子游作的，我也有同感。子游所傳述的，可能正是孔子晚年最成熟的思想，我們如何能棄置而不理呢？」〔註 3〕因此，大同之說，仍然應該是屬於孔子的思想。

　　此外，「大一統」的思想，也是孔子非常重要的政治理念。《禮記‧坊記》引孔子之言曰：

　　　天無二日，土無二王，家無二主，尊無二上：示民有君臣之別也。

按：喪服四制中，也有同樣的記載，而句末改為「以一治之」，尤見一統之義。

　　為甚麼要大一統呢？荀子說：「君者，國之隆也；父者，家之隆也。隆一而治，二而亂。自古及今，未有二隆爭重而能長久者。」（《荀子‧致士》）因為政主於一，則易於和諧一致；政主於二，必致相互爭長或相互牽掣而生乖戾之心，而百姓也將無所適從，於是亂事以起。試觀今日世界，不論其為君主國或共和國，皆以一人為元首，以代表其國家的統一，可見這種思想，古今中外皆然。所以孔子又說：

　　　天下有道，則禮樂征伐自天子出；天下無道，則禮樂征伐自諸侯出。

　　　（《論語‧季氏》）

────────────

〔註 1〕見《呂祖謙與朱侍講書》。
〔註 2〕見方授楚《墨學源流》卷末〈墨學餘論〉。
〔註 3〕見《孔孟學報》第 32 期〈孔子政治思想綜論〉。

像春秋以來，由於太阿倒持，導致齊桓、晉文等霸主那種挾天子以令諸侯的現象，更是天下無道的象徵，這當然不是孔子所樂見的。

（三）民本思想與愛民

我國民本的思想，起源甚早，《尚書‧五子之歌》中，就有明文記載：「皇祖有訓：民可近，不可下；民惟邦本，本固邦寧。」因爲國是由民所組成；沒有民就沒有國。所以天子要以民爲本，不敢高居在上，卑視人民。

孔子承襲了這種思想，所以在他的言論中，常常透發出以民爲本的訊息。例如他回答子張「何如斯可以從政」時說：「因民之所利而利之。」（《論語‧堯曰》）他贊美管仲之仁，則以「民到于今受其賜。」（《論語‧憲問》）爲主要依據。所以他的大弟子有若承其教誨，於哀公之問「年饑用不足」時，則對以：「百姓足，君孰與不足？百姓不足，君孰與足？」（《論語‧顏淵》）其以民爲本的觀念，於此可見。

由這種民本的思想出發，所以他又有愛民的理念。《論語‧學而篇》謂：「道千乘之國，敬事而信，節用而愛人，使民以時。」〈爲政篇〉記其答季康子之問「使民敬忠以勸。」則曰：「臨之以莊則敬，孝慈則忠。」其贊美子產「有君子之道四焉」，有關百姓者就佔了兩項。那就是：「其養民也惠，其使民也義。」（《論語‧公冶長》）其大弟子曾參承此意旨，所以在答陽膚之問時說：「上失其道，民散久矣！如得其情，則哀矜而勿喜。」（《論語‧子張》）凡此，皆以見其愛民的理念。所以他的許多政治主張，也都植基於此。

（四）人治主義

世界上任何一種政體，其實際主政者，都只是少數人。因此，政治是否能上軌道，此少數人之關係，實在非常的重大。如果這些人都是賢而能者，具有遠大的眼光、卓越的才能、堅強的毅力、服務的熱忱，則政治理想之實現，自然就有很大的希望。所以哀公問政，孔子曰：

> 文、武之政，布在方策。其人存，則其政舉；其人亡，則其政息。
> 人道敏政，地道敏樹。夫政也者，蒲盧也。故爲政在人。（《禮記‧中庸》）

因爲當年的文、武之政，只見於文字的記載。若能得其人而行之，則自然見其成效；若不能得其人，則有法也等於無法。所以孔子又說：「制度在禮，文爲在禮；行之其在人乎！」（《禮記‧坊記》）何況世界上再完備、再詳盡的法，

也不可能把社會上所有可能發生的現象和因應的方法，都鉅細靡遺地形之於文字。——它只能區分成若干要項，分別規定一些原則，至於運用之妙，則存乎一心。所以蘇軾說：「夫法者，本以存其大綱，而其出入變化，固將付之於人。」(《蘇東坡全集‧應詔集卷二‧策別七》) 更何況有治人，則自然有治法；沒有治人，則「徒法不足以自行」(《孟子‧離婁》)。就連崇尚法治的韓非不也說過：「夫良馬固車，使臧獲御之，則爲人笑；王良御之，而日取千里。車馬非異也，或至乎千里，或爲人笑，則巧拙相去遠矣！」然則治人之重要，豈可忽乎哉？

此外，爲政必須得人，除了着眼於他的能力、智慧、毅力、熱忱等因素之外，還着眼於其人對被治理者的領導魅力和內心的感染力。因爲孔子認爲：「其身正，不令而行；其身不正，雖令不從。」(《論語‧子路》) 又說：「舉直錯枉、則民服；舉枉錯諸直、則民不服。」(《論語‧爲政》) 此就被統治者之向心力而言。至於感染力，孔子說：「君子之德風，小人之德草；草上之風必偃。」(《論語‧顏淵》) 這種潛在的影響力，也是不容忽視的。這樣看來，人的因素就益發顯得重要。無怪乎孔子要強調人治了。

二、墨子的政治理念

(一)對政治的意義與起源的看法

政，就是眾人之事；治，就是管理。所謂政治，就是管理眾人之事。但由於管理的方式不同，所以就形成不同型態的政治。在《墨子》書中，就將之區分爲「義政」和「力政」，並界定其義曰：

> 順天之意者，兼也；反天之意者，別也。兼之爲道也，義正；別之爲道也，力正。(〈天志下〉)

至於順天之意者，是如何呢？墨子說：

> 曰義正者何若？曰：大不攻小也，強不侮弱也，眾不賊寡也，詐不欺愚也，貴不傲賤也，富不驕貧也，壯不奪老也。是以天下之庶國，莫以水火毒藥兵刃以相害也。若事上利天，中利鬼，下利人，三利而無所不利，是謂天德。故凡從事此者，聖知也，仁義也，忠惠也，慈孝也。是以故聚斂天下之善名而加之，是其故何也？則順天之意也。(同上)

至於反天之意者，又是如何呢？墨子說：

　　曰力正者何若？曰：大則攻小也，強則侮弱也，眾則賊寡也，詐則
　　欺愚也，貴則傲賤也，富則驕貧也，壯則奪老也；是以天下之庶國，
　　方以水火毒藥兵刃以相賊害也。若事上不利天，中不利鬼，下不利
　　人，三不利而無所利，是謂天賊。故凡從事此者，寇亂也，盜賊也，
　　不仁不義，不忠不惠，不慈不孝也。是以故聚斂天下之惡名而加之，
　　是其故何也？則反天之意也。（同上）

從以上墨子對義政與力政之詮釋中，我們可以確認：凡合乎義者，才可以謂之
政。所以〈天志下〉說：「曰義者，正也。何以知義為正也？天下有義則治，無
義則亂，我以此知義為正也。」既然「義之為正」，所以惟有行義，方可謂之義
政、善政。其〈天志中〉云：「曰義者，善政也。何以知義為善政者也？曰天下
有義則治，無義則亂，以是知義之為善政也。」由此可知，墨子心目中的政治，
應當是指利天下、利萬民的善政而言；反之，就不是政治，而成為暴亂了！

　　至於探究墨子對政治起源的看法，我們不妨先看看西方哲學家與歷學家
的意見。

　　西方哲學家與歷史學家對於政治的起源有多種不同的主張，如契約說、
父權說、財產說、公權分化說、武力征服說及階級分化說等，而其中以契約
說最為盛行。持此說者，多以為政治發生以前，必有一自然之狀態，而對於
自然狀態之看法，則殊不一致。約而言之，可分為兩派：一以英國之霍布斯
（Thomas Hobbes, 1588～1679）為代表，一以英國之洛克（John Locke, 1632
～1704）及法國之盧梭（Jean-Jacques Rousseau, 1712～1778）為代表：

　　霍氏以為在自然狀態中的人類生活，乃是根據「自我保存」的欲望，因
而產生生存鬥爭。由於這種生存的鬥爭，遂使人與人間構成敵視的關係；而
此盲目的「自我保存」之衝動，實足以促使人類同歸於盡。故而此種自然生
存的狀態，無法繼續維持。遂逐漸形成一種組織與形態。此即霍氏對政治起
源的看法。此種看法與《荀子‧禮論篇》中所謂：「人生而有欲。欲而不得，
則不能無求。求而無度量分界則爭；爭則亂，亂則窮。先王惡其亂也，故制
禮義以分之，以養人之欲，給人之求。」的說法，可謂不謀而合。

　　洛氏與盧氏則以為在自然狀態下之社會，人類皆依據其自然的理性各自
營生，而不受任何權威的制裁與統治。惟洛氏以為人都具有自然的理性，而
此自然的理性教示人類不可侵犯他人的生命、自由與財產，所以人類在自然
狀態之下，都成為自我的制裁者或自然法的執行人。而盧氏則以為在自然狀

態中，人的行動非基於理性，而係基於情感、私慾與同情。然不論其為基於理性，抑或情感，其以為自然狀態下之人類享有自由、和平之看法則一。然而由於自然狀態下的營生諸多不便，於是人類乃逐漸放棄原有的自然權利。為謀求共同的安全與福祉，乃通過多數人的意願，同意在一個政府之下，形成一種政體。此即洛、盧二氏對政治起源的看法。這兩種看法，我們都可稱之為「契約說」。

至於墨子對政治起源的看法，則與霍氏為近。其言曰：

> 古者民始生未有刑政之時，蓋其語人異義，是以一人則一義，二人則二義，十人則十義。其人茲眾，其所謂義者亦茲眾。是以人是其義，以非人之義，故交相非也。是以內者父子兄弟作怨惡，離散不能相合，天下之百姓，皆以水火毒藥相虧害。至有餘力，不能相勞；腐朽餘財，不以相分；隱匿良道，不以相教。天下之亂若禽獸然。（〈尚同上〉）

處於此種狀態之社會中，人民的生命財產自然毫無保障；人們為求社會的安定，故而有政長的選立，以整頓此一混亂之局面，而歸於統一。所以〈尚同上〉又說：

> 夫明虖天下之所以亂者，生於無政長，是故選天下之賢可者，立以為天子。

由此可知我國二千餘年前的墨子，對於政治起源的看法，其精闢而深刻，固可與歐洲十六世紀的霍布斯氏相媲美；而較荀子之說，則又提早約一百年。

從以上諸思想家之看法中，我們不難發覺一共通之點，也就是政治的起源，乃基於人類共同的需求；由於此共同的需求，乃產生種種的政治組織，以解決種種的社會問題。

（二）政治理想

墨子的政治理想是甚麼？他未曾有過特別的宣示，但是從墨子諸篇中，我們不難感受到他心心念念，夢寐以求的，其實就是一個「天下治」的理想。那麼在墨子心目中，天下治的理想是甚麼？就是一個人人都兼相愛、交相利，不分畛域，和平安樂的社會。所以《墨子·兼愛上》云：

> 若使天下兼相愛，愛人若愛其身。猶有不孝者乎？視父兄與君若其身，惡施不孝？猶有不慈者乎？視子弟與臣若其身，惡施不慈？故不孝不慈亡有；猶有盜賊乎？視人之室若其室，誰竊？視人身若其

身，誰賊？故盜賊亡有：猶有大夫之相亂家，諸侯之相攻國者乎？
視人家若其家，誰亂？視人國若其國，誰攻？故大夫之相亂家，諸
侯之相攻國者，亡有。若使天下兼相愛，國與國不相攻，家與家不
相亂，盜賊亡有，君臣父子皆能孝慈，若此，則天下治。

其〈兼愛下〉亦云：

今吾將正求興天下之利而取之，以兼爲正（政）。是以聰耳明目相爲
視聽乎！是以股肱畢強相爲動宰乎！而有道肆相教誨，是以老而無
妻子者，有所侍養以終其壽；幼弱孤童之無父母者，有所放依以長
其身。

〈尙賢下〉又云：

有力者疾以助人，有財者勉以分人，有道者勸以教人。

這種理想，與孔子的大同之治，可謂極其近似。熊十力謂：「墨子生競爭之世，
悼人相食之禍，而謀全人類之安寧，因承孔子春秋太平，禮運大同之旨而發
揮之。」（《十力語要》卷一）如果以上面所徵引者證之，所言應該近實。

此外，墨子相對於孔子之大一統者，就是「尙同」。所謂尙同，就是必須
做到「總天下之義，以尙同於天。」《墨子·尙同下》云：

天子亦爲發憲布令於天下之眾，曰：「若見愛利天下者，必以告：若
見惡賊天下者，亦以告。」若見愛利天下以告者，亦猶愛利天下者
也。上得則賞之，眾聞則譽之：若見惡賊天下不以告者，亦猶惡賊
天下者也。上得且罰之，眾聞則非之。是以徧天下之人，皆欲得其
長上之賞譽，避其毀罰，是以見善不善者告之。天子得善人而賞之，
得暴人而罰之：善人賞而暴人罰，天下必治矣！然計天下之所以治
者，何也？唯而以尙同一義爲政故也。天下既已治，天子又總天下
之義以尙同於天。

以上，也就是墨子的政治理想。

（三）利民思想

墨子學說的終極目的，可以說就是「務求興天下之利」。所以〈兼愛中〉、
〈兼愛下〉兩篇，一開頭就標舉此義，其餘各篇中，也屢見不鮮。那麼所謂
的「興天下之利」，其對象又是那些呢？今按：《墨子·天志上·中·下》三
篇，都一再強調：「上利於天，中利於鬼、下利於人。」餘如〈尙賢〉、〈非攻〉
諸篇，也都有同樣的說法。可見他所要利的對象，不外乎天、鬼、人三者。

但是天、鬼的觀念，正如本文第三章所論，實際上只是墨子用以推行教化的工具，因此他真正所要利的，仍然是「人」而已。

所以〈非樂上〉云：

> 仁之事者，必務求興天下之利，除天下之害，將以爲法乎天下：利
> 人乎，即爲；不利人乎，即止。

這種利人的要求，如果站在行政的立場言之，自然指的就是「利民」。所以〈非樂上〉又說：

> 故上者天鬼弗式，下者萬民弗利。

而〈非命上〉亦曰：

> 義人在上，天下必治，上帝山川鬼神必有幹主，萬民被其大利。

至於墨子用以量度是非的「三表法」法，所謂：「上本之古者聖王之事」、「下原察百姓耳目之實」、「廢（發）以爲刑政，觀其中國家百姓人民之利」。也可以很明顯地看出，墨子所急於追求的，正是「百姓人民之利」。所以我們可以說：在墨子的政治理念中，政治的目的，就在於利民。這就是他的利民思想。

（四）神治主義

在墨子的政治思想中，雖然也非常強調「尚賢」，但由於他認爲：「天下之爲父母者眾，而仁者寡，……爲學者眾，而仁者寡，……爲君者眾，而仁者寡。」（《墨子・法儀》）都不足以完全信賴。這種說法，和韓非子所謂：「人之情性，賢者寡，而不肖者眾。而以威勢之利，濟亂世之不肖人，則是以勢亂天下者多矣！」（《韓非子・難勢》）的想法，可謂極其相同。那麼墨子心目中最值得信賴者，何也？那就是「行廣而無私，其施厚而不德，其明久而不衰」（《墨子・法儀》）的「天」了。

天既然是最值得信賴的，因此墨子不但一再強調：「動作有爲，必度於天。天之所欲則爲之；天之所不欲則止。」（同上）而且還揭櫫上天爲政於天子之義，以說明天才是最高的政治實體。所以〈天志上〉說：

> 天子未得次（恣）己而爲政，有天政之：天子爲政於三公、諸侯、
> 將軍、大夫、士庶人，天下之君子固明知之；天之爲政於天子，天
> 下之百姓，未得明知也。

〈天志中〉並說：

> 天子爲善，天能賞之；天子爲暴，天能罰之。天子有疾病禍祟，必
> 齋戒沐浴，潔爲酒醴粢盛，以祭祀天鬼，則天能除去之。

在這樣的理念下，所以主導政治者，乃是天。既不是人，也不是法了。故可稱之曰：「神治主義」，以別於人治和法治。

三、比較與論評

由以上的論述，可知孔、墨兩家除了對政治的意義與起源，在看法上並無顯著的差異之外，其餘的各種理念，或多或少，都有一些分歧，茲再條舉幾個要端，以爲比較論評。

第一，孔子的政治理想是「大同」，墨子的政治理想則是兼愛與尚同的實現。其思想理念，可謂相當的近似，但其最大的不同，則在於大同之治中，仍承認人倫的親疏遠近之別，不過人們都能做到推己以及人而已；墨子則主張一體平舖，愛無厚薄。其利弊得失，第五章論之已詳，茲不贅言。

其次，孔子雖然高懸大同的理想，但他瞭解此一理想決非一蹴可幾，因而在亂世和大同之間，置立了一個次級的政治理想——小康，以爲之階。並且在小康之治中，尚容許「各親其親，各子其子，貨力爲己。」的爲私情況，祇是要在這種情況之中，找出一種治平之道而已。以這種漸進的方式，雖不可期其速成，但腳步較爲踏實而穩健，自然較墨子之直接上企於兼愛、尚同之境者爲易於實現了！

第三，孔、墨兩家，都具有以民爲本的精神理念。但孔子之強調愛民，除了給老百姓實際的澤惠之外，還包括人格上的尊重以及精神上的需求。至於墨子之言利民，則僅着重於現實之利的滿足，對於人類精神的需求，則不免有所疏忽。而且過分強調功利的結果，不免走向法家之蔑人倫、廢仁恩，而一惟功利是尚的局面；或流於西哲邊沁（Jeremy Bentham, 1748～1832）一輩的樂利主義。其流弊所及，將形成有利害、無同情；有強權、無公理的社會。這恐怕是墨子所不及見的。

第四，孔子認爲爲政的主體在人，所以特別強調人的重要性和權威性，因而形成人治主義；墨子雖然也很強調賢人的重要，但他不能忘懷人性的弱點，因而在人之上，又設置了一個超越的天。一方面讓人們的行事，有一個依據；一方面讓君臣百姓，都存有戒懼惶恐之心，而不敢有所造次。但事實上，即使在宗教觀念非常濃厚的社會，每一個人對天意的體認，也都會有若干差異，甚至還不免有人假藉天意，以遂其私慾，墨子將何術以同之？何況天的觀念，端視人們的信仰，墨子又何術以維繫此一信仰於不墜？再者舍人

而言天，不但不切於實際，對於人性的尊嚴，也是一個嚴酷的打擊；對於理性的啓發，更是一種很大的諷刺。這都是墨子的神治理念，所要深刻反省的課題。至於孔子的人治主義，自然也有人存政舉，人亡政息的缺點，所以若能輔之以法治的理念，以及對天道的理性態度，則於人治的缺失，亦將有很大的補益。

第二節　爲政之道

一、孔子所主張的爲政之道

孔子對政治的基本理念既如上述，所以他在政治的實際運作方面，就產生了以下的種種具體的主張：

（一）正　名

春秋時代，由於社會的鉅變，所以傳統的價值觀念與價值標準，都受到嚴重的考驗。其表現在政治上的，就是政入私門，上下失序。爲了回復周朝初年那種大一統的局面，因而他極力維護周禮，並倡導「正名」。

> 子路曰：「衛君待子而爲政，子將奚先？」子曰：「必也正名乎！」
> 子路曰：「有是哉！子之迂也！奚其正？」子曰：「野哉！由也。君子於其所不知，蓋闕如也。名不正則言不順；言不順則事不成；事不成則禮樂不興；禮樂不興則刑罰不中；刑罰不中則民無所措手足。故君子名之必可言也，言之必可行也。君子於其言，無所苟而已矣！」
> （《論語・子路》）

何謂正名？第一，就是「名實一致」，也就是既有其名，就必須具有其實質；第二，就是「遵守名分」，也就是遵循其所處的地位中，應有的規範，不可以有僭越的行爲。所以齊景公問政於孔子，孔子對曰：「君君、臣臣、父父、子子。」（《論語・顏淵》）其中就隱含了這兩層涵意。因爲名實不一致，不是有名無實，就是有實無名；「有名無實」，必將受人輕視，而易生侮慢之心；「有實無名」，則行事必多窒礙。所以這兩種情形都不足以服人之心；說起話來，自然也都沒有分量。至於不遵守名分，一方面會造成上下的侵擾，一方面也會爲人所唾棄；說起話來，便會搪塞支吾，理不直而氣不壯。像這樣，又如何能成事？甚麼事都做不成，則賴以教化百姓的禮樂，亦將形同具文；禮樂

一旦形同具文，則用以維護社會秩序的刑罰也將失去客觀的依據，而難免產生輕重失宜的現象。如此一來，老百姓將無所措手足，整個社會沒有公認的軌跡可循，社會又怎能不亂？大一統的希望豈非緣木而求魚？子路初不明其理，自然要爲孔子所責備。

除此之外，關於正名的必要性，《尹文子・大道上》也有一段極精闢的分析。他說：

> 名以正形。今萬物具在，不以名正之，則亂；萬名具列，不以形應
> 之，則乖。故形名者不可不正也。……名稱者別彼此而檢虛實者也，
> 自古至今，莫不用此而得，用彼而失。失者由名分混，得者由名分
> 察。……名定則物不競，分明則私不行。物不競，非無心──由名
> 定，故無所措其心；私不行，非無欲──由分明，故無所措其欲。……
> 雄兔在野，眾人逐之，分未定也。雞豕滿市，莫有志者，分定故也

可見正名定分，除了在積極方面，易於有所作爲；而在消極方面，亦將防止他人產生覬覦之心，而弭亂於無形。由此更可以見孔子何以特別強調正名，而必以之做爲爲政的先務了。

（二）舉賢才

孔子既具有愛民的思想，又強調人治的理念，自然就要靠許多能夠勝任其事的人來推動此一政治的大機器。──所謂能夠勝任其事的人，通常稱之曰「賢才」。因此，推舉賢才也就成了施政的根本要務。《論語・子路篇》記：

> 仲弓爲季氏宰，問政。子曰：「先有司，赦小過，舉賢才。」曰：「焉
> 知賢才而舉之？」曰：「舉爾所知，爾所不知，人其舍諸？」

本章不僅說明舉賢的重要，而且也提示了舉賢的方法。那就是先就自己所知的賢才，而加以推舉。如此一來，別人也會各舉其所知，自然就能延攬到許多賢才了！

那麼甚麼樣的人才是賢才？本章朱注云：「賢，有德者；才，有能者。」《禮記・禮運篇》所謂：「選賢與能」，也正是此意。觀孔子之論君子與聖人，也都是以才德兼備爲評斷的依據。〔註4〕這種推舉賢才的作法，無形中打破了春秋以前任人皆依血緣關係的世卿觀念，對於政治體質的改善，實有莫大的助益。

在推舉賢人之時，孔子還強調要抱着不論親疏，惟才是舉的公正態度。《左

〔註4〕見第四章第一節。

傳‧昭公二十八年》記晉魏獻子爲政，分祁氏之田以爲七縣，分羊舌氏之田以爲三縣，分別推舉了十位賢才擔任縣大夫。所以孔子美之曰：「近不失親，遠不失舉，可謂義矣！」又《史記‧孔子世家》載：

> 景公問孔子曰：「昔秦穆公國小處辟，其霸何也？」對曰：「秦，國
> 雖小，其志大；處雖辟，行中正。身舉五羖，爵之大夫，起纍紲之
> 中，與語三日，授之以政；以此取之。雖王可也，其霸小矣！」

秦穆公起百里奚於纍紲之中，而委以重任，這正是他所以能稱霸西戎的主要原因，所以孔子乃特別強調其理，以教導齊景公。子夏也深體此義，於樊遲問以「舉直錯諸枉，能使枉者直。」（《論語‧子路》）之時，告以「舜有天下，選於眾，舉皋陶，不仁者遠矣；湯有天下，選於眾，舉伊尹，不仁者遠矣！」皆以見其不主故常，破格任使的主張。至於臧文仲爲政於魯，知柳下惠之賢而不舉，孔子就責之曰：「臧文仲其竊位者與？知柳下惠之賢，而不與立也。」（《論語‧衛靈公》）像這種蔽賢的作法，與孔子的主張，可謂背道而馳，難怪孔子要責其爲「竊位者與」了。

至於有了賢才之後，又要懂得因才任使，以充分發揮其所長，所以孔子以爲衛靈公之無能而能不失其位，就是因爲以「仲叔圉治賓客，祝鮀治宗廟，王孫賈治軍旅。」（《論語‧憲問》）他們雖然不是甚麼大才，但却各得其所，而成爲安定社稷的一股力量。所以《論語‧子路篇》也曾強調「使人也，器之」之義，而反對「求備焉」。這也是有心舉才、用才者，所不可不留意的。

再者，奸佞的小人，也是賢才的致命傷。荀子說：「君有妒臣，則賢人不至。」（《荀子‧大略》）這也是不可不察的。所以顏淵問爲邦，孔子告以：「放鄭聲、遠佞人；鄭聲淫，佞人殆。」（《論語‧衛靈公》）這種進賢黜惡，並且不論出身，一律因才任使的主張，在中國政治思想史上，實具有劃時代的意義。

（三）禮樂與德化

賢才是掌握施政成敗之關鍵的人物。但是「徒善不足以爲政。」（《孟子‧離婁》）還是需要有好的治法來做爲憑藉。那麼孔子心目中理想的治法是甚麼呢？那就是「禮樂與德化」。

所謂「禮」，它是來自人與人經長久相處之後，爲了避免彼此間的衝突，並進而和諧相處，因而逐漸共同認定的一種行爲規範。這種規範既經共同認定之後，對人們的行爲和思想都會產生一種約束的力量，所以一旦違反此一規範，即使無外界的制裁，內心也會感到不安。這種規範逐漸地擴大，並經

古先聖王通過其內心之仁，加以斟酌裁定之後，便成爲整個社會組織和行事的依據，這便是禮。

因爲古代國家的主權在君，所以制禮也屬於天子的權限；猶如今日主權在民，所以立法屬於代表民意之議會的權限。所以孔子說：

> 非天子不議禮，不制度，不考文。……雖有其位，苟無其德，不敢作禮樂焉；雖有其德，苟無其位，亦不敢作禮樂焉。（《禮記・中庸》）

可見制禮之權，應屬於有德的天子。而孔子所最響往的禮，就是周禮。所以說：

> 周監於二代，郁郁乎文哉！吾從周。（《論語・八佾》）

有了這種完美的禮制，則一切依禮而行，就能臻於郅治。所以孔子說：「安上治民，莫善於禮。」（《孝經・廣要道》）而後世所謂的法，實亦緣此而生。所以管子說：「法出於禮」（《管子・樞子》）

至於禮與法的主要差異，漢儒賈誼曾有精闢的剖析。他說：

> 凡人之智，能見已然，不見將然。夫禮者，禁於將然之前；而法者，禁於已然之後。是故法之所爲用易見，而禮之所爲用難知也。（《漢書・賈誼傳》）

所以《禮記・經解篇》亦云：「禮之教也微，其止邪於未形，使人日徙善遠罪而不自知也。」這就是說明禮教的潛在功能，雖不若法之易見，卻能深入於人心。

再說到樂。他也是必以仁爲其本質，然後通過鐘鼓、玉帛、干戚等形式，達到陶冶性靈、感發善心的效果。所以《禮記・樂記》云：

> 夫樂者，樂也……故人不耐（能也，下同）無樂，樂不能無形，形而不爲道，不耐無亂。先王恥其亂也，故制雅、頌之聲以道之，使其聲足樂而不流，使其文足論而不息，使其曲直、繁瘠、節奏，足以感動人之善心而已矣！不使放心、邪氣得接焉！是先王立樂之方也。

又曰：

> 故樂行而倫清，耳目聰明，血氣和平，移風易俗，天下皆寧。

這對於社會人心的轉化，善良風俗之形成，自有很大的功能。所以《孝經》說：「移風易俗，莫善於樂。」並以爲「導之以禮樂，而民和睦。」至於孔子，則更以「興於詩、立於禮、成於樂。」（《論語・泰伯》）爲成人之方。其重視禮、樂的程度，於此可見。

孔子主張以這種禮、樂爲工具，由主政者以身作則，並以柔性的方式來治理老百姓，使人們在禮的約束、樂的感發，以及主政者的精神感召之下，自動修身自愛而向善，以取代刻板的政令和嚴峻的刑罰。這就是所謂的「德化」。所以孔子說：「道之以政，齊之以刑，民免而無恥；道之以德，齊之以禮，有恥且格。」（《論語・爲政》）又說：「爲政以德，譬如北辰，居其所，而眾星共之。」（同上）這就是孔子的爲政之道中，最根本的主張，也是最嚮往的境界。

（四）刑賞得中

孔子雖然注重禮樂與德化，並以爲「道之以政、齊之以刑」將使民免而無恥，又反對季康子「殺無道，以就有道」的做法（見《論語・顏淵篇》）。但這並不代表孔子全然地反對刑罰。他只是反對過分地依賴刑罰，因而忽略了更高層次的禮樂與德化。

實者禮樂與刑政，雖爲二事，却有密切的關係。所以《禮記・樂記》云：「禮樂刑政，其極一也，所以同民心而出治道也。」又《禮記・坊記》引孔子之言曰：「君子禮以坊德，刑以坊淫，命以坊欲。」可見他主張人君應設禮以坊民德之失，設刑罰以坊民之淫辟，設政令以坊民之貪欲。其作用或異，但都是治道所必備的工具。

所以《論語・顏淵篇》記孔子之言曰：「聽訟，吾猶人也；必也，使無訟乎！」可見他並不反對聽訟，只是他並不以長於聽訟爲滿足，而有着更高遠的理想，就是如何使人自覺地不再有訟。但當這個目標尚未達成之前，聽訟仍然是必須的。所以〈子路篇〉說：「善人爲邦百年，亦可以勝殘去殺矣！」可見勝殘去殺固然是他理想，却不是一蹴可幾的。此外，在〈子路篇〉中，孔子也嘗以「禮樂不興，則刑罰不中」爲憂。又以見刑罰如何得中，仍然是孔子政治思想中非常關切的課題。

那麼刑罰如何才算得中呢？那就是要「寬猛相濟」。《左傳・昭公二十年》記：

> 鄭子產有疾，謂子大叔曰：「我死，子必爲政。唯有德者，能以寬服民；其次莫如猛。夫火烈，民望而畏之，故鮮死焉；水懦弱，民狎而玩之，則多死焉。故寬難。」疾數月而卒。大叔爲政，不忍猛而寬，鄭國多盜，取人於萑苻之澤。大叔悔之曰：「吾早從夫子，不及此。」興徒兵以攻萑苻之盜，盡殺之。盜少止。仲尼曰：「善哉！政寬則民慢，慢則糾之以猛；猛則民殘，殘則施之以寬。寬以濟猛，

猛以濟寬，政以是和。」

孔子既認爲「慢則糾之以猛」、「殘則施之以寬」，並認爲如此才能達到「政以是和」，顯示爲政之寬猛，還要視客觀之情況爲定，並不是一成不變的。

（五）無欲速、無見小利

政治是一項任重道遠的工作，必須要有遠大的眼光、寬闊的胸襟，以及持之以恆的毅力，乃克期於有成。《論語・子路篇》記：

子夏爲莒父宰。問政。子曰：「無欲速，無見小利。欲速，則不達；見小利，則大事不成。」

所謂「無欲速」，就是不可操之過急。因爲一種重大的決策，除了要有遠大的眼光和周詳的計劃之外，還要爭取大家的共識，才能減少推行上的阻力，絕不可操之過急，而失於躁進。例如宋王安石的變法，其失敗正在於此。范純仁曾對神宗說：「道遠者，理當馴至；事大者，不可速成；人材不可急求，積弊不可頓革。儻於事功亟就，必爲憸佞所乘。」《宋史・范純仁傳》而王安石也深知：「緩而圖之，則爲大利。急而成之，則爲大害。……竊恐希功幸賞之人，速求成效於歲月之間，則吾法隳矣！」（《王臨川全集・上五事劄子》）但在實行之際，却又過於貪功，於是一利未興，又思再興一利；一害未除，又思再除一害，完全違反自己的言論。所以劉摯說：「自青苗之議起，而天下始有聚斂之疑；青苗之議未允，而均輸之法行；均輸之法方擾，而邊鄙之謀動；邊鄙之禍未艾，而助役之事興。至於求水利、行淤田、併州縣，興事起新，難以徧舉。」（《宋史・劉摯傳》）再加上未取得元老重臣們的共識，只好多用少不更事的門下憸慧少年，更助成了急功近利的作法，終於種下了敗因。這正是孔子所說的「欲速則不達」，豈不令人惋惜。

至於「無見小利」，就是要能權衡輕重得失，然後「兩利相權取其重；兩害相權取其輕。」才不致因小失大。而且眼光還要放遠，不能只顧到眼前之利，而忽其長遠之利。《呂氏春秋》說：「利雖倍於今，而不便於後，弗爲也。」（〈恃君覽〉）否則將如孔子所謂：「人無遠慮，必有近憂。」（《論語・衛靈公》）亦爲政之大忌。所以說：「見小利，則大事不成。」

此外，爲了要達到長遠的目標，爲政者本身，必須要有忍辱負重的精神。也就是要審時度勢，然後掌握最有利的時機，以實現自己的理想。如果情勢不許可或時機未成熟，則要有耐得住的精神修養，或委屈以求全的權宜做法。然後或設法進行溝通，或設法消除障礙。切不可逞一時之勇，以致償事。所

以孔子說：「小不忍，則亂大謀。」（《論語·衛靈公》）

再者，孔子說：「善人教民七年，亦可以即戎矣！」（《論語·子路》）又說：「善人爲邦百年，亦可以勝殘去殺矣！」（同上）亦皆以見要實現自己的政治抱負，一定要把眼光放遠，而以精誠貫徹之，乃克期於有成。所以「子張問政。子曰：『居之無倦，行之以忠。』」（《論語·顏淵》）凡此，都是「無欲速、無見小利」的大政治家，應有的風範和修養。

二、墨子所主張的爲政之道

（一）尊天事鬼

墨子既具有天志的理念，因而在政治上，就以加強人們對於上天產生虔誠之信仰，爲其根本要圖。所以〈天志上〉說：

> 處國得罪於國君，猶有鄰國所避逃之。然且親戚兄弟所知識，共相懺戒，皆曰：「不可不戒矣！不可不慎矣！誰亦有處國得罪於國君，而可爲也？」此有所避逃之者也，相懺戒猶若此其厚，況無所避逃之者，相儆戒豈不愈厚，然後可哉？且語言有之曰：「晏日焉而得罪，將惡避逃之？曰無所避逃之。」夫天不可爲林谷幽門無人，明必見之。然而天下之士君子之於天也，忽然不知以相儆戒，此我所以知天下士君子，知小而不知大也。

此外，爲了讓這個超現實的天，更增添幾許神秘的氣息，以加強檢束人心的效果，所以墨子又要倡導明鬼。並謂：

> 逮至昔三代聖王既沒，天下失義，諸侯力正，是以存夫爲人君臣上下者之不惠忠也，父子弟兄之不慈孝弟長貞良也，正長之不強於聽治，賤人之不強於從事也。民之爲淫暴寇亂盜賊，以兵刃毒藥水火，退無罪人乎道路率徑。奪人車馬衣裘以自利者，並由此作，是其故何以然也？則皆以疑惑鬼神之有與無之別，不明乎鬼神之能賞賢而罰暴也。今若使天下之人，偕若信鬼神之能賞賢而罰暴也，則夫天下豈亂哉？（《墨子·明鬼下》）

至於如何讓這種觀念，能夠普遍地深植人心，以改變社會的亂象呢？墨子認爲這件事情，必須由天子親自來帶動，以產生示範的作用，所以〈天志上〉說：

> 故昔三代聖王禹、湯、文、武，欲以天之爲政於天子，明說天下之百姓。故莫不犓牛羊、豢犬彘，潔爲粢盛酒醴，以祭祀上帝鬼神而

祈福於天。

除此之外，在整個行政體制上，也要有所配合。所以〈明鬼下〉云：

> 且惟昔者虞夏商周三代之聖王，其始建國營都日，必擇國之正壇，
> 置以爲宗廟；必擇木之修茂者，立以爲菆位；必擇國之父兄慈孝貞
> 良者，以爲祝宗；必擇六畜之腯肥倅毛，以爲犧牲；珪璧琮璜，稱
> 財爲度。必擇五穀之芳黃，以爲酒醴粢盛，故酒醴粢盛與歲上下也。
> 故古聖王治天下也，必先鬼神而後人者此也。故曰：官府選效，必
> 先鬼神；祭器祭服，畢藏於府；祝宗有司，畢立於朝；犧牲不與昔
> 聚群。故古者聖王之爲政若此。

這種尊天事鬼的理論和作法，顯然是出於墨子純理智的思考，而非情感、理
性的產物。所以與其說是基於內心虔誠的信仰，不如說是爲了推行其政治主
張的需要，因而造設出來的一種說法，而成爲其政治理論的重要內涵。

（二）尚同政治

尚同思想是墨子政治哲學上的主要內涵。其作用，則在於一同天下之義，
並使爲政者可藉以獲得下情，因而賞所當賞，罰所當罰，以治其天下，所以說：

> 天子唯能壹同天下之義，是以天下治也。（〈尚同上〉）

> 上之爲政得下之情，則是明於民之善非也。若苟明於民之善非也，
> 則得善人而賞之，得暴人而罰之也。善人賞而暴人罰，則國必治；
> 上之爲政也，不得下之情，則是不明於民之善非也。若苟不明於民
> 之善非，則是不得善人而賞之，不得暴人而罰之。善人不賞而暴人
> 不罰，爲政若此，國家必亂，故賞罰不得下之情，不可而不察者也。
> 然計得下之情，將奈何可？故子墨子曰：唯能以尚同一義爲政，然
> 後可矣！（〈尚同下〉）

這種「以尚同一義爲政」的政治型態，也就是墨子理想中的政治型態。茲分
述如下：

1. 政治體系

墨子理想中的政治體系，可於〈尚同中篇〉得之。其言曰：

> 明乎民之無政長，以一同天下之教，而天下亂也。是故選擇天下賢
> 良聖知辯慧之人，立以爲天子，使從事乎一同天下之義。天子既已
> 立矣！以爲唯其耳目之請（畢注：請當爲情，下同。）不能獨一同

> 天下之義，是故選擇天下賢閱賢良聖知辯慧之人，置以爲三公，與
> 從事乎一同天下之義。天子三公既已立矣！以爲天下博大，山林遠
> 土之民，不可得而一也，是故靡分天下，設以爲萬國諸侯，使從事
> 乎一同其國之義。國君既已立矣！又以爲唯其耳目之請，不能一同
> 其國之義，是故擇其國之賢者，置以爲左右將軍大夫，以逮至乎鄉
> 里之長，與從事乎一同其國之義。

由此段文義，可知此一政治體系，就其行政區域而言，可分爲天下、侯國及
鄉、里諸級；就人事言之，則最高即爲天子，而三公爲天子之佐；其次爲諸
侯或國君，而以將軍、大夫爲之佐；再次爲鄉長，再次爲里長。而凡此負責
統治之人，又可總稱爲政長。此即構成墨子理想的政治體系。此一體系，固
然是墨子解析社會及政治起源所獲得的結果，然其中除鄉長、里長而外，多
爲西周封建制度之舊，並不是墨子所獨創的。

2. 天子的選立

關於天子由何人所選立的問題，墨書中語意甚爲模稜，遂使吾人難於確
知其眞意之所在，因而產生種種不同的看法，梁啓超《先秦政治思想史》一
書中，曾表明他的看法：

> 墨子言：「明乎天下之亂生於無政長，故選擇賢聖立爲天子，使從事
> 乎一同。」孰明之？自然是人民明；孰選擇之？自然是人民選擇；
> 孰立之？孰使之？自然是人民立，人民使。（見《先秦政治思想史》
> 第十二章）

其《子墨子學說》一書中亦謂：

> 墨子謂國家爲民意所公建，其論甚明，中國前此學者，言國家之所
> 以成立，多主張神權起源說，家族起源說，惟墨子以爲純由公民同
> 意所造成。

陳顧遠氏於《墨子政治哲學》一書中的論點，也與梁氏略同：以爲墨子不主
張國家神造說，也不主張政府天命說，而主張天子爲人民所推選。但是此種
理論，衡諸墨子：「故天福之，使立爲天子。」（〈法儀〉）「是故天之欲一同天
下之義也，是故選擇賢者立爲天子。」（〈尚同下〉）及「故天之意曰：此之我
所愛，兼而愛之，……故使貴爲天子，富有天下。」（〈天志上〉）諸語，可證
其牽強附會，不足信從。所以蕭公權於《中國政治思想史》一書中駁之曰：

> 按墨子既無民選之明文，而其思想系統以及歷史背景，均無發生民

選觀念之可能。……蓋當刑政未有之時，人各異義，相爭相殘。孰
信亂若禽獸之民能詢謀僉同，選立賢者而共戴之乎？故曰民選之說
與墨子思想不合也。吾國古代傳說有傳賢禪位之事，然民選君長則
未之聞。故以孟子之貴民，雖有得乎立民而為天子之論，而一究其
實，亦不過承認人民於傳賢傳子人選既定之後，有表示歸心與否之
機會。非謂人民可以逕選賢可，更非謂人民於政長未立之初，能於
萬眾之中，慎選而推定一人為天下之元后也。故曰：民選之說為歷
史背景所不許也。

基於此點，復揆諸前引〈法儀〉、〈天志〉、〈尚同〉諸篇的語意，則蕭氏天選
之說，似較合乎墨子的本意。

然而蕭氏之說，有待商榷者尚有三事：若以天子為上天所選立，固合於
《墨子・天志》、〈尚同〉諸篇的文意，然而上天究竟是以何種方式來選立天
子呢？是直接任命某人為君呢？或者是垂象以示世人立某人為君呢？恐怕他
難以自圓其說，此其一。以三代聖王之英明仁德，其為天選者固宜，至於三
代暴君之淫亂凶殘，如果也認為是上天所選立的，那麼是何上天之昏昧也？
此其二。至於蕭氏以歷史的背景，斷定墨子必不可能有民選的觀念，亦有未
必然者。因為墨子極富開創的精神，則其有此想法，亦非絕無可能，此其三。
有此三事，則天選之說，仍未足以饜吾人之心也，固宜。

今按前引《墨子・法儀》、〈天志〉、〈尚同〉諸篇之文意，可知墨子確有主
張天選的言論，然而天道冥冥！其所謂天意者，將何所歸乎？書曰：「天聰明，
自我民聰明；天明畏，自我民明畏。」《孟子》引〈泰誓〉曰：「天視自我民視，
天聽自我民聽。」而《左傳》引〈泰誓〉亦曰：「民之所欲，天必從之。」墨子
生當戰國之世，又嘗「受儒者之業」，則於此傳統的天道觀念，亦必有所接受。
再證之墨子處處皆為求天下萬民之利的精神，則吾人自有充分的理由，可以斷
定墨子之所謂天意者，必然是以民意為依歸。因為抽象的天，既不能行使其選
舉、監督之實，自然只得假諸人們之手以體現之。〈尚賢下〉曰：

舜耕於歷山，陶於河瀕，漁於於雷澤，販於常陽；堯得之服澤之陽，
立為天子。

由此段文意，吾人可以確知：立舜為天子者，堯也；非天也。惟堯於千人萬
姓之中，所以獨舉舜者，焉知非上天在冥冥中的安排？孟子曰：「天子不能以
天下與人；舜相堯二十有八載，非人之所能為也，天也。」（〈梁惠王〉）正是

此義。如果再進一步探討之，則上天之所以獨垂愛虞舜者，何也？則以其賢也！以其能利民也！所以「天意」實無異乎「民意」。堯之立舜，如此；舜之立禹，亦如此；至於啓之繼承帝位，亦莫非如此者。到了桀，則以其魚肉百姓，倒行逆施，民怨沸騰，上達於天。於是天乃假諸商湯之手以誅之，復順從民意而立商湯以為帝。所以說：「天乃命湯於鑣宮，用受夏之大命。」（〈非攻下〉）

由以上的論述，我們可以確認墨子確主張天子為天選——過去如此，未來也應該如此。只是冥冥之天，既不能行使其選擇之實，因而或取假於現任天子之手，以推舉其繼承人；或取假於上天所屬意的人選，以推翻現任的天子，而承受其帝位。但是如果探究上天之所以假人們之手，以推舉某人，或推翻某人者，實在又是以民意為依歸。所以雖不能即謂之民選，然若視之為民選思想的濫觴，其誰曰不宜？

3. 天子的權限

關於天子的權限，則泰西主張契約說諸哲，各有不同的主張。其中霍布斯氏主張予國君以絕對的權威，可以規定國家的法律，人民應無條件以服從其統治；洛克則主張權力分立，人民仍保有相當的權利，必要時，可以革命的手段，推翻既有的政府，以維護人民的自然權利。而盧梭的新民約論，則主張主權在公眾團體，根本反對置立國君。至於墨子的主張，則又與霍氏為近。惟亦有同於洛克氏者。依墨子的主張，天子應有如下之權力：

第一，天子居於崇高的地位而為萬民的表率：墨子曰：「故天子者，天下之窮貴也，天下之窮富也。」（〈天志上〉）又曰：「凡國之萬民，上同乎天子而不敢下比。天子之所是，必亦是之；天子之所非，必亦非之。」（〈尚同中〉）可見墨子主張天子應具有極其崇高的地位，即人民的思想言行，亦當以天子為標準。所以非但不許人民有行動和言論的自由，甚至連其意念的自由也要干涉之、阻止之。就此點而論，則墨子較之霍氏，似更為主張君主有絕對的權力。所以梁任公先生評之曰：「墨家所主張，殊不能令吾儕滿志，蓋其結果，乃流於專制。」（見《先秦政治思想史》）

第二，天子有最高的發號施令與立法之權：〈尚同上〉云：「正長既已具，天子發政於天下之百姓。言曰：聞善而不善，皆以告其上。上之所是，必皆是之；所非，必皆非之。」〈尚同下〉亦曰：「天子亦為發憲布令於天下之眾。曰：若見愛利天下者，必以告……」天子既能發布政令於天下，則此政令，

自為最高的命令；且當時天子的命令即為法律，所以發布政令，實無異於立法。此與霍布斯之主張，亦不謀而合。

第三，天子有賞善罰惡之權：〈尚同上〉云：「上同而不下比者，此上之所賞；……下比而不能上同者，此上之所罰。」〈尚同下〉云：「是以見善不善者，告之天子。天子得善人而賞之；得暴人而罰之。」可知天子為最高的法律執行者，具有賞善罰惡之權，而以尚同一義為政。

綜以上而觀之，天子既有如此崇高的地位與權力，如果不為之制衡，則不幸而遇暴虐之君，濫用其職權，則人民豈不成為魚肉？所以墨子乃為制定數項辦法，以為防範：

第一，天子必為聖智之人：墨子主張被選立為天子者，必須為「天下賢良聖知辯慧之人。」（〈尚同中〉）而其先決條件，必須「厚乎德行，辯乎言談，博乎道術。」（〈尚賢上〉）「其事上尊天，中事鬼神，下愛人。」（〈天志上〉）其為人也，既具有如此卓爾超群、德智兼備的條件，如果以常理衡之，則此人一旦立為天子，自必能勤政愛民，而不致濫用其職權以殘虐其百姓了。

第二，天子必須順從天意：在天子的基本條件之外，墨子又為置立天志之說，以為「天子未得次己而為政，有天正之。」（〈天志上〉）並闡明「天欲義而惡不義。」（〈天志上〉）之理，且極力強調上天之威靈，曰：「天子為善，天能賞之；天子為暴，天能罰之。」（〈天志中〉）「順天意者，兼相愛，交相利，必得賞；反天意者，別相惡，交相賊，必得罰。」（〈天志上〉）所以天子之一切施為，又必須以天意為依據，而上同於天。所以說：「天子又總天下之義，以尚同於天。」（〈尚同下〉）又曰：「天下之百姓皆上同於天子，而不上同於天，則天災猶未去也。」（〈尚同上〉）但是此種言論，在理論上固然看似圓滿周到，而在事實上恐難盡如理想。因為迷信的觀念。僅能行之於常人，而智者多能不為所惑。何況天子者，固天下之上智者也。吾恐此種理論，對於暴虐之天子，非但不能使之怵惕驚心，且將反為其利用為掩飾其淫暴的工具，並藉之以肆其欺惑愚眾的目的。此乃墨子思想中所不能令吾儕滿志者也。

第三，臣民有諫諍之權，倘若天子犯有過失，墨子主張人民及各級政長都有諫諍的權責。所以〈尚同上〉曰：「上有過，則規諫之。」此所謂上，即為上級。例如：天子為各級政長與百姓的上級，而各級政長又為百姓的上級。人民及各級政長，對其上級均有規諫的責任與權力，使其知所反省而改正其過失。此種方法，頗似後世的監察制度；其於天子，雖無強制的力量，然以

天子之聖明，必當樂於接納——至少亦能發生若干影響力：此其所以不同於絕對之專制，而較霍布斯氏之說爲優的地方。

第四，人民可以推翻暴政：當天子暴虐無道，濫用職權之時，如果用以上諸法而不能生效，則人民亦可表示抗議，甚至起而革命。其〈尙賢下〉云：「是故以賞不當賢，其所賞者已無故矣！（按無故即無功也）其所罰者亦無罪。是以使百姓皆攸心解體，沮以爲善。垂（閒詁：垂義不可通，字當做舍。）其股肱之力，而不相勞來也；腐餘財，而不相分資也；隱匿良道，而不相教誨也。」因爲人民若消極反抗，甚者不肯歸順，則天子之位將不可自保，其結果，自能迫使其改過遷善。惟當萬一天子仍執迷不悟，甚而變本加厲，反以武力相鎭壓之時，爲拯生靈於塗炭，而拔之於水火之中，墨子則主張可以革命之方式，誅其君而弔其民。這是最後而也是最有效、最根本的方法。〈非攻下〉云：「昔者三苗大亂，天命殛之。」而抽象的天，其所以懲治暴君者，自亦當假諸人民之手以誅之。所以〈非攻下〉又云：「昔者禹征有苗、湯伐桀、武王伐紂，……彼非所謂攻，所謂誅也。」故知墨子之所以屢屢稱誦禹、湯及武王爲聖王者，抑亦爲其能替天行道，誅君而弔民乎！此又墨子之說遠較霍布斯氏爲勝而有同於洛克的地方。

4. 各級政長的產生

天下之廣袤，政治事務之繁雜，自然不是天子一人所能承攬，所以還要有各級政長的配合。至於各級政長的產生，墨子在〈尙同〉諸篇中，言之甚詳：

> 天子既已立，以其力爲未足，又選擇天下之賢可者，置立之以爲三公；天子三公既已立，以天下爲博大，遠土異國之民，是非利害之辯，不可一二而知，故畫分萬國，立諸侯國君；諸侯國君既已立，以其力爲未足，又選擇其國之賢可者，置立之以爲正長。（〈尙同上〉）
> 天子既已立矣！以爲唯其耳目之請（情），不能獨一同天下之義，是故選擇天下贊閱賢良聖知辯慧之人，置以爲三公，與從事乎一同天下之義。天子三公既已立矣，以爲天下博大，山林遠土之民，不可得而一也，是故靡分天下，設以爲萬諸侯國君，使從事乎一同其國之義。國君既已立矣！又以爲唯其耳目之情，不能獨一同其國之義，是故選擇其國之賢者，置以爲左右將軍大夫，以遠至乎鄉里之長。（〈尙同中〉）

> 天子以其知力爲未足獨治天下，是以選擇其次，立爲三公；三公又
> 以其知力爲未足獨左右天子也，是以分國建諸侯；諸侯又以其知力
> 爲未足獨治其四境之內也，是以選擇其次，立爲卿之宰；卿之宰又
> 以其知力爲未足獨左右其君也，是以選擇其次，立而爲鄉長家君。
> （〈尚同下〉）

根據以上的論述，吾人可以斷定墨子理想的政治組織中，三公係由天子所選立。至於三公以下諸政長的選立，則諸篇說法，略有出入：據〈尚同上、中〉二篇，國君以下之政長，似乎也都由天子所選立，或由其上級與天子共同來選立；但是據〈尚同下〉的文意，則各級政長，又似乎是由該政長之上級長官所選立，而非由天子一人所獨攬。惟其下又云：「是故古者天子之立三公諸侯、卿之宰、鄉長、家君……。」則又似悉由天子一人所立者。乍視之，其中似有矛盾。實則綜合三篇的文意，我們可以做一個合理的推定：由於各級政長對其管轄區內的人事較爲瞭解，所以選擇其下級之政長，自當由他來負責；只是當選定好人選之後，又必須得天子之認可而授之以位，乃算完成。換言之，也就是諸侯、國君以下各級政長之選立，均由天子授權該政長之上級長官負責甄選，而於選定之後，必須報請天子審核並任命之。既非天子一人所獨攬，亦非由各級政長自作主張。至於天子之任命百官，則依墨子之說，自亦當秉承天意而任命之。如此，既無悖於三篇之文意，且合於「天子一同天下之義」以及「天子又總天下之義以尚同於天」（〈尚同下〉）的說法。

5. 統治的方法

天子與各級政長既經選立，還要講求統治的方法，才能充分發揮此一行政體制的功效。於此，墨子也有一套完整而精密的理論，以供天子與各級政長所依循。根據〈尚同〉諸篇的文義，我們不難窺見墨子對於此一尚同政治機構的統治方法之主張：

第一，聞見善、不善必以告其上：墨子以爲天下之治亂，繫於每一國民言行之臧否；國君者，貴能明察秋毫，而據以賞善罰惡。所以說：「上之爲政，得下之情則治；不得下之情則亂。」（〈尚同下〉）。至於明察之道，則在於使天下之人，聞見善、不善，必以告其上。所以〈尚同上〉云：

> 里長發政里之百姓，言曰：聞善而不善，必以告其鄉長……鄉長發
> 政鄉之百姓，言曰：聞善而不善必以告國君。……國君發政國之百
> 姓，言曰：聞善而不善，必以告天子。

此種思想，與韓非子所謂：「人主以一國目視，故視莫明焉；以一國耳聽，故聽莫聰焉。」(《韓非子・定法》)的說法，若合符節。此或即法家思想之所自出，抑亦後世發奸摘伏各種機構的權輿。

第二，是上之所是、非上之所非：墨子有鑒於當時的社會「一人則一義，二人則二義，十人則十義。」(〈尚同上〉)因而造成天下「交相非」的混亂局面。所以主張「上之所是，亦必是之；上之所非，亦必非之。」(〈尚同中〉)，更進而「去若不善言，學天子之善言；去若不善行，學天子之善行。」(〈尚同上〉)，期使天下人的思想能夠定於一尊，並使舉國人民的言行趨於一致，以擁護賢良聖智者為領袖。此種主張，歷來多被嗤為君主專制；然而墨子固有其所自別於君主專制者：亦即必以「仁人在位」為其先決條件。否則「民知上置正長之非以治民也，是以皆比周隱匿，而莫肯尚同其上，是故上下不同義；苟上下不同義，賞譽不足以勸善，而刑罰不足以沮暴。……上之所賞，則眾非之……上之所罰，則眾譽之。」(〈尚同中〉)如此，必致毀譽不一、賞罰不公，而政治亦將陷混亂不安。由此可知，他所謂：是上之所是，而非上之所非，並非以消極的方法，統治思想；乃是積極地促使是非賞罰有一定的標準可循而已。

第三，上有過則規諫之、下有善則傍薦之：各級政長，雖然都是賢良聖智者，然其行事之際，亦難免會偶有踰越。所以墨子也主張在下者，可以有諫諍的權力。至於見民之有善言善行者，則人人亦皆得而傍薦之(說見〈尚同上、中〉二篇)。此種開明的作風，正為今日民主憲政所標榜與努力追求的方向。因此，墨子的政治主張，又豈可以單純的專制政體來看待呢？

綜合以上三項而觀之，吾人不難明瞭墨子所講求的統治方法，實不外乎「尚同」之一義而已。在其尚同之政治組織中，天子即以此法統御其天下；諸侯國君亦以此法統御其國；而鄉里之長亦以此法統御其鄉里。而其統御的方法，即由各級政長，藉賞罰之權，依照上級的旨意，以壹同其管轄區域之人民；然後又率其管轄區域之人民，上同於其上級。如此逐級上同，以至於天子。然後再由天子一同天下之義。所以〈尚同中〉說：

> 是故里長順天子政而一同其里之義，里長既同其里之義，有率其里
> 之萬民以上同乎鄉長。……察鄉長之所以治鄉而鄉治者，何故之也？
> 曰：唯以其能一同其鄉之義，是以鄉治：鄉長治其鄉，而鄉既已治
> 矣！有率其鄉之萬民，以尚同乎國君；……察國君之所以治國而國
> 治者，何故之也？曰：唯以其能一同其國之義，是以國治；國君治

其國，而國既已治矣！有率其國萬民，以尚同乎天下。……察天子
之所以治天下而天下治者，何故之以也？曰：唯以其能一同天下之
義，是以天下治。

因爲里長能一同其里之義，則其里治。然後又率其一里之民上同於鄉長；鄉
長既能一同其鄉之義，則其鄉治。然後又率其一鄉之民上同於諸侯國君；諸
侯國君既能一同其國之義，則其國治。然後又率其一國之民以上同於天子。
天子既能一同天下之義，則天下治。如此層層節制，細密無間，「譬之若絲縷
之有紀，而罔罟之有綱也。」（〈尚同中〉）夫如是，則天下豈有不治的道理。

惟以此種類似君主專制的政體，而欲平治其天下，則必先使「天子」理
想化，且有更大的力量來加以牽制然後可。職是之故，墨子又在天子之上，
置立一全知全能的人格神——天，以爲世人一切言行的最高標準。故墨子又
云：「夫既尚同乎天子，而未尚同乎天者，則天菑將猶未止也。」（〈尚同中〉）
由此可知，天子並不能隨己意而專制，而必須「總天下之義，以尚同於天。」
（〈尚同下〉）然後此尚同之治，始臻完滿。

至於以此尚同的政治機構，施行其尚同的統治方法，何以即可臻於平治
的目的？於此，墨子嘗藉古聖王的事功，以闡明其效驗。其〈尚同中〉云：

故古者聖王唯能審以尚同以爲正長，是故上下請（情）通：上有隱
事遺利，下得而利之；下有畜怨積害，上得而除之。是以數千萬里
之外，有爲善者，其室人未徧知，鄉里未徧聞，天子得而賞之；數
千萬里之外，有爲不善者，其室人未徧知，天子得而罰之。是以舉
天下之人，皆恐懼振動惕慄，不敢爲淫暴。曰：天子之視聽也神；
先王之言曰：非神也。夫唯能使人之耳目，助己視聽；使人之脣吻，
助己言談；使人之心，助己思慮；使人之股肱，助己動作。助之視
聽者眾，則其所聞見者遠矣！助之言談者眾，則其德音之所撫循者
博矣！助之思慮者眾，則其謀度速得矣！助之動作者眾，即其舉事
速成矣！故古者聖人之所以濟事成功，垂名於後世者，無他故異物
焉。曰：唯能以尚同爲政者也。

由以上之所引述，我們可以明瞭此一尚同的統治方法，其最大的功能，即在
於能使「上下之情通」，而使「天子之視聽也神」而「非神也」。因爲天子發
政於天下，諸侯國君發政於一國，鄉長發政於一鄉，里長發政於一里，使天
下之人，皆能明悉上級的政令，是使上情可以下達；而天下人之耳目、脣吻、

心思、股肱，都成爲天子之耳目、唇吻、心思、股肱，以助天子視聽、言談、思慮、動作，則天下人之是非善惡，天子自然瞭若指掌，因此能使「天子之視聽也神。」而「非神也。」這就是使下情能夠上達。上情而能下達，下情而能上達，這就是上下之情通，這是行政事務中，很重要的環節。

因爲上情而能下達，則人民既可藉之以明悉上級的政令以資遵行，而使天下之民「無有敢紛天子之教者。」（〈尚同中〉）也可使天下之民，藉之以發掘上級的疏漏而諫正之，使其知所改進。至於下情而能上達，則各級政長既可藉之以瞭解人民之意願以爲興革的參考；亦可藉之以瞭解人民思想言行之善惡，而因勢利導或加以適當的賞罰，而使「賞當賢，罰當暴，不殺無辜，不失有罪。」（〈尚同中〉）如此，則必能使政治清明，人人皆勸善懲惡。如此，以之行於里，則里治；以之行於鄉，則鄉治；以之行於國，則國治；以之行於天下，則天下治。這就是尚同政治的最大功效。

（三）尚　賢

墨子尚賢的主張，一因現實社會所激發；一則爲其尚同政治組織理論的必然趨勢。

因爲周朝君位，係採傳子立嫡的宗法制度。並利用殷商以來敬祖報本的思想，使王室與諸侯，諸侯與卿大夫，皆成爲家族關係。在此種制度之下，平民自無由干預政治，遂造成貴族專政的局面。於是凡貴族子弟，無論賢不肖，皆得世襲其位。其爲害，往往使政治紊亂，社會動盪不安，生靈陷於塗炭。所以墨子對於此種不合理的制度，痛加譏議，其〈尚賢下〉云：

> 今王公大人其所富，其所貴，皆王公大人骨肉之親，無故富貴，面目美好者也。今王公大人骨肉之親，無故富貴，面目美好者，焉故必知（智）哉？若不知（智），使治其國家，則其國家之亂，可得而知也。今天下之君子，皆欲富貴而惡貧賤，然女何爲而得富貴而避貧賤哉？曰：莫若爲王公大人骨肉之親，無故富貴，面目美好者。夫王公大人骨肉之親，無故富貴，面目美好者，此非可學而能者也。使不知辯，德行之厚若禹、湯、文、武，不加得也；王公大人骨肉之親，躄瘖聾瘖，暴爲桀紂，不加失也。是故以賞不當賢，其所賞者已無故矣！其所罰者亦無罪，是以使百姓皆攸心解體，沮以爲善，垂其股肱之力，而不相勞來也，腐臭餘財而不相分資也。隱慝良道，而不相教誨也。若此，則飢者不得食，寒者不得衣，亂者不得治。

其所論宗法制度的缺失，可謂一針見血。所以以堯、舜爲父，且有丹朱、商均之不肖，則所謂「大人世及以爲禮」的宗法制度，必不能常得賢可者，其理至顯。至於易之法，自非尚賢不可。其言曰：

> 今者王公大人爲政於國家者，皆欲國家之富，人民之眾，刑政之治。然而不得富而得貧，不得眾而得寡，不得治而得亂，則是失其所欲，得其所惡。是其故何也？子墨子子言曰：是在王公大人爲政於國家者，不能尚賢事能爲政也。是以國有賢良之士眾，則國家之治厚；賢良之士寡，則國家之治薄。故王公大人之務，將在眾賢而已。（〈尚賢上〉）

> 賢者舉而尚之，富而貴之，以爲官長；不肖者抑而廢之，貧而賤之，以爲徒役。（〈尚賢中〉）

因爲在墨子的政治理念中，雖以天爲政治的最高主導者，但政務的推動，仍然在人，所以若無聖君賢相，則仍不足以善一國政。此種理論，與孔子所主張的：「舉直錯諸枉，則民服；舉枉錯諸直，則民不服。」（《論語・爲政》）以及孟子所謂：「尊賢使能，俊傑在位，則天下之士，皆悅而願立於其朝矣！」（《孟子・公孫丑》）的賢人政治，殆無二致。所以《墨子・親士篇》云：「入國而不存其士，則國亡矣。見賢而不急，則緩其君矣！非賢無急，非士無與慮國；緩賢忘士，而能以其國存者，未曾有也。」因爲墨子既以爲平治天下之道在於一同天下之義，以尚同於天，但是天並不能直接爲政於天下——他之所以一同天下者，決非直接以同之，而必先通過一完美的人事系統，乃能一同其天下之義。在墨子心目中，此一完美的人事系統，即爲其尚同的政治組織，而亦爲具體的法儀；則其所組成的分子，自亦必爲墨子心目中的賢人，才能充分發揮其功效。以此由賢人所組成的人事系統，推動其嚴密的尚同之政治組織，自可以一同天下之義，而使天下歸於平治。這就是墨子之所以有天治的理念，卻又主張尚賢的原因。

2. 尚賢之術

賢人的標準既定，又當進而瞭解尚賢之術，然後始可以招徠賢人，並充分發揮賢人政治的功效。墨子的尚賢之術，大致可以分爲禮賢、進賢、任賢三方面。

第一是禮賢：如果欲招徠賢人而任之以事，自必先禮賢下士。此得賢之道也。至於禮賢之法，墨子以爲凡賢可者，皆當富之、貴之、敬之、譽之。

使天下所有的賢人，都願竭智盡忠，以效其股肱之力。所以說：「譬若欲眾其國之善射御之士者，必將富之、貴之、敬之、譽之，然後國之善射御之士，將可得而眾也，況又有賢良之士，厚乎德行、辯乎言談、博乎道術者乎，此固國家之珍，而社稷之佐也。亦必且富之、貴之、敬之、譽之，然後國之良之士，亦將可得而眾也。」（〈尚賢上〉）

如果舉凡賢良者，都可得到優渥的待遇；而不賢者，將唾棄於眾人。則人人自將勉力為賢，並且出身以為社稷。如此，則賢良者必眾，而國以治矣！不但如此，墨子於禮賢之道，更有一卓越的見識。其〈親士篇〉云：「良弓難張，然可以及高入深；良馬難乘，然可以任重致遠；良才難令，然可以致君見尊。」因為墨子深知人才難得，而非常特異之士，又往往有孤傲之節，固可以禮致，而不可以勢屈。故在上者，必有尊賢崇德之至誠，江海而下百川之雅量，始足以言得士。昔者燕昭王之禮郭隗，漢光武之禮嚴光，莫不如此。而魏信陵之能傾平原君客，也正在於此。

第二是進賢：墨子以為，用人之道，要完全以義為歸，以公平無私為準。見功而與賞，因能而授官。不論出身，不講情面。所以說：

> 不義不富，不義不貴，不義不親，不義不近。是以國之富貴人聞之，皆退而謀曰：始我所恃者，富貴也，今上舉義不辟貧賤，然則我不可為不義。……故官無常貴，而民無終賤；有能則舉之，無能則下之。舉公義，辟私怨。（〈尚賢上〉）

> 不黨父兄，不偏富貴，不嬖顏色。賢者舉而尚之，富而貴之，以為官長；不肖者抑而廢之，貧而賤之，以為徒役。（〈尚賢中〉）

此種大公無私，惟才是用的精神，蓋可與祁奚內舉不避親，外舉不避怨的作風，相互輝映；與孔子：「舉直錯諸枉」（《論語・為政》）的主張，也是若合符節。這也是他非常可貴的地方。

第三是任賢：墨子以為對於賢人的任用，必當遵守「用之必任，任之必專」的原則。使才足以稱其位，權足以斷其事，然後乃可以發揮政治的最大功效，以成就萬民之務。所以在舉用賢人之初，須視其才性之所近，而予以適當的職位。故曰：「聽其言，跡其行，察其所能而慎予官。……故可使治國者，使治國；可使長官者，使長官；可使治邑者，使治邑！」（〈尚賢中〉）

> 昔者聖王之列也，上聖立為天子，其次立為卿大夫。（〈公孟〉）

> 不能治百人者，不可使之處乎千人之官；不能治千人者，不可使之

　　　處萬人之官（〈尚賢中〉）

此蓋即後世法家「因任而授官，循名而責實。」（《韓非子·定法》）的思想之所本。至於職位既定，然後又當崇高其地位，豐厚其俸祿，並予以充分的職權，使能盡其所能地發揮其長才，以為天下興利除弊，而無後顧之憂。所以說：

　　　必為置三本，……曰爵位不高，民不敬也；蓄祿不厚，則民不信也；
　　　政令不斷，則民不畏也。故古聖王高予之爵，重予之祿，任之以事，
　　　斷之以令。夫豈為其臣賜哉？欲其事之成也。（〈尚賢中〉）

因為爵位愈高，愈能使人民產生敬畏之心；俸祿愈厚，則愈顯示其為君上所重視，而增強人們對他的信心；愈有決斷之權，則人民將愈為戒懼而不敢有所造次。故古聖先王之於賢者，必高予之爵，重予之祿，任之以事，斷之以令。其所為如此，並非故對賢者示惠，乃在於欲成其事，而利天下萬民。

三、比較與論評

　　孔、墨兩家，由於政治理念的差異，所以發而為具體的政治主張，也就顯得愈益分歧。茲舉其數端以明之。

　　第一，孔子之論政，以正名為先，必使君臣父子，在禮的規範下，都能循名責實，依名守分。一方面充分發揮個人的政治才能，一方面造成一種和諧穩定的局面，而國家的長治久安，胥惟是賴。至於墨子，也有正名的思想。所以〈經上〉云：「名實合，為。」〈經說上〉云：「所以謂，名也；所謂，實也。名實耦，合也；志行，為也。」但由於墨子在其尚同的政治組織中，所標榜的是尊天事鬼，所以除了逐級上同，以至上同於天之外，並不強調各種倫常間應遵、應守的規範，所以他的正名思想，乃遍及於外界一切客觀事物之抽象義理的界定，例如：方、圓、平、直、同、異、誹、譽等等。影響所及，儒家倫理道德的觀念特別的發蓬；而墨家於科學日用之間，顯見其成效。可謂各有其優點，卻也各有其偏枯。

　　第二，孔子之論政，在人事上，強調舉賢才，而墨子也有尚賢的主張，此其所同。但是孔子遵循歷史漸進的原則，因而並不反對世及的舊制。所以他的推舉賢人，只是一種破格任用，惟才是使的作法。對平民而言，是為開放政權；對貴族而言，則仍然維持舊制。在做法上，比較溫和，所遭受的阻力，自將大為減少；墨子則有感於「王公大人骨肉之親，無故富貴，面且美好者。」未必皆智，因而極力反對世及的舊制，主張「官無常貴，而民無終

賤，有能則舉之，無能則下之。」（〈尚賢上〉）並謂：「選擇天下之賢可者，立以爲天子。」（〈尚同上〉）雖未明言民選，然其以天選爲說，以能否利民爲取舍的標準，而以民意爲依據的精神，實已澈底衝破傳統世襲的舊制，建立民選制度的理論基礎，其意義極爲重大。只可惜語意曖昧，做法上，不夠具體而已。而且這種遽烈的變化，其阻力之大，也是可以預期的。

第三，孔子任賢的目的，比較偏重於賢人的德化作用。所以說：「君子之德風，小人之德草。草上之風必偃。」（《論語·顏淵》）而《中庸》亦謂：「君子篤恭，而天下平。」至於墨子之尚賢，則在於賢人能「蚤朝晏退，聽獄治政。」（〈尚賢中〉）「竭四肢之力，以任君之事，終身不倦。」（同上）的成果。而且多提拔賢良之士，可使「天下之爲善者勸，爲暴者沮。」（〈尚賢上〉）總而言之，孔子比較重視無形的力量，墨子則偏重現實的成果，可謂各有其優點。但孔子把賢人過分地理想化的結果，也容易有「人存政舉，人亡政息」的弊病，所以中國的歷史，總是亂世多而治世少，非無由也；墨子的功利思想，則又易使人急功近利，因而忽略品德的修養，和形象的塑造。試觀墨子以後的鉅子，率多熱忱有餘，而德望不足，所以不能產生強大的向心力，這也是墨學衰微的重大因素。

第四，孔子爲政導民之術，是以禮樂德化爲主。也就是所謂：「道之以德，齊之以禮。」而其所預期的目標，則在於民之「有恥且格」。換句話說，孔子所重者，乃在於化民成俗，希望藉着禮的規範、樂的陶冶，使民於潛移默化之中，領悟爲人處世之道，並且變化其氣質，因而「日徙善遠罪而不自知也」。必至不得已，然後才採用刑罰。所以孔子說：「聖人之治化也，必刑政相參焉。太上以德教民，而以禮齊之；其次以政導民，以刑禁之。刑不刑也。化之弗變，導之弗從，傷義以敗俗，於是乎用刑矣！」（《孔子家語·刑政》）這種做法，不但使人樂從而無所怨言，而且具有明辨明非的能力，以達到有恥且格的效果。至於墨子所賴以爲政導民的工具，除了前一節已經論到的天治思想之外，就是尚同的政治組織。在這種體制之下，每一個分子，都只能無條件地上同，甚至連思想意念的自由，都在禁止之列。不但淹沒了每一個人的個性，也抹煞了人性的尊嚴。這在民智未啓的時代，固然可以收到壓制異端的效果，但在理性日啓，人權觀念日益抬頭的趨勢下，這種極權統治的作法，必將遭致強烈的反抗。而且過分強調一同的結果，即使能夠獲得治平之效，也將使人類變成沒有靈性、沒有思想的機械，這是否爲人類社會之福，實在也很值得懷疑。

第五，孔子之爲政，強調「無欲速，無見小利。」因而他所採取的政治方略，都是溫和而漸進的。這從前面所談到的人事制度的變革和禮樂德化的主張，乃至馴至大同的歷程，都可以得到顯著的印證；至於墨子，則由於求治之心，過於急切，不免有躁進之嫌。例如人們方相惡相賊，而驟責之以兼愛；世襲的觀念已根深蒂固，而驟欲全盤變革；學術思想方風起而雲湧，而驟欲求其尚同。一時之間，都是很令人難以接受的。《淮南子・主術訓》云：「力勝其任，則舉之者不重也；能稱其事，則爲之者不難也。」觀商鞅變法之所以成功，即因其所變之法不多；王安石新法之所以失敗，即因所革之政太雜。所以唐格之語宋欽宗云：「革弊當以漸，宜擇今日之所急者先之。」（《宋史・唐格傳》）這是很值得深省的。至於墨子爲了要強調一同，而阻滯理性的啓發；爲了要節約費用，而忽略了禮樂之治的效果和愼終追遠的意義；爲了要檢束人心，而散佈粗疏的迷信觀念。這都是急於追求眼前的小利，而忽略了長遠的大利。總之：欲速，常由於見小利；見小利者，往往欲速。這都是主政謀國者，所不可不愼察而敬謹將事的。

第三節　君道與臣道

一、孔子心目中的君道與臣道

孔子在政治上既強調正名，換句話說，就是要求在政治實體中的每一分子，都要各依其名分，而善盡其職責——簡單地說，就是所謂「君君、臣臣」。那麼怎麼樣才是君君、臣臣呢？茲分別以言之：

（一）君　道

身爲一個國君，其所應具備的政治道德和政治風範，自然是相當的多。但在此所欲特別指陳者，乃是孔子心目中，國君主政蒞民所應掌握的一個基本原則。在孔子的心目中，最理想的國君，實莫如堯、舜。而孟子也說：「欲爲君，盡君道；欲爲臣，盡臣道。二者皆法堯、舜而已矣！」（《孟子・離婁》）所以堯、舜所表現的君道，應該也是孔子心目中理想的君道了。《論語・泰伯篇》記：

> 子曰：「大哉，堯之爲君也！巍巍乎，唯天爲大，唯堯則之；蕩蕩乎，民無能名焉！巍巍乎，其有成功也！煥乎其有文章。」

本章朱注引尹氏曰：「天道之大，無爲而成，唯堯則之以治天下，故民無得而

名；所可名者，其功業文章，巍然煥然而已。」而皇侃疏亦謂：「故則天成化，道同自然；不私其子，而君其臣。凶者自罰，善者自勸；功成而不立其譽，罰加而不任其刑；百姓日用而不知所以然。夫又何可名也？」復證之孔子：「天何言哉？四時行焉，萬物生焉，天何言哉？」可見堯之所以為君者，正老子所謂：「為無為，則無不治。」（《老子》第三章）換句話說，也就是「無為而治」。至於舜，《論語・衛靈公篇》記：

　　子曰：「無為而治者，其舜也與！夫何為哉？恭己正南面而已矣！」

本章更是明白地指出，舜之為君，乃是無為而治。而其具體的表現，就是「恭己正南面」而已矣！所以朱注云：「無為而治者，聖人德盛而民化，不待其有所作為也；獨稱舜者，紹堯之後，而又得人以任眾職，故尤不見其有為之跡也。恭己者，聖人敬德之容，既無所為，則人之所見，如此而已。」據〈舜典〉及《史記・帝舜本記》，可知舜之大有作為，都在攝政之時，到了即帝位以後，主要就是設官分職，然後就退處於無為的地位，與孔子所言，正相吻合。

　　其後的荀子也認為：人主者，只要「慎取相，道莫徑是矣！」（《荀子・君道》）並謂：「人主者，守至約而詳，事至佚而功；垂衣裳不下簟席之上，而海內之人，莫不願得以為帝王。」（《荀子・王霸》）所言亦與孔子相合。

　　由以上所論，可見孔子心目中理想的君道，就是要先「恭己」，也就是做到《論語・憲問篇》所謂「修己以敬」，然後就其南面之位，設官分職，猶如今日泰西所謂內閣制者然；所不同者，就是特別強調以德行化之義，以達到「脩己以安百姓」的終極目標。所以孔子說：「為政以德，譬如北辰，居其所，而眾星共之。」（《論語・為政》）

（二）臣　道

　　臣是包括所有居官任職的人，因此，為臣的道理，常因其所處的地位之不同，而有若干差異。所以在此也只能就孔子所曾提到的一些基本原則，分述於後。

　　首先，在個人的出處方面，孔子認為做為一個大臣，必需具備高尚的政治人格，抱着「用之則行，舍之則藏」（《論語・述而》）的態度，不眷戀於個人的權位，不計較一己的得失。如此始能不徇私、不枉求，一切直道而行。此外，還要有「陳力就列，不能則止。」（《論語・季氏》）的政治擔當，以表現政治家的風範。如此，也才能贏得國人的信賴和尊重。

　　在「事上」方面，孔子曾讚美子產「其事上也敬。」所謂「敬」，乃包括

對在上者的恭敬，以及對本身職責上的敬慎。至於在上者有了過失，則要做到《禮記・檀弓上》所說的「事君有犯而無隱」。所以《論語・憲問篇》載：「子路問事君，子曰：『勿欺也，而犯之。』」這種「事上也敬」，以及「勿欺也，而犯之。」的做法，都是「忠」於上的表現。所以「定公問：『君使臣、臣事君，如之何？』孔子曰：『君使臣以禮，臣事君以忠。』」（《論語・八佾》）

在「臨民」方面，孔子曾教導季康子說：「臨之以莊則敬，孝慈則忠，舉善而教不能則勸。」（《論語・為政》）可見保持莊重的威儀、示之以孝慈之德，並且推舉善人，而教導不能者，都是臨民之際所應有的表現和作為。此外，在《論語・堯曰篇》，孔子又曾提出「尊五美」、「屏四惡」的說法：所謂「五美」，就是「惠而不費、勞而不怨、欲而不貪、泰而不驕、威而不猛。」他自己又解釋其義曰：「因民之所利而利之，斯不亦惠而不費乎？擇可勞而勞之，又誰怨？欲仁而得仁，又焉貪？君子無眾寡、無小大，無敢慢，斯不亦泰而不驕乎？君子正其衣冠，尊其瞻視，儼然人望而畏之，斯不亦威而不猛乎？」以這五種美德來對待百姓，自能得到百姓的愛戴。至於「四惡」，就是：「不教而殺謂之虐；不戒視成謂之暴；慢令致期謂之賊；猶之與人也，出納之吝，謂之有司。」這都是要引以為戒的。

在「任職」方面，第一，就是要忠於職守。所以孔子說：「事君處其位，而不履其事，則亂也。」（《禮記・表記》）；第二，就是不要越權。所以孔子說：「不在其位，不謀其政。」（《論語・泰伯》）這都是百官在任職時所應遵守的紀律。

二、墨子心目中的君道與臣道

（一）君　道

墨子心目中最理想的聖君，也一如孔子——不外乎堯、舜、禹、湯、文、武而已。但是他對這些聖君所作的讚美，則與孔子頗有異致。可見其欣賞的角度，並不相同。他說：

> 昔也三代之聖王堯、舜、禹、湯、文、武之兼愛天下也，從而利之；移其百姓之意，焉率以敬上帝山川鬼神。天以為從其所愛而愛之，從其所利而利之。於是加其賞焉，使之處上位，立為天子以法也。（〈天志下〉）

可見墨子心目中理想的君道，第一，就是能夠兼愛天下萬民，並從而利之。

再者，就是能率領天下萬民，以禮敬上帝山川鬼神。至於孔子所稱許於堯、舜的「無爲而治」，則似與墨道不合。因爲若就前述墨子的尚同政治而觀之，實近於君主獨裁。因此，君主獨裁也就成了墨子君道思想的第三種表徵。

（二）臣　道

在墨子心目中，一個稱職的大臣，除了要具備「厚乎德行，博乎道術。」（〈尚賢上〉）的基本要件之外，在其工作崗位上，則要「蚤朝晏退，聽獄治政，是以國家治而法正。……夜寢夙興，收斂關市山林澤梁之利以實官府。是以官府實而財不散。……蚤出暮入，耕稼樹藝，聚菽粟，是以菽粟多而民足乎食。……上有以絜爲酒醴粢盛以祭祀天鬼；外有以皮幣與四鄰諸侯交接；內有以食飢勞，將養其萬民；外有以懷天下之賢人。」（〈尚賢中〉）其於君長，則「竭四肢之力以任君之事，終身不倦。若有美善，則歸之上。是以美善在上，而所怨謗在下；寧樂在君，憂戚在臣。」（〈尚賢中〉）既厚於德行，又能勤於國事，公正廉明，先君之急，而後其身之私，聲名歸之君，禍災歸之身。這才是墨子心目中典型的賢臣，也就是凡爲人臣者，所應致力的。

三、比較與論評

孔子和墨子心目中理想的君道與臣道，大致已如上述，現在再爲之比較論評如下：

第一，孔子心目中理想的君道，是無爲的；至於墨子，則認爲身爲國君，不但要愛利天下，而且還要「移其百姓之利，爲率以敬上帝山川鬼神。」更要「從事乎一同天下之義」（〈尚同中〉）並且要求普天之下，於「天子之所是皆是之；天子之所非皆非之。」（〈尚同上〉）則不但與無爲之義有別，而且還一種是專制獨裁的行徑，其差異至爲顯然。今按：先秦各家，多主張人主無爲。例如：老子云：「聖人無爲，故無敗。」（《老子》第六十四章）莊子云：「夫帝王之德，……以無爲爲常。」（《莊子·天道》）管子云：「明主之舉事也，任聖人之慮，用眾人之力，而不自與焉，故事成而福生。」（《管子·形勢解》）慎子云：「君臣之道，臣事事，而君無事；君逸樂，而臣任勞。」（《慎子·民雜》）韓非子云：「明君之道，使智者盡其慮，而君因以斷事，故君不窮於智。」（《韓非子·主道》）鄧析子云：「爲君當若多日之陽，夏日之陰，萬物自歸，莫之使也。恬臥而功自成，優游而政自治。」（《鄧析子·無厚》）

尸子云：「治水潦者禹也，播五穀者后稷也，聽獄折衷者皋陶也；舜無爲也，而天下以爲父母。」(《尸子‧仁意》) 至於在歷史上，秦始皇行獨裁之制，因而「天下之事無小大，皆決於上；上至以衡石量書，日夜有程，不中程不得休息。」(《史記‧秦始皇本記》) 乃導致天下的不安。隋文帝以察察爲能，導致群寮畏罪，事無大小，均欲取判於上旨而不敢自決，所以柳彧上疏諫曰：「若其經國大事，非臣下裁斷者，伏願詳決；自餘細務，責成所司。」(《隋書‧柳彧傳》) 況以萬乘之尊，而乃自決庶務，一旦小有疏失，不但威信掃地，也將破壞美好的形象，這是非常不智的。不如責成有司，付之公議，讓有關的大臣們共同負起成敗的責任。所以富弼之諫神宗云：「陛下好使人伺察外事，……又多出親批；若事事皆中，亦非爲君之道；脫十中七八，積日累月，所失亦多。……大抵小人惟善生事，願深燭其然，無使有悔。」(《宋史‧富弼傳》) 亦足見君主以無爲爲得——這樣才能保持冷靜的頭腦、超然的態度、美好的形象和強大的威望與向心力。《呂氏春秋‧審分覽》云：「凡姦邪險陂之人必有因也。何因哉？因主之爲。人主好以己爲，則守職者捨職而阿主之爲矣！阿主之爲，有過則主無以責之。則人主日侵，而人臣日得；是宜動者靜，宜靜者動也；尊之爲卑，卑之爲尊，從此生矣！」這也是不可不注意的。由以上的論述，我們就不難體認到君主何以要無爲的道理了。

　　第二，在臣道方面，孔、墨兩家的看法大致相同。不過孔子仍然比較注重到大臣的美好形象，所以強調要「臨之以莊」，要「正其衣冠、尊其瞻視。」而且還要「用之則行，舍之則藏。」以保持自己的政治人格。至於墨子，則比較著重於絕對的犧牲和奉獻。所以強調：「若有美善則歸之上。是以美善在上，而所怨謗在下；寧樂在君，憂戚在臣。」其公忠體國的精神，自然超過孔子的要求，但是只怕也非一般人所能長久踐履的。

第四節　軍事與外交思想

一、孔子的軍事與外交思想

　　軍事與外交，也是政治中重要的環節。因爲有堅強的軍事力量，則對外，可以抵禦外侮；對內，可以防止禍亂。至於外交，則不但可增進國與國間的關係，形成互助、互利的圓滿狀態，更可以提昇國家的威信和地位，同時也

是解決國際間各種問題的主要管道。所以都是臨政治民者，所不可不致力的。

（一）軍事——修文德、謹武備

《論語・衛靈公篇》記：「衛靈公問陳於孔子。孔子對曰：『俎豆之事，則嘗聞之矣！軍旅之事，未之學也。』明日遂行。」所以有人誤以爲孔子反對軍備。實者孔子拒絕衛靈公之問陣，正如本章朱注所云：「衛靈公，無道之君也，復有志於戰伐之事，故答以未學而去之。」何況治國之道，本以政事爲主。不致力於政事，雖有堅甲利兵，亦無所用。孔子自然不願與之談論兵陣了。

《史記・孔子世家》載：「冉有爲季氏將師，與齊戰於郎，克之。季康子曰：『子之於軍旅，學之乎？性之乎？冉有曰：學之於孔子。』」可見孔子在軍事方面，也有很高的素養。而《左傳・哀公十一年》記魯與齊戰，童子汪錡戰死，魯欲以殤禮葬之，孔子曰：「能執干戈以衛社稷，可無殤也。」又以見其對保國衛民之戰的肯定態度。至於《史記・孔子世家》又載魯定公與齊侯會於夾谷，孔子攝相事，曰：「臣聞有文事者必有武備；有武事者必有文備。」可見在孔子心目中，武備與文備，必須相互配合。尤其在風雲詭譎、爾虞我詐的國際社會裏，武備就益發顯得重要了。

但孔子雖然肯定軍備的重要，卻仍然要在民信和足食的前提下爲之。所以「子貢問政。子曰：『足食、足兵，民信之矣！』子貢曰：『必不得已而去，於斯三者何先？』曰：『去兵！』子貢曰：『必不得已而去，於斯二者何先？』曰：『去食！自古皆有死，民無信不立。』」（《論語・顏淵》）

武備既然重要，那麼主政者應如何去加強武備呢？孔子說：「以不教民戰，是謂棄之。」（《論語・子路》）所以教戰是必須的。至於如何去教？孔子說：「善人教民七年，亦可以即戎矣！」（同上）本章朱注云：「教民者，教之以孝弟忠信之行，務農講武之法。……民知親其上、死其長，故可以即戎。」

然而儘管如此，孔子仍認爲絕不可輕率用兵。所以《論語・述而篇》云：「子之所慎：齊（齋）、戰、疾。」至於侵略性戰爭，更是孔子所極力反對者。所以《論語・季氏篇》載：「季氏將伐顓臾。冉有季路見於孔子。」孔子乃曉以大義，力圖阻止。並主張：「遠人不服，則脩文德以來之。」可見用兵並非上策，最好是備而不用。這就是孔子對軍事的基本理念。

（二）外交——慎言行、善專對

孔子在外交方面，也有卓越的長才。《論語・學而篇》載：「子禽問於子

貢曰：『夫子至於是邦也，必聞其政。求之與？抑與之與？』子貢曰：『夫子溫、良、恭、儉、讓以得之。夫子之求之也，其諸異乎人之求之與？』」子貢所稱的溫、良、恭、儉、讓，正是一位卓越的外交家所應具有的美好形象，無怪乎各國都樂於把政治的情形，如實相告。那麼怎樣才能做好成功的外交呢？茲依孔子所言，歸結於后：

首先，在原則上，一個成功的外交，必須要做到「不辱君命」。也就是要站穩自己的立場，時時以國家的整體利益爲念，而不顧個人的利害得失，更不能有損國家的威信，以圓滿達成國君所交付的使命。像戰國時，藺相如的完璧歸趙，即其顯例。所以《論語・子路篇》記：

> 子貢問曰：「何如斯可謂之士矣？」子曰：「行己有恥，使於四方不辱君命，可謂士矣！」

其次，在技巧上，要懂得「專對」。像春秋時齊晏嬰出使吳、楚等國，皆以機智的反應和嫻熟的辭令，使吳、楚之君，莫不爲之折服，並贏得普遍的敬重。孔子稱之曰：「晏平仲，善與人交，久而敬之。」（《論語・公冶》）至於《論語・憲問篇》載：「蘧伯玉使人於孔子。與之坐而問焉。曰：『夫子何爲？』對曰：『夫子欲寡其過而未能也。』子曰：『使乎！使乎！』」也是一個成功的典範。至於專對的基本工夫，則在於窮經致用，尤其要多誦讀詩。因爲「詩，可以興，可以觀，可以群，可以怨。」（《論語・陽貨》）又有賦、比、興諸法，如能妥善運用，對於外交辭令的訓練，是很有助益的，所以《論語・子路篇》說：

> 子曰：「誦詩三百，授之以政，不達；使於四方，不能專對。雖多，亦奚以爲？」

再者，在文書辭命方面，則要相當的謹愼，絕不可因出言不得體，而或文采不彰，因而在國際間，成爲笑柄。所以《論語・憲問篇》載：

> 子曰：「爲命，裨諶草創之，世叔討論之，行人子羽修飾之，東里子產潤色之。」

本章朱注云：「鄭國之爲辭命，必更此四賢之手而成。詳審精密，各盡所長，是以應對諸侯，鮮有敗事。孔子言此，蓋善之也。」其於辭命之愼重，蓋如此。

二、墨子的軍事與外交思想

（一）反對侵略

兼愛非攻爲墨子的中心思想，而非攻尤爲墨子一切思想所自出。捨此二

者，則墨子的一切學說，都將失去意義。因爲墨子身處亂世，目睹當時戰禍的慘烈，使天下百姓，都處於水火倒懸之中。故而對「爭地以戰，殺人盈野；爭城以戰，殺人盈城」的戰爭，感到深惡痛絕，因而奔走呼號。其一切救世濟人的學說，亦於焉產生。而非攻之說，即爲其最直接的產物。其言曰：

> 今一人入人園圃，竊其桃李，眾聞則非之，上爲政者得則罰之，此何也？以虧人自利也。至攘人犬豕雞豚者，其不義又甚入人園圃竊桃李，是何故也？以虧人愈多，其不仁兹甚，罪益厚。……至殺不辜人，扡其衣裘，取戈劍者，其不義又甚入人欄厩、取人馬牛……今至大爲不義攻國，則弗知非。（〈非攻上〉）

他的意思是認爲凡虧人愈多，則其不仁不義就愈甚。而攻人之國，則其虧人之多，可以說已到了極點，那麼其爲不仁不義，也就到了極點。所以他又說：

> ……殺一人謂之不義，必有一死罪矣！若以此說往：殺十人，十重不義，必有十死罪矣；殺百人，百重不義，必有百死罪矣！當此天下之君子，皆知而非之，謂之不義。今至大爲不義攻國，則弗知非，從而譽之，謂之義。……是以知天下之君子，辨義不義之亂也。（〈非攻上〉）

按：此乃就義理上，層層剖析，以見戰爭爲大不仁、大不義；既知戰爭爲大不仁、大不義，那麼自當罷除戰爭，而歸向和平，才是應有的作法。其說透澈詳明，密緻無間，於侵略成性者，不啻爲一當頭棒喝。

此外，墨子又從現實之利上，以論戰爭之非。其言曰：

> 今師徒唯母興起，冬行恐寒，夏行恐暑，此不可以冬夏爲者也。今唯母廢一時，則百姓饑寒凍餒而死者，不可勝數。今嘗計軍出，竹箭、羽旄、帳幕、甲、盾、撥、劫，往而靡弊腑冷（當即腐爛）不反者，不可勝數。又與其矛、戟、戈、劍、乘車比列而往，碎折靡弊而不反者，不可勝數。與其牛馬肥而往，瘠而反，往死亡而不反者，不可勝數。與其涂道之脩遠，糧食輟絕而不繼，百姓死者，不可勝數也。與其居處之不安，食飲之不時，飢飽之不節，百姓之道疾病而死者，不可勝數。喪師多不可勝數，喪師盡不可勝計，則是鬼神之喪其主后，亦不可勝數。（〈非攻中〉）

因爲攻戰之時，必需動員大量的人力與物力，一方面將使「上不暇聽治，士不暇治其官府，農夫不暇稼穡，婦人不暇紡績織紝。」（〈非攻下〉）因而荒於政事，減少生產，使百姓飢餓凍餒而死；而另一方面，此大量的人力與物力，

都將於戰爭中消耗或損毀，使經濟上遭受難以估計的損失。而人民的生命財產，也將毫無保障，因而流離失所，轉死於溝壑。其爲害之烈，足以動搖國本。縱然是一戰而勝，然而「計其所勝，無所可用也；計其所得，反不如所喪者之多。」（〈非攻中〉）其結果，不過「盡天民之死，嚴上下之患，以爭虛城。」是所謂「棄所不足」的人力物力，「而重所有餘」的土地城池。（見〈非攻中〉）這樣又有何利之可言？所以墨子於〈耕柱篇〉有一個巧妙的譬喻，以說明戰爭是兩不利的，他說：

> 大國之攻小國，譬猶童子之爲馬。——童子之爲馬，足用而勞；今大國之攻小國，攻者農夫不得耕，婦人不得織，以守爲事；攻人者，亦農夫不得耕，婦人不得織，以攻爲事。（〈耕柱〉）

因爲童子之騎竹馬，於竹馬固然有損，即其自身，也是非但不能獲「息其足焉」的功效，且將益增勞累。自然是兩方面都沒有利益。由此觀之，則戰爭者，既於所攻者不利，而攻人者亦不利，根本是損人而不利己，何苦而爲之？

何況人力、物力的損耗固屬不利，猶可設法彌補；其更嚴重的問題，則在於此種違反天意的行爲，必將遭受天譴。其爲不利，可就更加嚴重了。所以〈非攻下〉曰：

> 夫兼國覆軍，賊虐萬民，以亂聖人之緒，意將以爲利天乎？夫取天之人，以攻天之邑，此刺殺天民，剝振神位，傾覆社稷，攘殺其犧牲，則此上不中天之利矣！

〈天志中〉曰：

> 天之意，不欲大國之攻小國也，大家之亂小家也。

墨子既以爲「天必欲人之相愛相利，而不欲人之相惡相賊。」（〈法儀〉）且謂：「反天意者，別相惡，交相賊，必得罰。」（〈天志〉）那麼相互攻伐的戰爭，自屬違背上天的旨意，而必將遭受誅罰。更何況凡天下郡國，都是上天的都邑；凡天下百姓，都是上天的子民。所以相互攻伐的戰爭，是何異於「取天之人，攻天之邑。」「刺殺天民，剝振神位。」（〈非攻下〉）此豈是上天所能容忍的呢？由此看來，戰爭非但不利，還會招致很大的禍害，實非謀國者所應爲。但是相互攻伐的戰爭，固爲上天所不容。卻亦有假藉天意而爲攻伐者，墨子也設爲巧妙的譬喻，以痛斥其非：

> 魯陽文君曰：「先生何止我攻鄭？我攻鄭，順於天之志：鄭人三世殺其父，天加誅焉，使三年不全；我將助天誅也。」子墨子曰：「鄭人

三世殺其父，而天加誅焉，使三年不全：天誅足矣！今又舉兵將以
攻鄭。曰：吾攻鄭也，順於天之志。譬有人於此，其子強梁不材，
故其父笞之，其鄰家之父，舉木而擊之。曰：吾擊之也，順於其父
之志！則豈不悖哉？」（〈魯問〉）

魯陽文君，實際上是貪伐勝之名，却舍曰欲之，而必為之飾其辭，墨子因舉
其所悖乎義理者而指斥之，此正所謂「邪辭知其所離」。此種精誠，此種慧力，
固足為吾人所欽仰；而其崇尚和平的精神，與夫遏止戰爭的實際行動，尤為
萬家的生佛。

（二）注重防衛

墨子反對侵略之說，雖言之痛切；於利害之間，也剖析甚明。然一般侵
略成性的野心家，自未必即能接納其說因而寢兵偃武。為確保天下的安定與
和平，所以墨子又強調守備的重要。此於〈七患篇〉中可以見之：

自以為安彊，而無守備；四鄰謀之不知戒，五患也。

同時墨子又談到守備的功效以及加強守備的方法。他說：

故備者，國之重也：食者，國之寶也；兵者，國之爪也；城者，所
以自守也。此三者，國之具也。（〈七患〉）

因為強大的自衛力量，一則可使侵略者不敢冒失敗的危險，輕存覬覦之心，
以收嚇阻的功效。而攻戰之禍，亦可因以避免；再則對方縱然是冒然來犯，
本身亦將有以自保，以挫折對方侵略的野心，因而獲致和平。至於強大的自
衛力量，除積委多、城郭修、畜士眾、兵甲足等基本要件而外，墨子更製作
了各種防禦之器，精研防禦之術，以抗拒侵略。（見〈備城門〉至〈雜守〉諸
篇）且嘗百舍重繭，力詘公輸般攻城的計謀，因而止楚攻宋。既有理論，又
能講求方法，更有實際的行動以為配合，此其所以不同於一般徒託空言者也。

（三）促進邦交

注重防衛，對於遏止戰爭，固能產生若干功效；然而更積極的做法，則
為促進外交，以達到和平共處的目的。至於促進外交的方法，則墨子嘗提出
以下三項：

1. 敦睦情誼

人與人的關係，多賴情感相維繫，國與國亦然。所以墨子以敦睦情誼為
促進外交的第一要務。〈天志中〉曰：「外有以為環璧珠玉，以聘交四鄰，諸

侯之怨不興矣！邊境兵甲不作矣！」因爲墨子以爲「和氏之璧、隋侯之珠，三棘六異」之屬「不可以利人，是非天下之良寶也。」（〈耕柱〉），而人莫不爭求之，所以若以之聘交四鄰諸侯，對本國而言，乃是「不費」；而能獲取四鄰諸侯的歡心，因以增進情誼，而戰禍就可以避免。何樂而不爲？至於小國如果懼大國來犯，則尤當以皮幣等財貨，以及謙卑的辭令：一方面事奉此大國；一方面遍禮四鄰的諸侯。若此，既可取悅於大國，亦可不陷於孤立，而國家的安全，乃可以確保！所以〈魯問篇〉載魯君恐齊國來犯，墨子因告之以「厚爲皮幣，亟遍禮四鄰諸侯，驅國而以事齊，患可救也，非此，顧無可爲者。」這就是「以小事大」之道。

2. 扶助弱小

墨子加強外交的第二種手段，即爲扶助弱小。並使天下諸國，相互聯合，以主持國際間的公理和正義，猶如今日的聯合國一般。此則爲以大事小之道。其〈非攻下〉曰：「今若有能信效先利天下諸侯者，大國之不義也，則同憂之；大國之攻小國也，則同救之；小國城廓不全也，必使修之；布粟乏絕則委之，幣帛不足則共之。」此一構想，果能確實施行，則天下的安定與和平，是不難預期的。

3. 財貨交易

爲促使國際間的互助合作，增進彼此的利益，墨子主張：「外有以爲皮幣，與四鄰諸侯交接。」（〈尚賢中〉）因爲列國之間，既有經濟貿易的關係，則其利害將趨於一致。在消極方面，可以使列國自我約束或相互牽制，以維繫彼此間共同的利益；在積極方面，則更能加強列國間的合作。若此，則戰禍當可減少。此即今日所謂的「經濟外交」。

當今世界各國，無不重視外交，且無不以敦睦邦交，加強經貿合作爲要務，而第一次世界大戰後的國際聯盟，及第二次大戰後的聯合國，尤以扶助弱小，維護正義，爲其宗旨；而所謂經濟大國，且以提供技術合作，協助貧弱開發爲職責。各國之間，又往往訂立雙邊友好、軍事聯盟等條約，以確保彼此的利益，均與墨子的外交思想，若合符節。此蓋古今中外之英雄豪傑，所見略同也。

三、比較與論評

由以上的論述，已不難看出，孔、墨兩家在軍事上，都是以非戰爲主要

觀念；在外交上，則都持積極的主張。茲再爲比較論評於下：

第一，孔、墨兩家，都相當反對攻伐。但孔子所持以非戰的理由，多放在應該與不應該的問題上。例如《論語・季氏篇》所載「季氏將伐顓臾」一事，孔子曰：「夫顓臾，昔者先王以爲東蒙主，且在邦域之中矣，是社稷之臣也，何以伐爲？」朱注云：「孔子言顓臾乃先王封國，則不可伐；在邦域之中，則不必伐；是社稷之臣，則非季氏所當伐也。」至於墨子之非戰，除了義與不義的問題之外，還基於利與不利的考量。關於這一點，孟子就非常反對。所以宋牼欲以利阻止秦楚構兵，孟子曰：「先生之志則大矣！先生之號則不可：先生以利說秦楚之王，秦楚之王悅於利以罷三軍之師，是三軍之士，樂罷而悅於利也。」（《孟子・告子下》）因爲若以利與不利爲考量，則往往會因各人價值觀念之不同，而有很大的差異。而且過分強調利的結果，將如本章第一節所論：「將形成有利害、無同情；有強權、無公理的社會。」其後遺症之大，是不可不加以考慮的。

第二，孔、墨兩家，雖然都反對攻伐，但處在爾虞我詐的國際社會中，誠如管子所謂：「寢兵之說勝，則險阻不守。」（《管子・立政九敗解》）因爲：「我能毋攻人，可也。不能令人毋攻我。」（同上）因此，寢兵偃武，實爲不切實際的空談。所以孔子有武備與文備並重的主張，並有教民七年可以即戎之說；而墨子亦有「故備者，國之重也。」（《墨子・七患》）的看法。所不同者，墨子除了理論之外，更能實際製作防禦之械，並講求守備之術，其在當時，已凝聚成一股維護和平的強大力量，這是極其難能而可貴的。所慮者，則在於一旦防禦之械益備，亦將促使攻佔之械益精，因而形成武器的競賽。所以還是要從人心和制度上，雙管齊下，才能更有效地防止戰爭之禍。

第三，墨子既反對假藉天意而爲攻伐，所以阻止魯陽文君假天志以攻鄭，而謂：「天誅足矣！」並有其父笞其子，而鄰家之父舉木而助之的比喻，以明其不當。但〈非攻下〉又讚揚禹征有苗、湯伐桀、武王伐紂。而謂：「彼非所謂攻，謂誅也。」則其攻與誅的具體標準，究竟何在？仍不免令人滋惑，且易予好戰者以冠冕堂皇的口實，又不若孔子把非戰的理由，放在應該與不應該的問題上加以探討，來得圓融些。

第四，在外交方面，則孔子比較注重「不辱君命」的外交原則，以及專對和辭命上的技巧；墨子則仍不脫離功利主義的色彩，因而把外交的重點，放在財貨的禮聘、資助和交易之上。可謂各有其偏尚，而當相輔以相成者也。

第七章　孔墨財經思想之異同

　　孔子和墨子雖然都有志於富國裕民，只是他們對當時的經濟問題，似乎並不曾積極進行較全面性的探討，因而從他們片片段段的談話中，尚不足以構築成一個較完整的體系。但他們所提示的一些提振經濟，改善民生的觀念和作法，就宏觀的角度言之，仍有其不可磨滅的價值，並具有啓發的作用。

第一節　生　產

一、孔子的生產觀念

　　《論語・子罕篇》雖有「子罕言利」的記載，而孔子亦有「君子謀道不謀食」（《論語・衛靈公》）的說法。但這只是代表他個人的志趣與人生目標的追求，以及對社會的分工原理的主張，並沒有輕賤生產的意味。所以他說：「富而可求也，雖執鞭之士，吾亦爲之；如不可求，從吾所好。」（《論語・述而》）至於對民生的問題，固極重視。所以他說：「所重：民、食、喪、祭。」（《論語・堯曰》）

（一）庶與富

　　《論語・子路篇》載：「子適衛，冉有僕。子曰：『庶矣哉！』冉有曰：『既庶矣，又何加焉？』曰：『富之！』曰：『既富矣！又何加焉？』曰：『教之！』」（《論語・子路》）所謂「庶」，指的就是人口眾多。人口眾多之所以值得讚歎，在象徵的意義上，是代表治國有道，近悅遠來；在實質的意義上，則表示國力強大，生產力充沛，具有發展的潛力。所以商鞅之治秦，以關中地廣人稀，而三晉地狹人稠，故厚利以招徠三晉之人；梁惠王之語孟子，亦以「鄰國之

民不加少，寡人之民不加多。」（《孟子・梁惠王上》）為憂。馬端臨《文獻通考》引葉水心先生之言曰：「為國之要在於得民；民多則田墾而稅增，役眾而兵強；田墾稅增，役眾兵強，則所為必從，所欲必遂。……然則因民之眾寡為國之強弱，自古而然矣！」〔註1〕足以說明眾庶的重要。

　　但是眾庶固然重要，若是庶而貧，反而會增加百姓生活的壓力，於是不惜危鄉輕家，凌上犯禁，而導致社會的不安。所以管子說：「凡治國之道，必先富民。民富則易治也，民貧則難治也。奚以知其然也？民富則安鄉重家；安鄉重家，則敬上畏罪；敬上畏罪，則易治也。民貧則危鄉輕家，危鄉輕家，則敢凌上犯禁；凌上犯禁，則難治也。故治國常富，而亂國常貧。是以善為國者，必先富民，然後治之。」（《管子・治國》）並謂：「倉廩實，則知禮節；衣食足，則知榮辱。」（《管子・牧民》）而孔子亦以貧而無怨為難，〔註2〕這也就是他之所以把「富之」置於「教之」之前的主要原因。

（二）盡力乎溝洫

　　孔子既以庶與富做為治國的先務，而富的首要條件，就是「足食」。因為民以食為天，食尚且不足，則不但一切都很難再談，而且社會之動亂，恐怕就在眼前。所以《論語・顏淵篇》記：

> 子貢問政。子曰：「足食、足兵、民信之矣！」子貢曰：「必不得已而去，於斯三者何先？」曰：「去兵。」子貢曰：「必不得已而去，於斯二者何先？」曰：「去食。自古皆有死，民無信不立。」

可見在孔子心目中，足食、足兵乃為政之要務，而足食的重要性，更甚於足兵，實在是為政的第一要務。因為惟有先足食，然後才有餘力以足兵；足食、足兵，然後才足以得到百姓的信賴。所以本章朱注云：「言倉廩實而武備修，然後教化行，而民信於我，不離叛也。」至於足食之道，自然要靠生產足夠的糧食，以供應所需。所以他除了主張道千乘之國要「使民以時」（《論語・學而》）之外，對於禹的「盡力乎溝洫」（《論語・泰伯》），也大加讚揚。可見在孔子的生產觀念中，重本務農，實為治國之急務。但是站在社會分工的原則，自然他不會贊成類似許行的君民並耕而食；同時更為了適才適用，鼓勵志向遠大者，忍一時之貧困，而努力求道，以備將來造福更多的人，所以他才會說：「君子謀道不謀食。耕也，餒在其中矣；學也，祿在其中矣！君子憂

〔註1〕見《文獻通考》卷十一〈歷代戶口丁中職役〉。
〔註2〕《論語・憲問》：「子曰：『貧而無怨難，富而無驕易。』」

道不憂貧。」（《論語・衛靈公》）

（三）發展工商業

除了重本務農之外，貨殖生財，也是一種致富的途徑。《論語・子罕篇》記：「子貢曰：『有美玉於斯，韞匵而藏諸？求善賈而沽諸？』子曰：『沽之哉！沽之哉！我待賈者也。』」這雖然只是一則比喻，却可以出孔子和子貢都具有貨殖的理念。後來子貢經商致富，不但結駟連騎，而且所至，國君皆與之分庭抗禮。而孔子稱之曰：「賜不受命，而貨殖焉。億則屢中。」（《論語・先進》）可證此言之不誣。

此外，孔子也很重視工業的發展，所以他說：「工欲善其事，必先利其器。」（《論語・衛靈公》）而他的大弟子子夏也以「百工居肆以成其事」，以與「君子學以致其道」（《論語・子張》）相提並論。至於《禮記・大學》亦云：「生財有大道：生之者眾，食之者寡；爲之者疾，用之者舒。則財恆足矣！」雖然這些言論都沒有進一步的具體作法，但却是增加財富，改善民生的重要原則。

二、墨子的生產觀念

墨子既以興天下之利爲職志，而且昭昭然爲天下憂不足，所以他的生產觀念，較之孔子更爲積極。其具體主張，大致如下：

（一）增加生產力

孔子既以眾庶爲貴，墨子則不但有同樣的主張，而且還有增加人口的具體方案。那就是「反蓄私」和「倡早婚」。

所謂反蓄私，就是反對男子蓄養婢妾。因爲一人而有許多婢妾，則將剝奪他人娶妻生子的機會，造成許多曠夫怨女。這對於人口的增加，自有負面的影響。所以墨子說：

> 當今之君，其蓄私也，大國拘女累千，小國累百。是以天下之男多
> 寡無妻，女多拘無夫，男女失時，故民少。（〈辭過〉）

今按：《韓非子・外儲說右下》記管仲之語齊桓公曰：「宮中有怨女則民無妻。」說與此同。這在封建思想非常濃厚的時代裏，倡爲此言，實具有很大的意義。

至於倡早婚，則是主張男子二十而娶，女子十五而嫁，以求提早生育，並延長生育的年齡。所以他說：

> 然人有可倍也，昔者聖王爲法曰：丈夫年二十，毋敢不處家；女子

年十五，毋敢不事人。（〈節用上〉）

今按：周禮媒氏云：「令男三十而而娶，女二十而嫁。」說與此異。而《韓非子・外儲說右下》載：「（桓公）乃令男子年二十而室，女年十五而嫁。則內無怨女，外無曠夫。」則與此說正同。至於《漢書・惠帝紀》注引應邵曰：「國語越王勾踐令國中女子年十七不嫁者，父母有罪，欲人民繁息也。」也大致相當。又按：由於隋末大亂，人口銳滅，所以唐太宗時，曾下詔：「男年二十，女年十五以上，及妻喪達制之後，孀居服紀已除，並須申以媒媾，令其好合。」〔註3〕其於婚齡的規定，和力圖增加人口的用心，亦與墨子的主張，若合符節。可見此乃古代相當普遍的制度，尤以戰後為然。反之，如果聽任自然，則人口增加的速度，就很難掌握了。所以墨子說：

> 聖王既沒，于民次（恣）也。其欲蚤處家者，有所二十年處家；其欲晚處家者，有所四十年處家。以其蚤與其晚相踐，後聖王之法十年；若純三年而字，子可以二三計矣！（〈節用上〉）

由於這樣的理念，因此墨子主張對男女的婚齡，都要做硬性的規定，而不能聽任其自然了。

（二）以時生財

我國自古就是以農立國，以農立國的特色，就是要以自己土地上所生產的農作物，做為經濟的主要來源。因此，如何開關地利，增加農業生產，就成了首要的課題。所以墨子說：

> 凡五穀者，民之所仰也，君之所以為養也。故民無仰則君無養；民無食則不可事。故食不可不務也，地不可不力也。（《墨子・七患》）

因此，在生產方面，墨子主張：「農夫蚤出暮入，耕稼樹藝，多聚菽粟；……婦人夙興夜寢，紡績織絍，多治麻絲葛緒，綑布縿。」（〈非樂上〉）以供應人們的生活需求。

然而農業生產，不但要靠勤奮努力，而且還要懂得把握生產季節，以作最適當的調配。所以《墨子・七患篇》又說：

> 財不足，則反之時；食不足，則反之用。故先民以時生財。固本而用財，則財足。故雖上世聖王，豈能使五穀常收而旱水不至哉？然而無凍餓之民者，何也？其力時急，而自養儉也。

〔註3〕見《全唐文》卷四〈令有司勸勉民間嫁娶詔〉。

這與孟子的「不違農時」之義，正相契合，實爲從事農業生產的要務。

（三）全民勞動

墨子出身微賤，自幼就參加勞動生產的工作，因此在其觀念中，以爲非勞動不足以生存。而且他認爲人類與禽獸不同，因禽獸有羽毛鱗介以禦寒熱，有水草昆蟲以充饑渴，至於人類則無之。所以非勞動無以贏得其生存的權利。其言曰：

> 今人固與禽獸麋鹿蜚鳥貞蟲異者也。今之禽獸麋鹿蜚鳥貞蟲，因其羽毛以爲衣裘，因其蹄蚤以爲絝屨，因其水草以爲飲食。故唯使雄不耕稼樹藝，雌亦不紡績織紝，衣食之財固已具矣！今人與此異者也：賴其力者生，不賴其力者不生。（〈非樂上〉）

且墨子之於勞動，主張應極其量，雖至「腓無胈，脛無毛。」勞神苦體，亦所不惜。所以莊子喻之爲：「形勞天下……日夜不休，以自苦爲極。」（《莊子・天下篇》）不過墨子之所謂「力」，非如許行之流，專注重筋肉的勞力，而不屑其他。其中乃包括農人之「耕稼樹藝」，婦人之「紡績織紝」，與王公大人之「聽獄治事」。是所謂「各從事其所能」（〈節用中〉）「各因其力之所能至而從事焉。」（〈公孟〉）由此可見其重視分業的原則。所以墨子又嘗設喻曰：

> 譬若築牆然：能築者築，能實壤者實壤，能欣者欣，然後牆成也；爲義猶是也：能談辯者談辯，能說書者說書，能從事者從事，然後義事成也。（〈耕柱〉）

要之，只要勤勞刻苦，以服務社會，則不論其爲「竭股肱之力」，抑或「殫其思慮之智」，皆爲墨子所稱道。其勤勞務實的精神，於此可見。

三、比較與論評

由以上的論述中，我們不難看出孔子和墨子的生產觀念，基本上是相同的。例如：孔子以眾庶爲貴，以富民爲先，而墨子也主張：「天下貧，則從事乎富之；人民寡，則從事乎眾之。」（〈節葬下〉）孔子以足食爲根本要務，所以要求從政者要「盡力乎溝洫」，墨子也認爲「食不可不務也，地不可不力也。」孔子有發展工商貨殖的理念，而墨子也有全民勞動和社會分工的主張。此其所同。

但孔子雖重視生產，卻以君子自居，並鼓勵人們以學道爲尚，於農工之事，似乎缺少興趣，也不願多談。且謂「耕也，餒在其中矣！」顯然社會階

級的意識較爲濃厚；墨子則親自參與生產勞動的行列，並以自苦爲極，但對於勞心和勞力之間，幾乎是一視同仁，顯然沒有社會階級的觀念。此其主要的差異之所在。其次，再就墨子強烈地反對蓄私，而孔子則無而觀之，可見墨子對一些現實的社會問題，較爲重視，而孔子的注意力，尚不及此。再者，由孔子稱贊子貢之貨殖，可見孔子已有經商貨殖的理念，墨子之言生產，則僅着重在農、工，則又見其在這一點上，顯得較爲質實而保守。

最後還有一點要提出討論的是：孔子和墨子都很重視眾庶，但不同的是，墨子爲了要達到他的人口政策，不但提倡早婚，而且還帶有強制性，這或許是迫於時勢，不得不然；但以今日優生學的眼光視之，在身心尚未臻於成熟之前，即結婚生子，對於國民的健康，實有不利的影響，且有降低人口素質之虞，仍當持以較審慎的態度。至於硬性規定結婚的年齡，尤爲專制的作法，即使是在民權思想尚未抬頭的時代，也還是難免會遭致民怨。實有商榷的必要。

第二節　消　費

一、孔子的消費觀念

生產的目的，就是爲了要供應消費。但是如何消費才算合理，則各有各的尺度。至於孔子的消費觀念，則可以從他所說的「貧而樂，富而好禮」（《論語・學而》）一語中，去加以體認。因爲，就消費而言，貧而樂，就是「尚儉」；富而好禮，就是「循禮」。茲分別以明之：

（一）尚　儉

孔子既以貧而樂爲貴，所以在他的言論中，也都是崇尚儉約。他說：「奢則不孫，儉則固。與其不孫也，寧固。」（《論語・述而》）又說：「禮，與其奢也，寧儉；喪，與其易也，寧戚。」（《論語・八佾》）並主張「君子食無求飽，居無求安。」（《論語・學而》）因爲一個人如果生活儉約，就少有不足之患，也不會爲了滿足自己的奢求，因而悖禮犯義，個人的操守品德，也因而獲得確保。所以司馬光說：「夫儉則寡欲。君子寡欲則不役於物，可以直道而行；小人寡欲，則能謹身節用，遠罪豐家。故曰：儉，德之共也。」〔註4〕由於這樣的理念，所以他對領導階層，主張「節用而愛人」（《論語・學而》）並

〔註4〕見司馬光《傳家集・訓儉示康》。

以禹之菲飲食、惡衣服、卑宮室爲貴〔註5〕對於他的學生，則盛讚顏回之「屢空」（《論語‧先進》）並謂：「賢哉回也！一簞食，一瓢飲，在陋巷，人不堪其憂，回也不改其樂。賢哉回也。」（《論語‧雍也》）對於子路的「衣敝縕袍與衣狐貉者立，而不恥。」（《論語‧子罕》）也深致激賞。而他自己的生活，則是：「飯疏食、飲水，曲肱而枕之。」（《論語‧述而》）其尚儉的精神，於此可見。

（二）循　禮

孔子固然崇尚儉約，但他更重要的考量，仍在於是否符合禮的要求。《論語‧子罕篇》載：

> 子曰：「麻冕，禮也；今也純。儉，吾從眾。」

本章朱注云：「麻冕，緇布冠也；純，絲也。……緇布冠以三十升布爲之，升八十縷，則其經二千四百縷矣！細密難成，不如用絲之省約。」因爲行禮之時，雖以麻冕乃合於禮式，但爲了儉的原因，不妨從眾而改採絲冕。這並不違反禮的精神。所以朱注又引程子曰：「事之無害於義者，從俗可也；害於義，則不可從矣！」如果爲了儉，因而並絲冕而無之，相信必不爲夫子所認可。所以「子貢欲去告朔之餼羊。子曰：『賜也！爾愛其羊，我愛其禮。』」（《論語‧八佾》）至於孔子既讚美禹菲飲食、惡衣服，卻又讚美禹之致孝乎鬼神和致美乎黻冕。其不以儉而害禮的精神，都已昭然若揭。

此外，孔子所謂循禮，還要因其人的身分、地位，而各有其所宜的尺度。例如：八佾爲天子之樂舞，而季孫竟舞之於庭。所以孔子說：「是可忍也，孰不可忍也。」（《論語‧八佾》）至於「邦君樹塞門，管氏亦樹塞門；邦君爲兩君之好，有反坫，管氏亦有反坫。」（同上）孔亦以爲不知禮。相反的，如果以天子而舞八佾；以邦君而樹塞門，有反坫。那就是合於禮的作爲。而不可責之以奢。《論語‧顏淵篇》載：

> 顏淵死，門人欲厚葬之。子曰：「不可！」門人厚葬之。子曰：「回
> 也，視予猶父也，予不得視猶子也。非我也，夫二三子也。」

本章朱注云：「喪具稱家之有無。貧而厚葬，不循禮也。故夫子止之。」可見奢與儉的認定，並非一成不變，而是要視其人、其事，而各有攸宜。以免人們爲了面子，而從事超過自己經濟能力的事，徒然增加社會的亂因。此孔子

〔註 5〕見《論語‧泰伯》。

所以爲聖之時者也。

二、墨子的消費觀念

墨子的消費觀念，可以〈節用篇〉中所稱：「凡足以奉給民用則止；諸加費不加于民利者，聖王弗爲。」一語以盡之。「足以奉給民用則止」，就是以維持日常最基本的生活爲度；「諸加費不加于民利者，聖王弗爲。」則是實利主義。茲分別以明之：

（一）奉給民用則止

墨子是一位極端的刻苦主義者，又昭昭然爲天下憂不足，因此形成了極端的尚儉思想。在此種思想的主導下，因而消費方面，主張「凡足以奉給民用則止」，他的具體標準是：

> 爲宮室之法曰：室高足以辟潤濕，邊足以圍風寒，上足以待雪霜雨露，宮牆之高足以別男女之禮，謹此則止。……爲衣服之法，冬則練帛之中，足以爲輕且煖，夏絺綌之中，足以爲輕且清，謹此則止。……其爲食也，足以增氣充虛，彊體適腹而已矣。……其爲舟車也，全固輕利，可以任重致遠。其用財少，而爲利多。（《墨子·辭過》）

這些標準，簡單地說，就是以維持日常最基本的生活爲度，超過此一標準，在墨子看來，就是浪費，而必加以反對了。

（二）實利主義

墨子除了極端刻苦之外，又是一位實利主義者，所以《墨子·經上說》：「義，利也。」又云：「利，所得而喜也。」而其所求的利，又多局限於現實層面之利，而鮮及於精神、心靈等層面之利。所以在消費上，也是以是否符合現實之利，做爲衡量的標準。因此他說：

> 是故聖王作爲宮室，便於生，不以爲觀樂也；……爲衣服，適身體，和肌膚而足矣！非榮耳目而觀愚民也。……（〈辭過〉）

〈魯問篇〉載：「公輸子削竹木以爲鵲，鵲成而飛之，三日不下，公輸子自以爲至巧。子墨子謂公輸子曰：『子以爲鵲也，不如翟之爲車轄。』須臾，削三寸之木，而任五十石之重。『故所爲巧，利於人謂之巧，不利於人謂之拙。』」足見其事事皆必以實利之多寡，以做爲消費的依據。所以〈非樂上〉說：「利

人乎即爲；不利人乎，即止。」於是，就衍生出非樂和非厚葬等經濟政策，且容於下節中，再行討論。

三、比較與論評

　　由以上的論述，可知孔子和墨子在消費的觀念上，都是以儉約爲原則。這是他們基本理念上的相同。但在這種相同之中，又有若干的差異。茲爲比較論評於下：

　　第一，孔子雖然自奉甚儉，並以「憂道不憂貧」爲貴，但這只是在物質條件匱乏的情況下，力圖把人們的注意力，轉移到道的追求上。因此，他所代表的意義，只是教導人們如何去應付貧窮，或者說，不因貧窮而影響求道的熱忱。並非要人們永遠生活於貧困之中。相反地，他也承認：「貧與賤，是人之所惡也。」（《論語‧里仁》）只是站在道德價値的觀點上，主張「不以其道得之，不去也。」因而要人們在尙未覓得正當的途徑，以去貧就富之前，稍安勿躁而已。並且他還認爲：「邦有道，貧且賤焉，恥也。」（《論語‧泰伯》）可見如果以正當的方式，以求取富貴，而安享富貴之實，不但不爲孔子所反對，而且還在鼓勵之列。因爲那是利己而又利人的。何況人類欲求改善其生活，不但是人人都有的蘄向，而且也是支拄其向上發展的動力。再者，有了消費，才可以刺激其自身及他人再努力、再生產的意願，若必阻而塞之，反而將削減奮鬥的誘因，且使生產的意願低落，造成社會進步、經濟繁榮的阻力。所以荀子說：「墨子之節用也，使人貧。」（《荀子‧富國》）這恐怕是墨子所未及見的。

　　第二，孔子雖然是安貧樂道，但仍然主張以禮來節之。而禮的作用，正如荀子所謂：「先王惡其亂也，故制禮義以分之，以養人之欲，給人之求；使欲必不窮乎物，物必不屈於欲。兩者相持而長。」（《荀子‧禮論》）既然要使人「欲必不窮乎物，物必不屈於欲」，因而也是希望在物質條件容許的情況下，讓人們的欲望，得到適度的滿足。而且禮的規定，亦必具有其彈性，所以孔子說：「禮，與其奢也，寧儉。」只是要人們在禮的規範中，當其不容易確切地掌握到中道時，寧可偏向於儉，以減少其流弊而已。〈述而篇〉所謂：「奢則不孫，儉則固。與其不遜也，寧固。」也正是此義的最好說明。

　　第三，就孔子所講求的禮而言之，乃是要依其人社會倫理中所處的位置，而各有其應遵應守的規範。因而在消費的尺度上，也不免有些差異。荀子說：「故禮者，養也。君子既得其養，又好其別。曷謂別？曰：貴賤有等，長幼

有差，貧富輕重，皆有稱者也。」（《荀子‧禮論》）爲甚麼要有別呢？因爲不同的階層，其消費的能力，也必然有所不同。如果要求貧賤的人，做高度的消費，不但非其能力所及，也易於引發他爲達目的，不擇手段的念頭；同樣地，如果要求富貴的人，也只能做低度的消費，不但不容易爲其所接受，且將降低人們努力進取的意願。所以墨子所制定的單一消費標準，表面上看起來，似乎是相當的平等，但却是一種齊頭式的平等，而非立足點的平等。是則孔子以禮來做適度而合理的規範，使其有一個較客觀的度量分界，以減少不當的爭競，而產生良性的互動，也就有其必要了！

第三節　財經政策

孔子和墨子的財經理念，已如前兩節所述。至於當他們落實於政治上，則又有一些具體的主張和做法：

一、孔子的財經政策

（一）均　產

《論語‧雍也篇》有一則記載，頗能看出孔子的均產理念：

> 子華使於齊，冉子爲其母請粟。子曰：「與之釜！」請益，曰：「與之庾！」冉子與之粟五秉。子曰：「赤之適齊也，乘肥馬、衣輕裘。吾聞之也：君子周急不繼富。」

又記：

> 原思爲之宰，與之粟九百。辭。子曰：「毋！以與爾鄰里鄉黨乎！」

因爲公西赤使齊，乘肥馬、衣輕裘，足見其富裕，實已毋需益之以粟；至於原思有常祿，思辭其多，孔子又教以分諸鄰里之貧者。這種濟貧抑富的理念，實即均產思想之胎始。

爲甚麼要濟貧抑富呢？因爲一個人過於貧和過於富，都容易衍生弊端。管子說：「民富，則不可以祿使也；貧則不可以刑威也。法令之不行，萬民之不治，貧富之不齊也。」（《管子‧國蓄》）此就法令推行之觀點言之。而孔子亦云：「小人貧斯約，富斯驕；約斯盜，驕思亂。禮者，因人之情而爲之節文，以爲民坊者也。」（《禮記‧坊記》）此就社會治亂的觀點而言。這都是人性的弱點所造成，雖然可以藉教育來彌補之，仍然不可期之於人人。因此孔子說：

丘也聞，有國家者，不患寡而患不均；不患貧而患不安。蓋均無貧、
和無寡、安無傾。(《論語‧季氏》)

因為「富之」，固然是孔子施政的一個重要目標，但在未能達到均富之前，只
好先以均產來調節之，以免因相去過分懸殊，而種下社會的亂因。這就是孔
子均產的政策。

（二）薄稅斂

孔子對個人的消費，主張守儉，對於政府的財政支出，也主張有節。並
以薄稅斂來減輕人民的負擔。以落實其「節用而愛人」(《論語‧學而》)的主
張。所以冉求為季氏宰，賦粟倍於他日。孔子乃憤而責之曰：「求！非吾徒也，
小子，鳴鼓而攻之可也！」(《論語‧先進》)其嫉惡之情，溢於言表。所以《左
傳‧哀公十一年》記：「季孫欲以田賦，……（孔子曰）：『君子之行也，度於
禮。施取其厚，事舉其中，斂從其薄。……」從這一段記載，不但可以看出
孔子薄稅斂的主張，而且也說明孔子擁護周公井田制度的具體做法。所以「哀
公問於有若曰：『年饑，用不足，如之何？』有若對曰：『盍徹乎？』曰：『二，
吾猶不足，如之何其徹也？』對曰：『百姓足，君孰與不足？百姓不足，君孰
與足？』」(《論語‧顏淵》)有若力主什一的稅率，並主張藏富於民。這種思
想，顯然是秉承孔子之教。皆足以說明孔子薄稅斂的政策。

（三）使民以時

除了薄稅斂之外，不妨礙百姓的農務，也是非常重要的一環。《左傳‧隱公
五年》載：「公將如棠觀魚者。臧僖伯諫曰：『……春蒐、夏苗、秋獮、冬狩，
皆於農隙以講事也。』」因為我國既然是以農立國，而農業生產，有一定的時節，
一旦有所違失，則不但百姓的生活發生問題，國家的稅收，也將受到嚴重的影
響。因而興事使民，必於農隙，以免有礙耕作。所以孔子既主張「節用而愛人」，
又繼言「使民以時」(《論語‧學而》)。都是為政者所不可輕忽的。

二、墨子的財經政策

（一）節葬、短喪

墨子節葬的思想，乃自節用的思想中所引申來的。因為當時的喪葬習俗，
不僅奢侈無度，徒然浪費社會的財力，且至殺人以殉，動輒數十百人。其慘
無人道的程度，可想而知。孔子曰：「始作俑者，其無後乎？為其象人而用之

也。」就連以木俑殉葬，孔子猶傷其象人而斥其無後，何況是以生人來殉葬？此亦墨子所以不得不倡爲節葬之說，以爲針砭。其〈節葬下〉云：

> 衣食者，人之生利也，然且猶尚有節；埋葬者，人之死利也，夫何獨無節於此乎？

喪葬既須有節，故墨子乃爲制訂其標準曰：

> 桐棺三寸，足以朽體；衣衾三領，足以覆惡；及其葬也，下毋及泉，上毋通臭；壟若參耕之畝，則止矣！（〈節葬下〉）

凡此，皆爲針對當時王公大人之豪奢，以及社會不良的習俗，謀所以補偏救弊之方。

至其非久喪的思想，則又爲純就其功利主義立說。而欲以矯儒家服喪三年之禮制。其言曰：

> 哭泣不秩，聲翁。縗絰、垂涕、處倚廬、寢苫、枕凷，又相率強不食而爲飢，薄衣而爲寒，使面目陷䐃，顏色黧黑，耳目不聰明，手足不勁強，不可用也。……必扶而能起，杖而能行，以此共三年。若法若言，行若道，使王公大人行此，則必不能蚤朝晏退，聽獄治政；使士大夫行此，則必不能治五官六府，辟草木，實倉廩；使農夫行此，則不能早出夜入，耕稼樹藝；使百工行此，則必不能修舟車，爲器皿矣；使婦人行此，則必不能夙興夜寐，紡積織絍，……以此求富，此譬猶禁耕而求穫也。（〈節葬下〉）

墨子以爲久喪一事，不但是害性傷生，且將使大人不能聽治，庶民不能從事，靡衣食之財而亂作，敗男女之交而害生養，故以爲凡厚葬、久喪，則國家必貧，人民必寡，刑政必亂，其弊孰甚焉。墨子既處處皆以實利爲着眼點，則此不利於天下萬民之事，自然要遭受他的抨擊了。

（二）非　樂

周朝的文化，是以禮樂爲核心；降及春秋之世，禮樂的精神已漸趨式微；所存者，僅鐘鼓、竽笙、干戚等徒具形式的末節。孔子說：「禮云！禮云！玉帛云乎哉？樂云！樂云！鐘鼓云乎哉？」（《論語・陽貨》）其爲此言，蓋痛時人之遺其本而專事其末。再加上一般貴族，多持此末節，極盡其奢侈荒淫之能事，且有不惜名節，僭越其身分者。所以孔子謂季氏曰：「八佾舞於庭，是可忍也，孰不可忍也！」而魯大夫孟孫、叔孫、季孫於祭祀之餘，竟然歌雍以徹，所以孔子也斥之曰：「『相維辟公，天子穆穆。』奚取於三家之堂。」（具

見《論語·八佾》）然此蓋僅針對時弊而發，而主張有以節之。對樂的本身，儒家則極爲重視。至於墨子，則除却非斥王公大人之奢僭侈靡而外，且一味執著於「現實之利」，而與儒家採取完全對立之態度，而謂：「樂之爲物，將不可不禁而止也。」（〈非樂上〉）

至於墨子對非樂所持之理由，歸納之，實不外乎下列二端：

第一、上不中聖王之事，下不中萬民之利。其〈非樂上〉云：「仁者之事，必務求興天下之利，除天下之害，將以爲法乎天下。……非以刻鏤文章之色以爲不美也，……然上考之，不中聖王之事；下度之，不中萬民之利。是故子墨子曰：「爲樂非也。」至其何以不中聖王之事耶？墨子以爲苟習於聲樂，則「將必厚措斂乎萬民，以爲大鐘鳴鼓琴瑟竽笙。」（〈非樂上〉）不惟浪費錢財，且失其所以爲聖人之道。故「先王之書，湯之官刑有之曰：其恆舞于宮，是謂巫風，……萬舞洋洋，其言孔章，上帝弗常，九有以亡。上帝不順，降之百𣅥，其家必壞喪。」（〈非樂上〉）同時墨子又指出「周成王之治天下也，不若武王；武王之治天下也，不若成湯；成湯之治天下也，不若堯舜。」其原因即在於「其樂愈繁者，其治愈寡。」（三辯）此非不中於聖王之事乎？至其何以亦不中於萬民之利？墨子亦言之審矣。其言曰：「譬之若聖王之爲舟車也，即（則）我弗敢非也。……舟用之水，車用之陸，君子息其足焉，小人休其肩背焉。故萬民出財，齎而予之，不敢以爲感恨者，何也？以其反中民之利也。然則樂器反中民之利亦若此，即我弗敢非也。」（〈非樂上〉）因爲舟車之爲物，可使君子息其足焉，小人休其肩背焉。自然是中於萬民之利的。至於爲樂，墨子認爲既不能使餓者得食，寒者得衣，勞者得息，亦無補於天下之治亂安危。所以他說：

> 民有三患。飢者不得食，寒者不得衣，勞者不得息，然即當爲撞巨鐘，擊鳴鼓，彈琴瑟，吹竽笙而揚干戚，民衣食之財，將安可得乎？……今有大國即攻小國，有大家即伐小家，強劫弱，眾暴寡，詐欺愚，貴傲賤，寇亂盜賊並興，不可禁止也。然即當爲之撞巨鐘、擊鳴鼓、彈琴瑟，吹竽笙而揚干戚。天下之亂也，將安可得而治與？即我以爲未必然也。（〈非樂上〉）

何況它又將損耗許多民財，則以「蔽於用而不知文」的墨子觀之，其爲用自不能與舟車相提並論，這就是他所以斥音樂爲不中萬民之利的原因。

第二、爲樂則必廢大人之聽治與賤人之從事。〈非樂上〉云：「今惟毋在乎王公大人說樂而聽之，即必不能蚤朝晏退，聽獄治政，是故國家亂而社稷

危矣！今惟毋在乎士君子說樂而聽之，即不能竭股肱之力，亶其思慮之智，內治官府，外收斂關市山林澤梁之利，以實倉廩府庫，是故倉廩府庫不實。今惟毋在乎農夫說樂而聽之，即必不能蚤出暮入，耕稼樹藝，多聚菽粟，是故菽粟不足。今惟毋在乎婦人說樂而聽之，即必不能夙興夜寢，紡績織紝，多治麻絲葛緒，綑布縿，是故布縿不興。曰：孰為而廢大人之聽治，賤人之從事？曰：樂也。是故墨子曰：為樂非也。」可見在墨子的心目中，為樂實有百害而無一利，因此墨子之於音樂，乃堅決反對，而主張徹底廢除。

（三）均　產

孔子的均產政策，前已言之；至於墨子，也有均產的主張。他有鑑於亂世之中，由於政治的缺失，人心的渙散，導致人們「有餘力，不能以相勞；腐朽餘財，不以相分。」（《墨子·尚同上》）這與他兼愛的思想，完全背道而馳。因此，他提出了「有力者，疾以助人；有財者，勉以分人。」（《墨子·尚賢下》）的主張，希望能藉此減少貧富間的差距。這與《禮記·禮運》所謂：「貨惡其棄於地也，不必藏於己；力惡其不出於身也，不必為己。」之說，可謂如出一轍。至於遇到饑饉，尤當共體時艱，大家縮食節衣，相互奧援，以共度難關。所以〈七患篇〉說：

> 歲饉，則仕者大夫以下，皆損祿五分之一；旱則損五分之二；凶則損五分之三；餽則損五分之四；饑則盡無祿，廩食而已矣！故凶饑存乎國，人君徹食五分之三，大夫徹縣，士不入學，君朝之衣不革制，諸侯之使，雍飧而不盛，徹驂騑，塗不芸，馬不食粟，婢妾不衣帛。

《墨子·經下》云：「損而不害，說在餘。」亦正所以說明墨子損有餘以濟不足的均產政策。

（四）調節物價

除了以上的幾種政策之外，墨子還有調節物價的主張。《漢書·食貨志》載李悝之言曰：「糴甚貴，傷民；甚賤，傷農。民傷則離散，農傷則國貧。故甚貴與甚賤，其傷一也。」可見物價太貴或太賤，都有所不利。因此《墨子·經下》曰：「買無貴，說在仮其賈（價）。」可見他主張物價必須維持一定的標準。如一時騰踊，就當平抑之，使恢復原來的價格，而安定民生。何況價格昂貴，也將不易於出售，而使供需雙方，都蒙其害，實有悖於經濟流通的原理。所以《墨子·經下》又說：「賈（價）宜則讎（售），說在盡。」如此，

則財貨流通，民生樂利，而百姓的福祉，也於焉是賴。

三、比較與論評

　　由以上的論述，我們已不難看出孔、墨的財經政策，有極其相同的地方，却也有全然相異的地方。茲分項以為比較論評之。

　　第一，孔子有均產的主張，墨子也有均產的主張，此其所同。但就孔子所謂「周急不濟富」的觀點言之，只是主張對貧窮的人，施以援助而已。至於〈禮運〉所謂「貨惡其棄於地也，不必藏於己；力惡其不出於身也，不必為己。」也只是主張將個人的財力和勞力，盡量公諸大眾，以促成社會福利的高度發展。要達成此一目標，自然要由政府或福利機構來主其事，而由大家來共同參與。乃是一種間接的互助行為。至於墨子所主張的均產，則是以人與人間的直接互助為主。至其利弊之間，則由政府主其事，較能有完善的制度和一致的做法；由個人行之，則全在於一時的意念，而且也難有統一的標準。即此而論，自以孔子的主張為優。只是兩家的說法，都尚嫌籠統，於此不宜做太多的臆測。

　　第二，孔子主張「薄稅斂」，並以周公的井田制度為法。墨子雖然也極力反對「厚作斂於百姓」（〈辭過〉）惜無具體的主張。至於孔子主張「使民以時」，而墨子也注意到相互攻伐的戰爭，「春則廢民耕稼樹藝，秋則廢民獲斂。」（〈非攻中〉）因而竭其力以反對之、阻止之。其重視農時的主張，固相一致也。至於墨子有調節物價的理念，孔子學說，則未曾論及之。此亦以見墨子之更為重視民生了。

　　第三，墨子站在經濟效益的立場，因而反對厚葬，此與孔子的主張，似乎頗有出入。實者孔子雖然強調「慎終追遠」之義，却也並不主張鋪張浪費。所以他說：「喪，與其易也，寧戚。」並且還反對門人厚葬顏回。可見墨子所提到的那種奢侈、鋪張，乃當時貴族階級所特有的現象。而其所以如此，只是假慎終追遠之名，以行其炫耀財富、顯示地位之實，並不得歸罪於孔子。不過孔子之為葬埋，一方面固然以儉約為原則，一方面則又主張依個人的地位和經濟能力，以為適當之安排，總在盡其哀戚之情而已。所以《禮記‧檀弓》載：「子游問喪具。夫子曰：『稱家之有亡。……有，毋過禮；苟亡矣！斂首足形，還葬，懸棺而封，人豈有非之者哉！』」孟子曰：「親喪，固所以自盡也。」（〈滕文公上〉）只要自盡其心力，就可庶幾無憾了。如此，既顧及

經濟的因素，也顧及情感的因素，實爲通情而又達理的作法。至於墨子，極端地主張薄葬，一方面忽略了人道的精神，使有情的人世，顯得冷酷而現實；另一方面，與其有鬼的主張，在理論上也有所矛盾。所以《論衡・薄葬篇》云：「墨家之議，自違其術：其薄葬而又右鬼。……如謂杜伯爲鬼，則夫死者審有知；如有知而薄葬之，是怒死人也。」再者，這種單一的喪葬制度，誠如司馬談《論六家要旨》所稱：「教喪禮，必以此爲法，則尊卑無別也。」此乃有待斟酌者。然其力矯時弊的精神，自然也有其足多者。

第四，再就孔子所主張的久喪一義言之，則一方面，是爲體現人道的精神，以盡其不安、不忍之情；一方面，則是有感於「子生三年，然後免於父母之懷。」（《論語・陽貨》）的恩惠。更何況「愼終追遠」，可使「民德歸厚」。因此，才肯定了三年之喪所代表的意義和價值。墨子則基於其公利的心靈意識，因而否定之、抹煞之，實不免有所錮蔽。然若過分執着於三年之喪的儀文，而不知隨客觀環境之變化，而爲適當的調節，這恐怕也是一種錮蔽了。

第五，墨子之非樂，固然也是針對時弊而發，但他所持以非樂的理由，仍然是滯於其公利的心靈意識，因而對音樂本身，不能有正確的認知。而事實上，良馬固不能駕而不稅；良弓固不能張而不弛；人爲血肉之軀，又豈能勞而不息？而音樂的現實功能，就其消極的意義言之，可以調劑生活的情趣，煥發工作的精神。絕不像墨子所認爲的那般一無是處。再就其道德功能言之，則音樂可以陶冶性靈，變化氣質，提高人生的境界，淨化人們的內心，使民日遷善而不知爲之者。也可以使人感發興起，奮發有爲。其功能亦不可謂不大。所以孔子主張「興於詩、立於禮、成於樂。」實具有很深刻的意義。只是它功在無形，並無立竿見影之效，惟有遠識者能見之。今墨子以其耗時靡財，無補於衣食之利而非之，就未免失之淺狹了。

第八章　孔墨教育思想之異同

　　教育是國家民族精神與文化之所託，同時也是社會文明進步的原動力。所以古今中外的有識之士，沒有不重視教育的。孔子和墨子，都是我國古代最偉大的教育家，《淮南子・泰族訓》載：「孔子弟子七十人，養徒三千人，皆入孝出悌，言為文章，行為儀表：教之所成也；墨子服役者百八十人，皆可使赴火蹈刃，死不旋踵：化之所致也。」可見他們教育的成果，都是千古罕有其匹的。但由於他們思想上的差異，以及價值觀的不同，因而所提出的許多觀念和做法，也就互有其異同。茲分別論述於后：

第一節　教育的基本理念

一、孔子的教育理念

（一）教育的重要性

　　孔子一生，大部分的時光都在從事教育的工作。他認為一個擁有眾庶的國家，在民生富足之餘，最重要的工作，莫過於教育。所以《論語・子路篇》有「富之」、「教之」之說，並有「善人教民七年，亦可以即戎」之論。此外，他又認為教育並非少數人的專利品，而是上自天子，下至庶民百姓，人人都應接受的，所以說：「君子學道則愛人，小人學道則易使也。」（《論語・陽貨》）因而他倡導全民教育，主張有教無類，並以「學不厭而教不倦」（《孟子・公孫丑語》）為其個人的重要風範；對於顏回的好學，則備致其嘉勉。其重視教育的精神，於此可見。

（二）教育的宗旨

教育既然是人人都應該接受的，即麼孔子的教育宗旨是甚麼呢？簡單地說，就在於塑造完美的人格，培養術德兼優的人才。《論語·憲問篇》記：

> 子路問成人。子曰：「若臧武仲之智，公綽之不欲，卞莊之勇，冉求之藝，文之以禮樂，亦可以爲成人矣！」曰：「今之成人者何必然？見利思義，見危授命，久要不忘平生之言，亦可以爲成人矣！」

因爲孔子認爲，一個人如果具備了如此完美的人格，以及術德兼優的涵養，則居上，必能發揮其智慧與仁心，安邦定國，成就功業，澤惠萬民，成爲優秀的領導者；居下，則必能循規蹈矩，入孝出悌，言爲文章，行爲儀表，而成爲一個「宗族稱孝焉，鄉黨稱悌焉。」「言必信，行必果」（《論語·子路》）的彬彬君子。所以說：「君子學道則愛人，小人學道則易使也。」人人如此，則必能形成富而好禮的社會。而大同的理想境界，也就不難馴致了。

二、墨子的教育理念

（一）教育的重要性

墨子既主張「有道者勸以教人」（〈尚賢下〉）並以「隱匿良道而不相教誨」（同上）爲社會之病態。其重視教育的態度，於此可見。至於墨子之所以特別重視教育，則可於〈魯問篇〉見之：

> 魯之南鄙人有吳慮者，冬陶夏耕，自比於舜。子墨子聞而見之，吳慮謂子墨子曰：「義耳！義耳！焉用言之哉？」子墨子曰：「子之所謂義者，亦有力以勞人，有財以分人乎？」吳慮曰：「有！」子墨子曰：「翟嘗計之矣！翟慮耕而食天下之人矣！盛，然後當一農之耕；分諸天下，不能人得一升粟；籍而以爲得一升粟，其不能飽天下之飢者，既可睹矣！翟慮織而衣天下之人矣！盛，然後當一婦人之織；分諸天下，不能人得尺布；其不能煖天下之寒者，既可睹矣！翟慮被堅執銳，救諸侯之患，盛，然後當一夫之戰；一夫之戰，其不御三軍，既可睹矣！翟以爲不若誦先王之道，而求其說；通聖人之言，而察其辭。上說王公大人，次匹夫徒步之士。王公大人用吾言，國必治；匹夫徒步之士用吾言，行必脩。故翟以爲雖不耕而食飢，不織而衣寒，功賢於耕而食之，織而衣之者也。……天下匹夫徒步之士，少知義，而教天下以義者，功亦多。何故弗言也？若得

鼓而進於義，則吾義，豈不益進哉！」

他認爲一個人的力量，畢竟是非常微弱，所以即使懷著很大的熱忱，出身以
爲社會，或從事於勞動生產，或被堅執銳，以撼衛社稷，都只能相當於一夫
的成效。因而欲擴大其功能，增加其影響力，不如從教育著手，以上說王公
大人，而下教匹夫徒步之士。教育一旦成功，則一人可化身爲千百人，然後
可以集此千百人的才智和心力，以共謀人類的福祉，促進社會的進步與祥和。
所以他說：「不耕而食飢，不織而衣寒，功賢於耕而食之，織而衣之者也。」
這就是他對教育功能的積極肯定。

（二）教育的宗旨

墨子生逢亂世，目睹戰禍之慘烈，民生之困苦，因而發其悲天憫人的胸
懷，苦心焦思；亟欲整頓社會的秩序，拯救斯民於水火之中。當此之時，疏
闊的理論，既不足以符實際的需要，而應急持危之道，乃在於洞察天下禍亂
的根源，然後本其愛世、救世之熱忱，以力圖矯治之而已。所〈兼愛上〉說：

聖人以治天下爲事者也，必知亂之所自起，焉能治之；不知亂之所
自起，則不能治。

至於〈貴義篇〉云：

子墨子自魯即齊，遇故人，謂子墨子曰：「今天下莫爲義，子獨自苦
而爲義，子不若已。」子墨子曰：「今有人於此，有子十人，一人耕
而九人處，則耕者不可以不益急矣！何故？則食者眾而耕者寡也！
今天下莫爲義，則子如勸我者也，何故止我？

由此可知，墨子教育的宗旨，就在於揭示天下禍亂的根源，讓爲政者知所救
治；並宣揚自苦而爲義的精神，以喚醒世人，共同力挽狂瀾而已。

三、比較與論評

由以上的論述，可知孔子和墨子，都非常重視教育。而在教育的宗旨上，
則頗有出入。

因爲孔子教育的宗旨，在於塑造完美的人格，培養術德兼優的人才，以爲
社會之用，這應該是一種教育的常軌；墨子教育的宗旨，則在於上說下教，揭
櫫貴義、力行之義，以拯救當世之亂，這只是一種應急持危的教育方略。按照
教育的常軌，較能培養健全的人才，使社會朝向健全的發展；應急持危的政治

方略，則只能依據社會的現況，培育所急需的特種人才，以謀所以補偏救弊之方。因此，在孔子的教育宗旨下，可以培養經邦經世之才，並且各因其性之所偏，而有德行、言語、政事、文學諸科，而且每一個人也都各有其特質和專長。例如：「雍也，可使南面。」（《論語·雍也》）「由也果，於從政乎何有！」「賜也達，於從政乎何有！」「求也藝，於從政乎何有！」（同上）「片言可以折獄者，其由也與？」（《論語·顏淵》）「由也，千乘之國，可使治其賦也。」「求也，千室之邑，百乘之家，可使爲之宰也。」「赤也，束帶立於朝，可使與賓客言也。」（《論語·公冶長》）至於《史記·仲尼弟子列傳》載：「子貢一出，存魯，亂齊，破吳，彊晉而霸越；子貢一使，使勢相破，十國之中，五國各有變。」「子夏居西河教授，爲魏文侯師。」類此經邦經世的人才，自以老成持重爲尚，所以說：「暴虎馮河，死而無悔者，吾不與也；必也臨事而懼，好謀而成者也。」（《論語·述而》）總之，孔子所期勉於學生的，必須是「義以爲質，禮以行之，孫以出之，信以成之。」（《論語·衛靈公》）至其流弊，則在於太過偏重個人的道德修養，其修爲是向內的，因此一方面理論多，而實踐力不足；一方面也較缺乏社會性。後世所謂迂儒、腐儒，亦由此而生。

在墨子的教育宗旨下，由於其所著力的修爲，較爲向外，社會性特強。可以培養舍生取義，劍及履及的英雄豪傑。所以他反對一切的文飾，甚至品德的陶冶和學術的鑽研，都未遑多致其力。因而富有實踐力，並普遍具有赴湯蹈火，視死如歸的精神。例如：墨者鉅子孟勝死陽城君之難，弟子徐弱等隨之而死者百八十三人。〔註1〕眞可謂驚天地而泣鬼神。但也正由於此一取向，遂使墨家後學，徒以行俠仗義爲務，對於墨子的學說，既不能更有闡發，以使其隨時代以俱進；又缺乏術德兼備，識見高遠的政治人才，以籠絡其徒眾之心，並打入政治的核心，以發揮其影響力。再加上他所要求於徒眾者，乃是自苦爲極，非人情所能堪。所以墨家的衰微，乃是很難避免的。

第二節　教育的內容

一、孔子的教育內容

在孔子的教育理念中，既以塑造完美的人格，培養術德兼優的人才爲宗

〔註1〕見《呂氏春秋·上德篇》。

旨，所以他的教育內容，非常地廣泛。而其間又有通才教育和專業教育之分。

（一）通才教育

所謂通才教育，乃是指每一個受教者都要經歷的教育過程。《論語・述而篇》載：「子以四教：文、行、忠、信。」這應該就是孔子通才教育的主要內容。本章《朱熹集注》引程伊川曰：「教人以學文、修行而存忠信也。」其言信然。茲分別論述之：

1. 六藝之文

文，根據《論語・學而篇》朱注的說法，是指「詩書六藝之文」。《史記・孔子世家》亦稱：「孔子以詩書禮樂教，弟子蓋三千焉，身通六藝者七十有二人。」可見六藝之文，實為孔子教學的主要教材。

《論語・述而篇》記：「子所雅言，詩、書、執禮，皆雅言也。」他並曾訓示伯魚曰：「不學詩，無以言。」「不學禮，無以立。」（《論語・季氏》）並謂：「小子，何莫學夫詩？詩，可以興，可以觀，可以群，可以怨；邇之事父，遠之事君；多識於鳥獸草木之名。」（《論語・陽貨》）並於教學之餘，慨然謂：「夏禮吾能言之，杞不足徵也；殷禮吾能言之，宋不足徵也。文獻不足故也；足，則吾能徵之矣！」（《論語・八佾》）其以詩、書和禮為教材，至為顯然。

至於樂，《論語・八佾篇》載：「子謂韶，盡美矣，又盡善也；謂武，盡美矣，未盡善也。」〈先進篇〉批評子路之鼓瑟曰：「由之瑟，奚為於丘之門？」同篇載曾點：「鼓瑟希，鏗爾。舍瑟而作。」孔子並曾慨然謂：「樂云樂云，鐘鼓云乎哉？」（《論語・陽貨》）至於《莊子・讓王篇》記孔子窮於陳蔡之間，「削然反琴而弦歌，子路扢然執干而舞。」皆其以樂為教之證。

再就易教而言之，則孔子不但曾表示：「加我數年，五十以學易，可以無大過矣！」（《論語・述而》）而且〈子路篇〉曾引易恆卦爻辭：「不恆其德，或承之羞。」之語，以訓戒其弟子。至於〈憲問篇〉亦有曾子引艮卦象辭：「君子思不出其位。」之語，以說明不可逾職之義的記載。而《史記・仲尼弟子列傳》載：「孔子傳易於（商）瞿。」皆其以易為教之證。

最後再就春秋之教言之。《史記・十二諸侯年表序》云：「孔子明王道，干七十餘君，莫能用；故西觀周室，論史記舊聞，興於魯而作春秋。上記隱，下至哀之獲麟，約其文辭，去其煩重，以制義法。王道備，人事浹。七十子之徒，口受其傳指；為有所刺譏褒諱挹損之文辭，不可以書見也。魯君子左

丘明懼弟子人人異端，各要其意，失其眞，故因孔子史記，具論其語，成左氏春秋。」至於〈公羊傳〉，據徐彥疏引載宏序云：「子夏傳與公羊高。」而〈穀梁傳〉，漢儒以爲穀梁先師亦爲子夏弟子。〔註2〕可見春秋也是孔門的要典，而亦爲當時重要的教材。

2. 循禮之行

「文」，是屬於知識教育和情操教育的範疇，要靠博學，審問，愼思，明辨以廣其知；悠游涵詠以致其境；「行」，則是行爲的指導和規範。屬於實踐的範疇，要靠篤行以落其實。惟有如此，知與行才能合爲一體，相輔而相成。所以本章邢疏云：「文謂先王之遺文，行謂德行。──在心爲德，施之爲行。」

那麼「行」要以甚麼爲依據呢？那就是「禮」。因爲禮可以貫乎六藝，而爲一切行爲的準則，且免於過與不及之弊。孔子說：「恭而無禮則勞；愼而無禮則葸；勇而無禮則亂，直而無禮則絞。」（《論語・泰伯》）所以顏淵說：「夫子循循然善誘人：博我以文，約我以禮。」（《論語・子罕》）而孔子也說：「君子博學於文，約之以禮，亦可以弗畔矣夫！」（《論語・雍也》）按：本章朱注云：「約，要也。君子學欲其博，故於文無不考；守欲其要，故動必以禮。」而程子亦謂：「博學於文，而不約之以禮，必至於汗漫。」後世所謂「文人無行」者，病即在此。

《論語・季氏篇》孔子云：「不學詩無以言。」朱注云：「事理通達，而心氣和平，故能言。」又孔子云：「不學禮無以立。」朱注云：「品節詳明，而德性堅定，故能立。」可見六藝之文的主要功能，就在於使事理通達；而循禮之行的主要作用，則在於使品節詳明。這就是孔子在教以文之後，又必教之以行的道理所在。所以顧炎武說：「君子博學於文，自身而至於家國天下，制之爲度數，發之爲音容，莫非文也。品節斯，斯之爲禮。」〔註3〕

3. 忠信之德

禮，是外在行爲的一種規範，但如果徒具形式，而無精神內涵，則將失去其意義，而難以維持於長久。孔子說：「禮云！禮云！玉帛云乎哉？」（《論語・陽貨》）正所以傷其內涵之斷喪。

那麼禮的精神內涵是甚麼？根據本章朱注云：「敬而將之以玉帛，則爲禮。」可見朱子以敬爲禮的精神內涵。但敬亦必出於誠乃可。因爲《中庸》

〔註2〕說見應劭《風俗通》及鄭玄《六藝論》。
〔註3〕見《日知錄・博學于文章》。

說：「唯天下至誠，爲能盡其性。」又說：「不誠無物。」所以敬之出於誠者，才符合禮的精神要求。

至於四教中的忠信之德，則又是誠的具體表徵。所以刑疏云：「中心無隱謂之忠，人言不欺謂之信。」所謂「無隱」、「不欺」，與誠義正合。孔子乃取以爲四教之本。所以朱注引程伊川云：「忠、信，本也。」

今按：《論語》中，以忠信並舉者，屢見不鮮。例如：「爲人謀而不忠乎？與朋友交而不信乎？」（〈學而〉）「主忠信，無友不如己者。」（同上）「十室之邑，必有忠信如丘者焉。」（〈公冶〉）「主忠信，徙義，崇德也。」（〈顏淵〉）至於子張問「行」。子曰：

> 言忠信，行篤敬，雖蠻貊之邦行矣；言不忠信，行不篤敬，雖州里
> 行乎哉？立，則見其參於前也；在輿，則見其倚於衡也。夫然後行。
> （〈衛靈〉）

尤以見忠信篤敬之德，實爲一切行的根本，也是禮的精神所在。

總之，四教之中，文與行，皆所以形於外者；忠與信，則爲內在之質，亦所以鞏固文與行，並透顯其精神者。如此外、內配合，形、質兼顧，其教才能臻於圓滿。所謂「文質彬彬，然後君子」（《論語・雍也》）者，此也。所以邢疏云：「此四者有形、質，故可舉以教也。」

（二）分科教育

在孔門中，接受了通才教育之後，又可以根據各人性之所向，而接受分科教育，以期發揮所長，貢獻於社會。這就是《論語・先進篇》所提到的「四科」。茲分述如下：

1. 德 行

所謂德行，根據前引邢疏云：「在心爲德，施之爲行。」乃包括道德之涵養與行爲之實踐。顏淵、閔子騫、冉伯牛、仲弓屬之。其中如顏淵之簞瓢屢空而不改其樂，且其心三月不違仁，又能用行舍藏，〔註4〕最爲夫子所稱道，固厚於德行者；閔子騫以孝聞，人不間於其父母昆弟之言，〔註5〕亦屬難能而可貴；至於仲弓，孔子以爲可使南面。〔註6〕具見本科的績效。

但是德行原爲孔門弟子所必修，何以又另外設科？推其用意，乃在於培

〔註4〕見《論語・述而篇》。
〔註5〕見《論語・先進篇》。
〔註6〕見《論語・雍也篇》。

養道德之理論與實踐的人才，所以作之君、作之師者也。這自然也是一門專門的學問。

2. 言 語

所謂言語，據皇侃疏引范寧曰：「謂賓主相對之辭。」即今所謂外交辭令。宰我、子貢屬之。因為當時列國交往頻繁，外交的人才，所需甚殷。孔子曰：「誦詩三百，授之以政，不達；使於四方，不能專對。雖多，亦奚以為？」（《論語・子路》）所以有特別設科的必要。《史記・仲尼弟子列傳》謂：「子我利口辯辭」「子貢利口巧辭」「子貢一出，存魯、亂齊、破吳、彊晉而霸越；子貢一使，使勢相破。十年之中，五國各有變。」其影響之大也，如此。

3. 政 事

本科主要在於培養行政人才。冉有、季路屬之。孔子以為「求也藝」「由也果」，皆以為可以從政。〔註 7〕並認為千室之邑，百乘之家，冉求皆可以為之宰；〔註 8〕並以子路可以片言折獄，〔註 9〕千乘之國，亦可以治其賦。〔註 10〕皆可以見本科的價值。

4. 文 學

本科乃在於培養學術人才。清宋翔鳳《說義》云：「文學，通六藝，備九能，為學士者。」子游、子夏屬之。沈德潛《吳公祠堂記》：「子游之文學，以習禮自見。今讀〈檀弓上下〉二篇，當時公卿大夫士庶人，凡議禮弗決者，必得子游之言以為輕重。」至於子夏，《史記・仲尼弟子列傳》記其：「居西河教授，為魏文侯師。」並相傳曾作詩序，傳公羊、穀梁，亦足見其學術上的成就。

二、墨子的教育內容

墨子是一位實踐家，他一生率領其門人東奔西走，皆在於實踐其愛人、利人的學說。雖然他本身具有勤學不苟的精神〔註 11〕但也是完全着眼於實用的目的上。所以他說：「昔者周公朝讀書百篇，夕見漆（七）十士，故周公旦佐相天子，其脩至於今。」又自其「翟上無君上之事，下無耕農之難，吾安敢廢此。」

〔註 7〕同註 6。
〔註 8〕見《論語・公冶篇》。
〔註 9〕《論語・顏淵篇》。
〔註 10〕見《論語・公冶篇》。
〔註 11〕見本論文第四章第二節。

之言，可見他只是在奔走世事之餘，以求自我之充實。而其教導公尚過，不過「揣曲直而已」，並不教以書，而且弦唐子看見墨子載書甚多而怪之。（以上具見於《墨子・貴義篇》）皆以見墨子之教導門人，並不在於書本知識的傳授，而在於思想的灌輸和經驗的傳遞。雖然他也常常徵引詩、書及各國春秋，亦不過用以證成己說，並無以此教學的任何證據。這是和孔子迥然不同的。

其次，再就其所稱：「古之善者，則述之；今之善者，則作之。」（《墨子・耕柱》）之語，以及「南遊於楚，見惠王，獻書。」（《墨子・貴義》）的記載而觀之，可見當時他已經廣探眾論，益以己說，而成一家之言。並且他還說過：「吾言足用矣！舍吾言而革思者，是猶舍穫而攗粟也。」（〈貴義〉）今傳墨子五十三篇，雖非當時之舊，但必為墨子施教的主要內容，則應該是沒有疑問的。

梁任公先生說：「墨學之全體大用，可以兩字包括之：曰愛、曰智：〈尚同〉、〈兼愛〉等十篇，都是教愛之書，是要發揮人類的情感；〈經上下〉、〈經說上下〉、〈大取〉、〈小取〉六篇，都是教智之書，是要發揮人類的理性。」〔註12〕如果再進一步加以區分，則教愛的部分，至少應包括政治學，倫理學和神學；教智的部分，則以辯學為主，而兼及於實證科學。另有備城門以下諸篇，則屬於軍事防禦，為愛的實踐和智的應用。至其詳細內容，則今其書具在，本文各章也多有論及，所以不再贅述。

三、比較與論評

由以上的論述中，我們可以很清楚地看到孔墨兩家的教學內容，有著相當大的差異。

第一，孔子相當重視六藝之「文」，墨子於禮、樂則極端反對。此外，雖然他常徵引詩、書及各國春秋，但只是用以證成其說，並未用來教學，遂形成極端重質而輕文的教育。今觀墨子之文，多俚俗而繁複，不能引起人們誦讀的樂趣。孔子說：「言以足志，文以足言。言之不文，行而不遠。」〔註13〕所以墨書之塵霾千古，至近世才由於《墨辯》諸篇，頗合於實證科學的原理，才稍稍抬頭，未嘗不是此一缺憾所造成。清儒曹耀湘《墨子箋》謂：「墨者長於行，儒者長於文；行利於一時，文傳於後世；諸子百家之書，皆藉儒者以傳；欲著書以與儒者爭，必不勝也。故儒墨並世，則儒不及墨；逮乎後世，

〔註12〕見《墨子學案》第七章。
〔註13〕見《左傳・襄公廿五年》。

則墨不及儒。《漢書·藝文誌》敘列九流，今則儒家之言不可勝讀，道家僅存，墨家幾乎絕矣！」其間因果關係，頗爲發人深省。

第二，在行的教學方面，孔子之行依乎禮，墨子之行，則以天志爲依歸；在德教方面，孔子以忠信爲本，以仁爲其極致；墨子則倡言兼愛。也都有很大的不同。這在前幾章已有詳細的論述，所以在此從略。

第三，在辯學和名學方面，孔子雖有正名的主張，卻沒有關於名學的教材。至於墨子，則有一套相當進步的辯學。不但可藉之以鞏固其學說的壁壘，對於人類的思惟方法，也有莫大的啓發。這無疑是墨子最大的優點，而爲孔子所不逮。

第四，孔子和墨子都反對侵略。但在教學的內容中，孔子僅着重於思想的建設，墨子則兼及於防禦、防備之法。這也透顯出墨子教育內容之較着重於積極實踐：此亦爲孔子所不及。只是墨子未透過政治的運作，而使之國家化、制度化，亦不免產生「以武亂禁」的後遺症，這也是有待商榷的。

第三節　教學的態度

孔子有教無類，首開我國私人講學之風，而其學不厭、教不倦的精神，允爲師表的典範；墨子本其救世的熱忱，強聒說教，態度尤爲積極。茲分別論述於后：

一、孔子的教學態度

（一）有教無類

在古代封建的社會裏，受教育爲貴族階級的專利，一般人幾乎沒有受教育的機會。孔子既以爲「君子學道則愛人，小人學道則易使」。因而主張普及教育，希望藉着教育的手段，來啓發民智，帶動整個社會的人，齊頭並進，以臻於郅治。於是他打出了一個「有教無類」（《論語·衛靈》）的旗幟，以廣招生徒。從之學者，達三千人之多。

孔子說：「自行束脩以上，吾未嘗無誨焉。」（《論語·述而》）這就是他有教無類的具體宣示。所謂束脩，皇侃疏云：「古人相見，必執物爲贄。君玉、卿羔、大夫雁、士雉、庶人鶩、工商雞。束脩，最輕者。」換句話說，只要備好一份最輕的見面禮，以表其向學之誠，則不論賢愚貴賤，他一律都樂於

教誨。故以「柴也愚、參也魯、師也辟、由也喭。」（《論語‧先進》）以及顏淵、原憲之貧，乃至闕黨童子之不遜、〔註 14〕互鄉童子之難與言，〔註 15〕孔子也都樂教之。絕不因其人地位的高下或財富的多寡，而有不同的態度。至於他所提到的束脩，只是孔子重禮的表徵，亦同於「爾愛其羊，我愛其禮」之類。設若真有窮得連最微薄的見面禮都無力致送者，相信孔子也不致拒於門牆之外。因為那句話並不等於沒送束脩的，他就不教。可見他有教無類的態度，表現得相當地徹底。

（二）循循善誘

　　孔子是一位極具「誨人不倦」之精神的偉大教育家。他說：「默而識之，學而不厭，誨人不倦，何有於我哉？」（《論語‧述而》）又說：「若聖與仁，則吾豈敢！抑為之不厭，誨人不倦，則可謂云爾已矣！」（同上）而且他的誨人不倦，又出之以循循善誘，因而使受教者如沐春風，欲罷而不能。所以《論語‧子罕篇》記：

　　　　顏淵喟然歎曰：「仰之彌高，鑽之彌堅；瞻之在前，忽焉在後。夫子
　　　　循循然善誘人，博我以文，約我以禮，欲罷不能；既竭吾才，如有
　　　　所立。卓爾，雖欲從之，末由也已。」

按：本章朱注云：「循循，有次序貌；誘，引進也。」可見他的教學，都是根據學生學習的情況，作最適度而有條理地誘導，絕不躁進。此非具有極大的耐心和教學的熱忱，何克臻此？此亦孔子教學的一大特色。

（三）以身作則

　　孔子在教育的過程中，非常注重自己的身教。他說：「其身正，不令而行；其身不正，雖令不從。」（《論語‧子路》）又說：「不能正其身，如正人何？」（同上）所以身為一個教師，不但要「先行其言，而後從之。」（《論語‧為政》）並且處處都要樹立美好的榜樣，使學生們。在潛移默化之中，領悟到為人處事之道，這也就是所謂的無言之教。《論語‧陽貨篇》記：

　　　　子曰：「予欲無言！」子貢曰：「子如不言，則小子何述焉？」子曰：
　　　　「天何言哉？四時行焉，百物生焉。天何言哉？」

按：本章劉寶楠《正義》云：「夫子本以身教，恐弟子徒以言求之，故欲無言，

〔註14〕見《論語‧憲問篇》。
〔註15〕見《論語‧述而篇》。

－185－

以發弟子悟也。」

做老師的，既然要以身作則，行不言之教，那就要隨時自省，以免在不知不覺中，產生了錯誤的示範。所以他總是以：「躬自厚，而薄責於人。」（《論語・衛靈公》）來要求自己。並認為看到好的，就要引以自勉；看到不好的，就要引以為戒。如此，一方面讓自己日趨完美，一方面也讓學生真切地體認到君子自我昇進的過程。所以說：「見賢思齊焉，見不賢而內自省也。」（《論語・里仁》）以如此敬謹的態度，來從事教育工作，更無怪乎學生們會深受感召，而欲罷不能了。

二、墨子的教學態度

（一）強聒說教

墨子急切救世，所以表現在教學上，充滿宗教家的熱忱，主張「徧從人而說之」，強聒而不舍。

> 公孟子謂子墨子曰：「實為善，人孰不知？譬若良玉，處而不出，有餘糈；譬若美女，處而不出，人爭求之；行而自衒，人莫之取也！今子徧從人而說之，何其勞也？」子墨子曰：「今夫世亂，求美女者眾，美女雖不出，人多求之；今求善者寡，不強說人，人莫之知也。」（〈公孟篇〉）

因為因循苟且，乃是人之常情，而況亂世之中，人人求自保之不暇，何暇於學而為善？所以若欲宣揚其學說，又必待他人主動來學，必難以擴大其影響力。韓非子說：「仲尼，天下之聖人也。修行明道，以遊海內，海內悅其仁，美其義，而為服役者七十人。蓋貴仁者寡，能義者難也。故以天下之大，而為服役者七十人。」（《韓非子・五蠹篇》）墨子蓋亦有鑑及此，故曰：「仁義鈞，行說人者，其功亦多，善亦多，何故不行說人也。」（〈公孟篇〉）因而主張「強聒說教」。推此義也，故墨子於孔子所謂：「不憤不啟，不悱不發。」（《論語・述而》）的理論，以及《禮記》：「善待問者如撞鐘——叩之以小者，則小鳴；叩之以大者，則大鳴。」（〈學記〉）之說，頗有異議。以下兩者之記載，可以窺其一斑：

> 公孟子謂子墨子曰：「君子共（恭）己以待，問焉則言，不問焉則止。譬若鐘然：扣則鳴，不扣則不鳴。」子墨子曰：「是言有三物焉，子乃今知其一耳，又未知其所謂也。……」（〈公孟篇〉）

今擊之則鳴，弗擊則不鳴，隱知豫力，恬漠待問而後對，雖有君親之
大利，弗問不言。若將有大寇亂，盜將作，若機辟將發也，他人不知，
己獨知之；雖其君親皆在，不問不言，是夫大亂之賊也。（〈非儒下〉）

由此可知，墨子蓋主張積極而主動的教學態度，冀能擴大其對社會之影響力。
故絕不輕易坐失任何宣揚其學說的機會。此種積極、進取的精神，實令人為
之肅然起敬。而其以一介匹夫，竟能徒屬滿天下，因而造成一股龐大的勢力，
在當時與儒家分庭抗禮，並稱顯學，豈偶然哉？

（二）窮究原委

儒家之言教學，主張：「不憤，不啟；不悱，不發。」（《論語・述而》）
故在教學之時，總是「道而弗牽，強而弗抑，開而弗達」（《禮記・學記》），
而其待學者之問，則必「待其從容，然後盡其聲。」（同上）其目的，乃在於
使學者能「和易以思」（同上）而使其自得之也。

墨子則不然，因為墨子既有探求真理的精神，再加上強聒說教的教學態
度，所以事事都不僅要「知其然」，而且必探求其「所以然之故」及「所以為
之之道」。〈公孟篇〉載：

子墨子問於儒者曰：「何故為樂？」曰：「樂以為樂也。」子墨子曰：
「子未我應也。今我問曰：『何故為室？』曰：『冬避寒焉，夏避暑
焉，且以為男女之別也。』則子告我為室之故矣！今我問曰：『何故
為樂？』曰：『樂以為樂也！』是猶曰：『何故為室？』曰：『室以為
室也。』」

此即所以探求其「所以然之故」亦即〈經說上〉所謂「問故觀宜」也。至於
〈耕柱篇〉載：

葉公子高問政於仲尼曰：「善為政者若之何？」仲尼對曰：「善為政
者，遠者近之，而舊者新之。」子墨子聞之曰：「葉公子高未得其問
也；仲尼亦未得其所以對也。葉公子高豈不知善為政者之遠者近也，
而舊者新之哉？問所以為之若之何也。……」

此則在於探求「所以為之之道」。〈小取篇〉云：「其然也，有所以然；其然也
同，其所以然不同。其取之也，有所以取之；其取之也同，其所以取之不必
同。」凡此，皆足以說明墨子事事皆必窮究其原委的精神。而此一精神，亦
正為今日國人所亟應重振之者。否則，我國的科學文明，將永無迎頭趕上歐
美的一天了！

（三）言行合一

《墨子·公孟篇》記：「告子謂子墨子曰：『我能治國爲政。』子墨子曰：『政者，口言之，身必行之。今子口言之，而身不行，是子之身亂也。子不能治子之身，惡能治國政？』」這裏所謂的爲政，其實指的是教民、導民，仍屬於教育的範疇。可見不論是臨政治民，或抗顏爲師，言行合一，都是成功的必備條件。因而墨子主張要「默則思、言則誨、動則事。」（《墨子·貴義》）把所思、所言、所行，連成一氣。但其中有一個很重要的關鍵，就是在言之之前，必先考量其可行性；考慮既定，然後言之，同時亦行之。所以他說：「言足以復行者，常；不足以舉行者，勿常。不足以舉行而常之，是蕩口也。」（《墨子·耕柱》）其言行合一的教學態度，於此可見。

方授楚《墨子源流》引《淮南子》曰：「墨子服役者百八十人，皆可使赴火蹈刃，死不旋踵，化之所致也。」並申之曰：「化字最能傳達神怡，亦即所染篇之染也。死乃人所最難，而能赴火蹈刃，視死如飴，則墨子之感人，必有在學問、文字、言語以外者。古語曰：『以言教則訟，以身教則從。』其此之謂矣！」〔註16〕今觀墨子之言「兼愛」，則「摩頂放踵，利天下，爲之。」（《孟子·盡心上》）；倡「非攻」，則止楚攻宋（見〈公輸篇〉）、止魯陽文君攻鄭（見〈魯問篇〉）、止齊伐魯（同上），並自爲守圉之器以助人防守；言「節用」，則「以裘褐爲衣，以跂蹻爲服，日夜不休，以自苦爲極。」（《莊子·天下篇》）；言「貴義」，故辭越王之封（見〈魯問篇〉）「獨自苦而爲義。」（〈貴義〉）；言「非命」，故不聽日者之言（見〈貴義篇〉）。凡此，皆足以說明墨子爲能踐其言者也，則其教學之所以成功，實在不是偶然的。

三、比較與論評

由以上的論述中，可見孔、墨兩家的教學態度，乃是同異互見的。

首先，孔子有教無類的精神，實爲我國的教育，創造了一個新紀元。但是他雖然有教無類，仍必「自行束脩以上」，一方面表現了注重禮的精神，一方面顯示其出於受教者本身的意願。此所以樹立師道的尊嚴。因而《禮·曲禮》亦有：「禮聞來學，不聞往教。」之說。至於墨子，由於他出身於平民，既無士大夫矜持的作風，又緣於救世之急切，所以教學的態度，尤爲積極，

〔註16〕見《墨學源流》第七章第一節。

乃至於偏從人而說之，強聒而不舍。在相形之下，則孔子的此種教學態度，乃是教育家的風範，適合於一般傳統的教學；墨子則具有宗教家的精神，適合於社教的活動。可謂各有其攸宜。

其次，孔子以循循善誘的態度來教導學生，可以適應學生的個別差異，而得到較完整的學習。同時並爲了保留受教者獨立思考的空間，培養主動學習的精神，故有憤啓悱發之論，以及開而弗達的做法；墨子則亟欲使人知之，所以必窮究其原委。約而言之：孔子的教學態度，較適合於長期作育的養成教育；墨子的作法，則較適合於短期施教的集中訓練。所以即此而論，則兩家也是各擅其勝場。要在因實際之情況與內容，而爲之制宜而已。

再就孔子的以身作則和墨子的言行合一言之，基本上，乃是相同的。只是孔子較注意教師完美形像之建立，並在不言之中，使弟子們也能有所體悟。是屬於較靜態的作法。墨子則較注重教師的示範行爲，而且言與行缺一而不可。是屬於較動態的作法。大致言之，孔子的態度，必須高層次的受教者，才能有較多的體悟；墨子的態度，則較適合於一般的社會大眾。

總之，孔墨的教學態度，乃是大同而小異的。而其間的差異，主要是由於教學的形態、對象，以及其內容，而不得不各制其宜。而他們的作法，也都很值得我們加以肯定的。

第四節　求知的方法

教育工作最直接的目的，就在於使人知之。因而在教育的過程中，如何建立正確的求知方法，實爲教與學雙方相當切要的課題。茲就孔、墨兩家求知的方法分述如下：

一、孔子求知的方法

求知的方法固然很多，但孔子所常提到的求知方法，則有以下數端：

（一）博學審問

宇宙間的知識，可謂浩瀚無涯，如果我們不能朝廣博的方向去努力求知，則一方面不足以開拓其視野，而造成心靈的閉塞；一方面由於材料的貧乏，即欲求其專精，亦無以收相互參證而觸類旁通之效。所以王荊公答曾子固云：「世之不見全經久矣！讀經而已，則不足以知經。故某自百家諸子之書，至

於難經、素問、本草、諸小說，無所不讀，農夫、女工，無所不問；然後於經為能知其大體而無疑。」〔註17〕由此可見博學的重要。孔子要求學生們，都必須「博學於文」，其理在此。而子貢以為「夫子焉不學，而亦何常師之有？」（《論語・子張》）亦所以見其如何地博學以求知了。

但孔子所謂的「學」，其中實在還包括了「問」。正如孟子之論「求放心」而并稱之曰「學問之道」一般。可見學與問，原本就是分不開的。因為在學的過程中，必然會遭遇到疑難，而解決疑難最簡捷的辦法，就是問。這就是孔子之所以以「就有道而正焉」為「可謂好學也已。」（《論語・學而》）的原因。而整部《論語》的內容，也幾乎都是孔子答弟子和時人之問。至於孔子問禮於老聃、訪樂於萇弘，更是以問為學的具體表現。其贊美孔文子：「敏而好學，不恥下問。」（《論語・公冶長》）亦以見問之於學的關聯性了。

（二）慎思明辨

博學，是學習所既有的知識，但這些所學的知識，如果不經過慎思的工夫，則往往是膚泛而不踏實的，或者是零碎而散漫的，甚至是理有未安、心有所疑的。因而必需以縝密的思考來深入之、整合之、辨析之，使其能真正成為屬於自己的，而且也是正確而有用的知識。所以孔子說：「學而不思則罔。」（《論語・為政》）但是反過來說，如果他的思不以學為基礎，則亦將流於空想，那更是虛幻而不切實際的。所以孔子又說：「思而不學則殆。」（同上）因此，學是思的基礎，而思是學的落實和昇進。二者必須相輔而行，才能得到更多的知。

此外，前面已經說過，「學」之中，包括了「問」；同樣地，「思」之中，也包括了「辨」。因為思的目的，固在於求深入、求整合，而更重要的，還是在於辨析其義理之然否，這樣，才不會產生不正確的認知。由此言之，學、問、思、辨四者，不但是求知的主要方法，而且必須相互結合，才能發揮最大的求知功能。

（三）取徵闕疑

孔子在求知方面，還有一種非常具有科學精神的做法，那就是取徵和闕疑。

所謂徵，就是講求證據，這是一種非常務實的態度。《論語・八佾篇》記孔子曰：「夏禮吾能言之，杞不足徵也；殷禮吾能言之，宋不足徵也。文獻不足故也；足，則吾能徵之矣！」按：本章朱注云：「徵，證也。」因為孔子認

〔註17〕見《臨川集》卷七十三。

為，為學求知，必須要有徵實的精神，決不可人云亦云，或憑空臆測。所以他說：「道聽而塗說，德之棄也。」（《論語‧陽貨》）又主張：「毋意、毋必、毋固、毋我。」（《論語‧子罕》）因而他為了瞭解夏、商之禮，特地之杞、之宋，以為求證，〔註18〕至於「入太廟，每事問。」（《論語‧八佾》）也是抱着同樣的心情。這種精神，實在非常難能而可貴。

其次，和「取徵」的精神，關係最為密切的，就是「闕疑」。因為孔子主張：「知之為知之，不知為不知，是知也。」（《論語‧為政》）因而對於還無法求得證明，或尚未確知的事物，都不願有強不知以為知的情況。所以他又主張：「多聞闕疑，慎言其餘，則寡尤；多見闕殆，慎行其餘，則寡悔。」（《論語‧為政》）而其「不語怪、力、亂、神。」（《論語‧述而》），對於死後之事，也不願多所推論，都是此一精神的具體表現。

二、墨子求知的方法

墨子之論求知的方法，可於墨經中得之：

　　知：聞、說、親。（〈經說上〉）

　　知。傳受之，聞也；方不 ，說也；身觀焉，親也。（〈經說上〉）

所謂「聞」，乃經傳授而知者；所謂「說」，乃經推論而知者；所謂「親」，乃由本身的經驗而知者。

梁任公先生並將此三種求知的方法與「三表法」相對應。其言曰：『有考（按：〈非命上、中〉具作「本」，〈非命下〉作「考」。）之者。』便是『聞知』的應用；『有原之者。』便是『親知』的應用；『有用之者。』便是『說知』的應用。」（《墨子學案》第七章第二節）茲分述如下：

（一）聞　知

大凡知識的取得，最常見的方法，就是聞知。而人類歷史、文化之傳遞，亦胥惟是賴。例如我們對於古代的歷史，既未曾親身經歷以知之，亦無法藉推論而得之，而我們之所以能知者，乃是在書籍或他人的口授中而得知。墨子曰：「吾非與之並世同時，親聞其聲，見其色也；以其書於竹帛，鏤於金石，琢於盤盂，傳遺後世子孫者知之。」（〈兼愛中〉）即此類也。除此而外，凡吾人欲承受他人的知識與經驗，也都有賴於此。此之謂「聞知」。其用於教學，

〔註18〕見《禮記‧禮運》。

即爲「傳授法」。此法於墨子書中，蓋俯拾即是：

> 昔者文王之治西土，若日若月，乍光于四方，于西土。不爲大國侮小國，不爲眾庶侮鰥寡。(〈兼愛中〉)

> 古者人之始生未有宮室之時，因丘陵掘穴而處焉；聖王慮之，以爲掘穴，曰：冬可以辟風寒；逮夏，下潤濕、上熏烝，恐傷民之氣，于是作爲宮室而利民。(〈節用中〉)

> 禽子再拜頓首，願遂問守道曰：「敢問客眾而勇，堙資吾池，軍卒並進，雲梯既施，攻備已具，武士又多，爭上吾城，爲之奈何？」子墨子曰：「問雲梯之守邪？雲梯者，重器也！亓（其）動移甚難，守爲行城雜樓，相見以環亓中，以適廣陝（狹）爲度，環中藉幕，毋廣亓處。行城之法，高城二十尺，上加堞廣十尺，左右出巨（距）各二十尺；雜樓高廣，如行城之法。爲爵（雀）穴煇（熏）鼠，施答亓外。機衝棧城廣與隊等，雜亓閒以鐫劍。持衝十人，執劍五人，皆以有力者。合案目者視適（敵）以鼓發之，夾而射之，重而射之，披機藉之，城上繁下矢石沙灰以雨之，薪火水湯以濟之。審賞行罰，以靜爲故（固）。從之以急，毋使生慮：若此，則雲梯之攻敗矣！」(〈備梯〉)

此種教授和求知的方法，既可以使人多識於歷史掌故，也可以以古證今，申述義理，更可藉以傳授知識、技能，其爲用是非常大的。

按：梁任公先生以「考之者」便是「聞知的應用」，其言信然。惟「聞知」並不局限於「考之者」。因爲「考之者」，僅限於「考之先聖大王之事。」(〈非命下〉) 其爲用，只是「以古證今」，則其範圍自然是小得多了。

（二）說　知

聞知的作用固然很多，其缺點則在於只能探究已知的事理。如果事理未明，或史生闕文，則當以「推論法」以輔助之。此即〈經上〉所謂的「說知」，〈經說上〉所謂的「方不㢓」。(按：㢓同障；方不㢓，謂不因境域之限制，而使吾之知，受到阻礙。) 然則如何以推論之？〈小取篇〉言之審矣！

> 推也者，以其所不取之同於其所取者，予之也。是猶謂也（它）者同也，吾豈謂也（它）者異也。

按：「取」，謂取而觀察、比較、分析、歸納也。「予」，說文云：「予，推予也。」即推論之意。所以所謂的推，就是從所未知的事物中，找出它與已知事物中

的共同之點，而加以推論。例如：

> 天下莫不欲與其所好，度（廢）其所惡；今子聞其鄉有勇士焉，必
> 從而殺之。是非好勇也，是惡勇也。（〈耕柱〉）

「聞有勇士，則殺之。」我不知道是否是「好勇」的表現。然而人之常情，
皆於其所好者，則思友之；於其所惡者，則思除之。如今「子聞有勇士，則
殺之。」是思「除之」，而非思「友」之明矣！如此說來，則子之「惡勇」也，
亦明矣！這就是「推論法」。此法在墨書中亦屢見不鮮：

> 子墨子仕人於衛。所仕者至而反。子墨子曰：「何故反？」對曰：「與
> 我言而不當（按：應從下文作審，實也。）！曰：『待女（汝）以千
> 盆！』授我五百盆，故去之也。」子墨子曰：「授子過千盆，則子去
> 之乎？」對曰：「不去！」子墨子曰：「然則非爲其不審也，爲其寡
> 也！」（〈貴義〉）

> 民有三患：飢者不得食、寒不得衣、勞者不得息。……然即（則）當
> 爲之撞巨鐘、擊鳴鼓、彈琴瑟、吹竽笙而揚干戚，民衣食之財將安可
> 得乎？則我以爲未然也！……是故墨子曰：爲樂非也。（〈非樂上〉）

此種推論，誠所謂一針見血，用此法所獲得的知，自然具有極大的說服力。
此外，墨子以爲未來的事情，亦可以藉過去的經驗以推論之。

> 彭輕生子曰：「往者可知，來者不可知。」子墨子曰：「藉設而親在百
> 里之外，則遇難焉，期以一日也：及之則生，不及則死；今有固車良
> 馬於此，又有奴馬四隅之輪於此，使子擇焉，子將何乘？」對曰：「乘
> 良馬固車，可以速至。」子墨子曰：「焉在不知來？」（〈魯問篇〉）

凡此種種求知的方法，皆可以引發思辨的能力，許多新知，亦緣此而生，至
足貴也。惟梁任公先生以爲「用之者，便是說知的應用。」其理固宜，然二
者亦非全然相等。因爲「用之者」，僅限於「發以爲刑政，觀其中國家百姓人
民之利。」（〈非命上〉）換言之，僅限於推論某一學說、某一制度或某一做法，
是否合乎國家百姓人民之利而已。並不能包含一切的推論。而推究其根本精
神，則又與「求證法」相通，實不宜強爲比附。

（三）親　知

上述兩種求知的方法，固有其優點，可是終不若親身體驗之爲眞切。所
以想要有更眞切的體認，必須親自觀察或親自實驗然後可。此之謂「親知」，

乃是最積極的求知態度。此種實驗求證的態度，墨書中亦不乏其例：

> 有聞之，有見之，謂之有；莫之聞，莫之見，謂之亡（無）。（〈非命中〉）

> 然則吾爲明察此，其說將奈何而可？子墨子曰：是與天下之所以察知有與無之道者，必以眾之耳目之實，知有與亡爲儀者也。（〈明鬼下〉）

按：以上二例，乃強調「親知」的原則。惟梁任公先生以：「『有原之者』便是親知的應用。」亦有待商榷。例如鬼神之有無，並不能以「身觀焉」的「親知」以相證驗。所以《墨子·明鬼下》以「原之者」證實鬼神之有，乃根據「周之春秋」，而謂「以若書觀之，則鬼神之有，豈可疑哉？」如此看來，「原之者」直爲「聞知」而非「親知」了！梁任公先生曰：「即如〈明鬼篇〉講許多鬼，據墨子說來，都是眾人共見共聞，難道便算得科學的有鬼論嗎？即此可見親知之外，更須有聞知、說知爲之補助了。」（《墨子學案》第六章第二節）殊不知墨子所謂「原之者」，乃多憑古書以證實「有與無之別」而已，雖具有「親知」的求證精神，實則仍屬於「聞知」。既爲「聞知」，自屬「非實證科學的有鬼論。」且〈非命中〉有云：「於其原之也，徵以先生之書。」益可證明墨子的「原之者」，並不同於「親知」。這就是不能將三表法與聞、說、親三者強爲比附的主要原因。

實則墨子最能表現「實驗求證」之精神者，仍在第三表「用之者」。墨子的根本精神在此，而墨家之所以能創造發明、實踐力行者，亦在此，所以他說：

> 用而不可，雖我亦將非之。（〈兼愛下〉）

> 今天下之君子之名仁也，雖禹湯無以易之；兼仁與不仁，而使天下之君子取焉，不能知也。故我曰天下之君子不知仁者，非以其名也，亦以其取也。（〈貴義〉）

《墨子·魯問篇》載：「公輸子自以爲至巧。子墨子曰：『子以爲鵲也，不如翟之爲車轄。』須臾斲三寸之木，而任五十石之重。」〈公輸篇〉載：「子墨子解帶爲城，以牒爲械；公輸盤九設攻城之機變，子墨子九距之；公輸盤之攻械盡，子墨子之守圉有餘。」皆爲現身說法，令對方「親知」之餘，而心服口服。凡此，皆屬於墨子實驗求證的求知方法。

梁任公先生曰：「秦、漢以後儒者所學，大率偏於聞知、說知兩方面。偏於聞知，不免盲從古人，摧殘創造力；偏於說知，易陷於『思而不學則殆』之弊，成爲無價值之空想。中國思想界之受病確在此。墨經三者並用，便調

和無弊了。」（《墨子學案》第七章第二節）信哉！斯言。凡我中華兒女，當於此三致其意焉。

三、比較與論評

　　以上孔子和墨子的求知方法，乍看之下，似有很大的差異。實者孔子的博學審問，相當於墨子的聞知；孔子的慎思明辨，相當於墨子的說知；孔子的取徵闕疑，相當於墨子的親知。由此言之，兩家求知的方法，乃是具有相當的一致性。只是在細節上，仍存有若干的差異而已。

　　因為孔子的博學審問，比較着重於知識學問的探究，富有學術研究的氣息，但也未嘗忽略日用的知識；墨子之聞知，則只在於一般的增廣見聞，較具有日常實用的意義。而且墨子也未嘗強調以問的方式，來增廣見聞。即此而論，則以孔子之法，較為周延，也較能深入。

　　次就孔子的慎思明辨以與墨子的說知來比較，則孔子之法，乃着重於博學審問之所得，做更深入的思考，或進行整合及辨析的工作；墨子的說知，則着重於推理，乃根據所已知已然者，以推論所未知未然者。孔子的慎思明辨，沒有固定的形式，具有較大的彈性，較適合於抽象義理的探究；墨子的說知，有一定的形式，其中包括歸納、演繹、類比諸法，富有科學的精神，較適合於具體事實的推論。乃是各有其攸宜的。然就開創性言之，自以墨子較為難得，而其科學的方法，更值得倡導而已。

　　再就孔子的取徵闕疑以與墨子的親知來比較，其徵實的精神，可謂完全一致。所惜者，墨子在實際應用的時候，常把聞知和親知混為一談，而謂：「有聞之，有見之，謂之有。」遂把傳聞中他人的感官經驗，當作屬於親知的「耳目之實」，因而證成了荒謬的有鬼論，造成了墨子科學精神的一大諷刺。至於他以親知的觀念，來否定抽象的「命」，也是有欠圓融。若能參之以孔子闕疑的做法，當能減少許多內在的矛盾，這是很令人惋惜的。

第五節　教學之術

　　教學的成敗，其最主要的關鍵，常在於教學是否得法。孔子和墨子，都是教育極其成功的典範，因而他們所使用的教學方法，都很值得我們來探討和學習。茲分別歸納兩家之說，列敘於后：

一、孔子的教學之術

（一）因材施教

談到孔子的教學之術，恐怕要首推他的因材施教。因為人的個性不同，秉賦亦異，教學的內容和方法，自然也要隨之而調整。因此，孔子很注重對學生的瞭解。例如他說：「柴也愚、參也魯、師也辟、由也喭。」（《論語・先進》）又說：「由也，千乘之國，可使治其賦也。……求也，千室之邑，百乘之家，可使為之宰也。……赤也，束帶立於朝，可使與賓客言也。」（《論語・公冶》）這些個別的差異，都是孔子因材施教的重要依據。

至於他瞭解學生的方法，除了常與學生言志之外，《論語・為政篇》還提到：「視其所以、觀其所由、察其所安。」的具體方法。也就是先從一個人所為加以觀察，其次再推究其動機，然後再看看他事後心之所安。如此觀人，自然就能非常透徹。

也正因為孔子能如此真切地瞭解每一個學生，因此他能根據學生的資質和程度，施以適度的教誨。他說：「中人以上，可以語上；中人以下，不可以語上也。」（《論語・雍也》）此子貢所以歎「夫子之言性與天道，不可得而聞也。」（《論語・公冶》）至於《論語・學而篇》載子貢因孔子之言，而領悟詩中：「如切如磋」之旨。孔子於欣慰之餘，而謂：「始可與言詩已矣！」也都是很顯著的例證。至於學生中，同樣問仁、問孝、問政，而孔子卻所答都不相同，這更是針對每一個學生的特質和缺失，而對症下藥。〈先進篇〉云：「求也退，故進之；由也兼人，故退之。」則是此一做法的具體說明。此外，「四科」之設，也是他因材施教的具體做法。在這種教學原則之下，每一個學生的潛能，才能得到充分的發展。

（二）啟發思維

孔子之重視思考，已見前述。所以他在教學上，也是以引發學生的思考，做為他教學的要務。《論語・述而篇》說：

> 不憤不啟，不悱不發；舉一隅而不以三隅反，則不復也。

所謂「憤」，朱注以為「心求通而未得之意」；所謂「悱」，則是「口欲言而未能之貌」。所以「心憤口悱」，以及「舉一反三」，都是受教者積極進行思維的表現；有了如此的表現，然後進行啟發，以助其解決思慮上所遭遇的困惑。這樣不僅能掌握到最適當的時機，在學生們最需要的情況下，給予適時的啟

發。而且還促使學生們在獲得教導和啟發之餘，繼續進行積極的思維，以收舉一反三之效。如此，不但能訓練學生獨立思考的能力，而且還會使學生們在一層深似一層的思考中，產生「欲罷不能」的學習情緒。此《禮記・學記》之所以強調「開而弗達」。然則顏淵「仰之彌高」之歎，確非偶然了。

（三）叩其兩端

孔子在進行教學之時，常用「叩其兩端」的方式，以為比較分析，使受教者，能從事物的矛盾、衝突中，尋求正確的認知，而謀所以解決之道。《論語・子罕篇》載：

> 子曰：「吾有知乎哉？無知也！有鄙夫問於我，空空如也；我叩其兩
> 端而竭焉。」

按：焦循補疏曰：「叩者，詳言之也。」兩端，朱注云：「猶言兩頭。」因為人世間的事理，往往都有其正反兩面，而如何取抉得宜，又往往要配合時、地、人、事等種種因素，來加以考量，而不能一味執着於刻板的模式。例如「文」與「質」的問題。孔子說：「質勝文則野；文勝質則史。文質彬彬，然後君子。」（《論語・雍也》）其中文與質，就是事之兩端，而各有其利弊；孔子在比較分析之餘，而認定「文質彬彬」才是最好的。但是如何才算彬彬，其實並沒有固定的標準，只得由受教者根據種種考量，而作最適當的抉擇。

再如「奢」與「儉」的問題。孔子說：「奢則不遜，儉則固。與其不遜也，寧固。」（《論語・述而》）竊窺孔子之意，自以中道為尚，但所謂的中道，不但難以確切掌握，而且亦非一成不變，所以經過孔子的比較分析，乃揭示了一個「寧固」的原則。至於應該如何去做，還是要由受教者自己去加以權衡判斷了！

又如《論語・陽貨篇》記宰我以「三年之喪」為太長。孔子乃以「食乎稻，衣乎錦。」以與「君子之居喪：食旨不甘、聞樂不樂、居處不安，故不為也。」來比較分析，而提出一個「安」字，做為取捨的依據。並以之為仁與不仁的分野。凡此，皆所以提示受教者，如何在事物的對立和矛盾中，去調和矛盾、消解矛盾，而做一個最明智的抉擇。這也是孔子中庸精神的具體表現。

（四）對比見義

叩其兩端，是指導受教者對於沒有絕對是非的事理，進行思考分析。至於明顯的是非、善惡，孔子則往往以鮮明的對比，來顯示義理之所在，使受教者，獲得正確的認知。因而擇其善者而從之，其不善者而改之。

例如《論語中》，以「君子」和「小人」對比之處，比比皆是。諸如：

> 君子周而不比，小人比而不周。(〈為政〉)

> 君子懷德，小人懷土；君子懷刑，小人懷惠。(〈里仁〉)

> 君子喻於義，小人喻於利。(同上)

> 君子坦蕩蕩，小人長戚戚。(〈述而〉)

> 君子求諸己，小人求諸人。(〈衛靈公〉)

> 君子泰而不驕，小人驕而不泰。(〈子路〉)

又如孔子嘗以「舉直錯諸枉，則民服；舉枉錯諸直，則民不服。」(《論語‧為政》) 以說明舉直的重要；以「民免而無恥」和「有恥且格」(《論語‧為政》)，來說明道之以德，齊之以禮的可貴；以「古之學者為己」和「今之學者為人」(《論語‧憲問》) 來透顯為學應有的態度。皆所以對比以見其義。這種方法，也是很值得借鏡的。

（五）善用譬喻

孔子很懂得運用語言的形象性，掌握住一些日常生活中很容易體驗到的一些具體現象，而以之說明抽象的義理，使學生們易於心領神會。例如他以「譬如為山，未成一簣，止，吾止也；譬如平地，雖覆一簣，進，吾往也。」(《論語‧子罕》) 以說明在求學的過程中，一切操之在我的道理。以「為政以德，譬如北辰，居其所，而眾星共之。」(《論語‧為政》) 以說明萬民歸附的景象。以「大車無輗，小車無軏。」(同上) 以說明人而無信的窘況。以「出門如見大賓，使民如承大祭。」(《論語‧顏淵》) 以說明其莊重與謹慎之情。以「君子之德風，小人之德草；草上之風必偃。」(同上) 以說明君子所具有的影響力。以「不義而富且貴，於我如浮雲。」(《論語‧述而》) 以說明其易於消逝，微不足道。

透過這些生動而具像的譬喻，不但使學生們易於理解，並產生深刻的印象，而且也會增進學生們類比和聯想的能力。例如《論語‧學而篇》載孔子以「貧而無諂，富而無驕。」為可，而未若「貧而樂，富而好禮」者，子貢就立即領悟到詩衛風淇澳中所說的：「如切如磋，如琢如磨。」就是顯著的例證。此非平日的涵泳浸潤，何克臻此？這也是孔子教學的一大特色。

（六）砥礪磋磨

孔子在本身教學之外，也非常重視同學間的砥礪和切磋。所以孔子常利

用弟子們侍坐之時，讓他們各言其志，亦「相觀而善」之意。所以他說：「君子以文會友，以友輔仁。」（《論語・顏淵》）這也是一種很重要的輔助教學。何況學生和老師相處的時間畢竟有限，再加上由於老師的威嚴，有時不免讓學生們有所顧忌，這時朋友間的切磋，就益發顯得重要了。例如《論語・顏淵篇》記：「樊遲問知」，孔子告之以「知人」，而樊遲未達，孔子復告之以：「舉直錯諸枉，能使枉者直。」而樊遲猶未知其如何以爲之，但却又不便再問。及退而問諸子夏，然後有以知其詳。就是顯着的例證。

　　然而結交益友，固然可以收砥礪磋磨之益；設若結交損友，則適足以有害。所以孔子說：「益者三友，損者三友：友直、友諒、友多聞，益矣；友便辟、友善柔、友便佞，損矣！」（《論語・季氏》）由此亦可以看出朋友在我們學習、成長的過程中，扮演着多麼重要的角色。所以如何讓學生們能夠彼此砥礪磋磨，無寧也是教學中，相當重要的一環。

二、墨子的教學之術

（一）因材施教

　　墨子既主張：「凡入國，必擇務而從事焉。」（〈魯問篇〉）所以他的教學，也一本此義，而主張「因材施教。」

　　由於人類的資質各異，才性有別，施教者，貴能因其資質才性之所近，而施以適當的教導，俾能適應其個別差異，而發揮所長，貢獻社會。所以治徒娛、縣子碩問墨子以「爲義孰爲大務？」墨子曰：

> 譬若築牆然！能築者築，能實壤者實壤，能欣者欣。然後牆成也；
> 爲義猶是也：能談辯者談辯，能說書者說書，能從事者從事。然後
> 義事成也。（〈耕柱篇〉）

此言應當因個人之所長，而任之以事。亦足見墨子極重視各人才性之差異，而必使之能發揮所長。所以〈公孟篇〉載：「二三子有復於子墨子學射者」，墨子止之曰：

> 夫智者，必量亓（其）力之所能至而從事焉。國士戰且扶人，猶不
> 可及也；今子，非國士也，豈能成學又成射哉？（〈公孟篇〉）

因爲射之爲道，非身強力壯的「國士」所不能精其術，今此數子者，並非國士，則其力之不能至也，固矣！惡能既欲成學，又欲成射哉？〈貴義篇〉又記：

> 子墨子南遊使衛，關中載書甚多，弦唐子見而怪之曰：「吾夫子教公

尚過曰：『揣曲直而已。』今夫子載書甚多，何有也？」子墨子曰：

「昔者周公旦，朝讀書百篇，夕見漆（七）十士，故周公旦佐相天子，其脩至於今；翟上無君上之事，下無耕農之難，吾安敢廢此？翟聞之，同歸之物，信有誤者，然而民聽不鈞，是以書多也；今若過之心者，數逆於精微，同歸之物，既知要矣！是以不教以書也。而子何怪焉？」（〈貴義篇〉）

揆墨子之意，蓋以公尚過之既能鈞考精微，參悟道妙，而揣其曲直焉，當可以行其道而無惑，固不必再費神於載籍之研探了。

至於墨子因耕柱子之材性，而責之以所能，而謂：「我亦以子爲足責」（〈耕柱篇〉），亦足見墨子對諸生之材性，都能有充分的認識。惟其如此，故能依據其個別差異，而施以適當的教學。此實與教學的原理，深相契合。

（二）相機教學

墨子雖主張積極而主動的教學態度，因而遍從人而說之，強聒而不舍。（見本章第三節）然亦未嘗不注重教學之時機。

孫仲容〈墨子佚文〉引《太平御覽》云：

子禽（子）問曰：「多言有益乎？」墨子曰：「蝦蟆蛙蠅，日夜而鳴，舌乾擗，然而不聽；今鶴雞時夜而鳴，天下振動。多言何益？唯其言之時也。」（見《墨子閒詁・附錄》）

按：此段佚文，與〈脩身篇〉所謂：「言無務爲多，而務爲智。」可以相互發明。只是〈脩身篇〉所言，乃注重言的內容，此則注重言的時機。《論語・憲問篇》曰：「夫子時然後言，人不厭其言。」亦即此義。至於〈魯問篇〉云：「國家昏亂，則語之尙賢、尙同；國家貧，則語之節用、節葬；國家憙音湛湎，則語之非樂、非命；國家淫僻無禮，則語之尊天、事鬼；國家務奪侵凌，則語之兼愛、非攻。」此種視現實之需要，而施以適當之教育的方法，也正是墨子相機教學之道。

《墨子・公孟篇》云：

公孟子謂子墨子曰：「君子共己以待，問焉則言，不問焉則止。……」

子墨子曰：「是言有三物焉，子乃今知其一耳，又未知其所謂也。若夫大人行淫暴於國家，進而諫，則謂之不遜；因左右而獻諫，則謂之言議：此君子之所疑惑也。若大人爲政，將因於國家之難，譬若機之將發也然：君子知之，必以諫。……」

愚按：此所謂「言有三物」，當係指「問焉則言，不問焉則止。」「問焉則言，不問焉亦言。」「問焉亦不言」三種待問者之方式。而公孟子只知「問焉則言，不問焉則止」。故曰：「子乃今知其一耳。」足見墨子以爲待問者之方式，必因時、因事而定，不可拘泥。故下舉數例以明之。第一例謂「若大人行淫暴於國家，進諫，則謂之不遜，因左右而獻諫，而謂之言議。」既有種種顧慮，則無妨「問焉則言，不問焉則止。」其下數例，則無此顧慮，固當發揮道德勇氣，「問焉則言，不問焉亦言。」至於〈魯問篇〉載：「魯君謂子墨子曰：『我有二子，一人者好學，一人者好分人財。孰以爲太子而可？』子墨子曰：『未知也。……』」此蓋因墨子於魯君之二子，未有深刻的了解，故雖「問焉而不言」矣！此皆相機而教學的實例。此種方法，亦甚符合教學的原理。

（三）因勢利導

墨子主張強聒說教，已見前述。然亦有因其人之不同，或誘之以所好，或喻之以至理，或責之以所能；皆所謂因勢而利導之也。〈公孟篇〉謂：

> 有游於子墨子之門者，身體強良，思慮徇通，欲使隨而學。子墨子曰：「姑學乎！吾將仕子！」勸於善言而學。其（期）年，而責仕於子墨子。子墨子曰：「不仕子，……子不學，則人將笑子，故勸子於學。」（〈公孟篇〉）

這就是因其所好以誘之，雖不無欺罔之嫌，然其動機，固出於愛之。是所謂：「善意的謊言。」乃是無傷大雅的。同篇又記：

> 有游於子墨子之門者，子墨子曰：「盍學乎？」對曰：「吾族人無學者。」子墨子曰：「不然！夫好美者，豈曰吾族人莫之好，故不好哉；夫欲富貴者，豈曰吾族人莫之欲，故不欲哉？好美、欲富貴者，不視人，猶強爲之；夫義，天下之大器也，何以視人？必強爲之！」

此喻之以至理，而令對方不得不從其言。又〈耕柱篇〉謂：

> 子墨子怒耕柱子。耕柱子曰：「我毋愈於人乎？」子墨子曰：「我將上大行，駕驥與牛，子將誰敺？」……耕柱子曰：「以驥足責。」子墨子曰：「我亦以子爲足責！」（〈耕柱篇〉）

此因其材性，責之以所能，乃所以鼓勵而鞭策之。

由以上諸例而觀之，亦足見墨子循循而善誘之一斑了。

（四）把握要點

《墨子‧修身篇》云：「言無務爲多，而務爲智；無務爲文，而務爲察。」這是墨子重質不重文的一貫主張。而〈小取篇〉所謂：「明是非之分，審治亂之紀，明同異之處，察名實之理，處利害，決嫌疑。」則爲此一精神的高度發揮。

《韓非子‧外儲說左上》載：

> 楚王謂田鳩曰：「墨子者，顯學也，其身體則可，其言多不辯，何也？」曰：「昔者秦伯嫁其女於晉公子，令晉爲之飾裝，從文衣之媵七十人，至晉，晉人愛其妾而賤公女：此可謂善嫁妾，而未可謂善嫁女也。楚人有賣其珠於鄭者，爲木蘭之櫃，薰以桂椒，綴以珠玉，飾以玫瑰，輯以羽翠，鄭人買其櫝而還其珠：此可謂善櫝矣！未可謂善鬻珠也。……墨子之說，傳先王之道，論聖人之言，以宣告人。若辯其辭，則恐人懷其文，忘其用，直以文害用也。」

故知墨子之所以主張「言無務爲多，而務爲智；無務爲文，而務爲察。」者，乃所以針對主題，把握要點，使對方能確知其意旨之所在，而無喧賓奪主，淆亂聽聞之虞。至於麗辭之舖陳排比，用語之警策動人，非特不爲倡導，甚者視如贅疣，必去之而後快，以免於「秦伯嫁女」、「楚人鬻珠」之誚。今觀《墨子》諸篇，皆文辭質樸，而主旨鮮明，更是信而有徵。

至於墨子答時人及弟子之問，也都能把握重點，針對問題的癥結，而釋疑解惑，實令人歎服不已。例如〈貴義篇〉載：

> （穆賀）謂子墨子曰：「子之言則誠善矣！而君王，天下之大王也，毋乃曰賤人之所爲而不用乎？」子墨子曰：「唯其可行！譬若藥然：一草之本，天子食之，以順其疾，豈曰一草之本而不食哉；今農夫入其稅於大人，大人爲酒醴粢盛，以祭上帝鬼神，豈曰賤人之所爲而不享哉？」

既然天子如果有疾，並不以藥石之出於賤草而不服；而上帝鬼神，亦不以酒醴之出於賤人之稅賦而不享。那麼國君豈可因善言之出於賤人而不用呢？倘若凡出於賤人者，都不肯用之，那麼恐怕國君及貴人，俱不得一日而安然視息於天下了！這眞是一針見血之論。再如：

> 魯陽文君曰：「先生何止我攻鄭也？我攻鄭順於天之志：鄭人三世殺其父，我將助天誅也！」子墨子曰：「鄭人三世殺其父，而天加誅焉，

使三年不全，天誅足矣！今又舉兵將以攻鄭，曰：吾攻鄭也，順於天
之志。譬有人於此，其子強梁不材，故其父笞之。其鄰家之父，舉木
而擊之，曰：吾擊之也，順於其父之志！則豈不悖哉？」（〈魯問〉）

魯陽文君之攻鄭，不曰貪其伐勝之利，而必爲之飾其辭，所以墨子乃因其言
而駁斥之。此所謂「遁辭知其所窮」（《孟子・公孫丑上》）。又如：

公孟子戴章甫，搢忽（笏，下同），儒服，而以見子墨子曰：「君子
服然後行乎？其行然後服乎？」子墨子曰：「行不在服……昔者齊桓
公高冠博帶，金劍木盾，以治其國，其國治；昔者晉文公，大布之
衣，牂羊之裘，韋以帶劍，以治其國，其國治；……此四君者，其
服不同，其行猶一也。翟以是知行之不在服也。」公孟子曰：「善！……
請舍忽，易章甫，復見夫子，可乎？」子墨子曰：「請因以相見也。
若必將舍忽，易章甫，而後相見，然則行果在服也。」（〈公孟〉）

墨子既證明行之不在服矣！而公孟子聞其言之餘，遂欲「舍笏、易章甫」而復
見墨子，具見其過於執著於所服，故墨子乃止之曰：「若必將舍笏，易章甫，而
後相見也，然則行果在服也。」此不啻禪宗之當頭捧喝，而令人頓然醒悟了！

此外，墨子並曾舉例說明未能針對問題癥結所在之答問：

葉公子高問政於仲尼曰：「善爲政者若之何？」仲尼對曰：「善爲政者，
遠者近之，而舊者新之。」子墨子聞之曰：「葉公子高未得其問也，
仲尼亦未得其所以對也——葉公子高豈不知善爲政者之遠者近之，而
舊者新之哉？問所以爲之，若之何也！不以人之所不智告人，而以所
智告之。故葉公子高未得其問也，仲尼亦未得其所以對也。」（〈耕柱〉）

此謂葉公子高未能掌握問題之要點以請教孔子，而僅問：「善爲政者，若之
何？」其語義不夠明確。而孔子亦未能揣測其疑惑之所在而具體以告之，遂
使葉公子高仍不知應如何使「遠者近之，而舊者新之。」這都是未能把握要
點的緣故。

（五）善用譬喻

《墨子・小取篇》云：「辟（譬）也者，舉也（它）物而以明之也。」因
爲天下的事理非常繁多，而受教者或因認知有限，或因觀念不同，所以常常
需藉譬喻以說明之；或者用之以推理，以加強論證的力量。

《說苑・善說篇》載：「（梁王）謂惠子曰：『願先生言事則直言耳，無譬
也。』惠子曰：『今有人於此，而不知彈者，曰彈之狀若何？應曰：彈之狀如

彈。則諭乎？』王曰：『未諭也！』『於是更應曰：彈之狀如弓，而以竹爲弦。則知乎？』王曰：『可知矣！』惠子曰：『夫說者，固以其所知，諭其所不知，而使人知之；今王曰：無譬！則不可矣！』」此正說明譬喻的具體功效。

今觀墨子書中之用譬喻者，可謂成篇累牘，比比皆是。茲分類以說明之：

1. **概念性的譬喻**：凡藉某一概念，以說明另一概念者，謂之「概念性的譬喻」此法墨書中蓋屢見不鮮。例如：「鐘猶是延鼎也。」（〈非樂上〉）「天下之亂，若禽獸然。」（〈尚同上〉）「送死若徙。」（〈節葬下〉）「壟若參耕之畝。」（同上）「若天之高，若地之普。」（尚賢中）」此種譬喻的功用，乃在於使人無須藉「親知」，即可獲得一個較明確的概念。實爲良好的教學法。

2. **說明性的譬喻**：凡以較淺顯的事理，以說明較精深的事理者，謂之「說明性的譬喻」。此法《墨子》書中蓋俯拾即是。例如：

> 若非人而無以易之，譬之猶以水救水，以火救火也。（〈兼愛下〉）
>
> 言必立儀。言而毋儀，譬猶運鈞之上，而立朝夕者也。（〈非命上〉）
>
> 欲其義之成，而助之修其身則慍。是猶欲其牆之成，而人助之築則慍也。（〈貴義〉）
>
> 大國之攻小國，譬猶童子之爲馬也。童子之爲馬，足用而勞。（〈耕柱〉）
>
> 令之俯則俯，令之仰則仰，是似景（影）也；處則靜，呼則應，是似響也。（〈魯問〉）
>
> 子以三年之喪，非三日之喪，是猶倮（裸）謂撅者不恭也。（〈公孟篇〉）

此法的優點，在使人易於瞭解某一事理，而恍然大悟，甚者拍案叫絕。自亦爲優良的教學法。

3. **推理性之譬喻**：凡是藉着一般人所承認的事物中所蘊含的事理，以闡發或推論另一事物中所蘊含的事理，以判定其是非曲直者，謂之「推理性的譬喻」。此法墨子亦優爲之。例如：

> 聖人以治天下爲事者也，必知亂之所自起，焉能治之；不知亂之所自起，則不能治。譬之如醫之攻人之疾者然：必知疾之所自起，焉能攻之；不知疾之所自起，則弗能攻。治亂者何獨不然？（〈兼愛上〉）
>
> 今有人於此，少見黑曰黑，多見黑曰白，則必以此人爲不知白黑之辯矣！少嘗苦曰苦，多嘗苦曰甘，則必以此人爲不知甘苦之辯矣！今小爲非，則知而非之，大爲非攻國，則不知非，從而譽之，謂之

義：此可謂知義與不義之辯乎？（〈非攻上〉）

王公大人有一罷馬不能治，必索良醫；有一危弓不能張，必索良工。
當王公大人之於此也，雖有骨肉之親，無故富貴，面目美好者，實知
其不能也，必不使，是何故？恐其敗財也。當王公大人之於此也，則
不失尚賢而使能。逮至其國家則不然：王公大人骨肉之親，無故富貴，
面目美好者，則舉之。此譬猶瘖者而使爲行人，聾者而使爲樂師。則
王公大人之親其國家也，不若親其一危弓、罷馬、衣裳、牛羊之財與？
我以此知天下之士君子，皆明於小而不明於大也。（〈尚賢下〉）

此法之特點，在於以嚴密的推理方式，闡發某一事物的義理。其理充辭沛，
使人不敢攖其鋒，實具有強大的說服力。不但可以使人知之，更可以引發其
思惟，自亦爲理想的教學法。

譬喻之種類與功效，既如上述。然亦須用之適得其宜，否則反將成爲他
人論難之資。墨子即曾指出若干引用失當的譬喻。例如：

然而今天下之士君子曰：「然！乃若兼則善矣！雖然，不可行之物
也：譬若挈泰山越河濟也。」子墨子言：「是非其譬也：夫挈泰山而
越河濟，可謂畢劫有力矣！自古及今，未有能行之者也：況乎兼相
愛、交相利，則與此異：古者聖王行之。」（〈兼愛中〉）

子夏之徒問於子墨子曰：「君子有鬥乎？」子墨子曰：「君子無鬥！」
子夏之徒曰：「狗豨猶有鬥，惡有士而無鬥矣！」子墨子曰：「傷矣
哉！言則稱於湯文，行則譬於狗豨。傷矣哉！」

巫馬子謂子墨子曰：「舍今之人而譽先王，是譽槁骨也。譬若一匠人
然：智槁木也，而不智生木。」子墨子曰：「天下之所以生者，以先
王之道教也；今譽先王，是譽天下之所以生也！可譽而不譽，非仁
也。」（〈耕柱〉）

從以上的例證中，不但可以見墨子之善用譬喻，且以見其思慮之周詳，與反
應之敏捷，故能立即對他人的引喻失當，而迎頭痛擊之：斯亦無怪乎其教學
之能善服人心了！

（六）慎其習染

墨子注重學習的環境，可於〈所染篇〉中得之。其言曰：

子墨子見染絲者而歎曰：染於蒼則蒼，染於黃則黃；所入者變，其

色亦變；五入而已，則爲五色矣！故染不可不愼也。（〈所染〉）

按：《墨子・所染篇》雖出於僞託，然墨子見染絲者而歎，亦見於《呂氏春秋・當染篇》，則其事應屬可信。故淸儒汪中云：「墨子蓋嘗見染絲者而歎之，爲墨之學者，增成其說耳。」（《述學・墨子序》）

因爲教師的循循善誘，固能予人以深遠影響，然而環境之移人，尤不可忽視。所以孔子有「里仁爲美」之說，孟子有「一傅衆咻」之喻。而《家語・六本篇》云：「與善人居，如入芝蘭之室，久而不聞其香，即與之化矣；與不善人居，如入鮑魚之肆，久而不聞其臭，亦與之化矣！」正可與此相互發明。

至於注意環境，自以謹愼其所從遊爲第一要務，乃所以收浸染之效。所以墨子說：

其友皆好仁義，淳謹畏令，則家日益，身日安，名日榮，處官得其理矣！……其友皆好矜奮，創作比周，則家日損，身日危，名日辱，處官失其理矣！（〈所染〉）

此與孔子所謂「益者三友、損者三友。」（《論語・季氏》）之說，蓋若合符節。可見凡欲其教之成者，實在不能不愼其所染啊！

三、比較與論評

根據以上的論述，可見孔子和墨子都很講求教學的方法。茲再條舉數事，以爲比較論評於下：

第一，孔子和墨子都主張因材施教，此其所同。但孔子一方面比較注意到依學生領悟能力之高下，而施予不同程度的教誨；另一方面則措其意於學生思想行爲的個別差異，而給予適當的輔導。至於墨子，則比較強調個人才能的充分發揮。孔子之法，適合於養成教育；墨子之法，則適合於職業訓練。其爲用略異耳。

第二，孔子的「不憤不啟，不悱不發。」基本上也是一種相機教學。只是他所要掌握的「機」，乃在於受教者是否有求通、求達的強烈意願。這對於思想的啟發，以及自學精神的培養，都有很大的助益。而且還具有「師逸而功倍」的優點。但對於根本缺乏上進心的學生，恐怕就不適用。無怪乎孔子要說：「不曰如之何，如之何者，吾莫如之何也已矣！」（《論語・衛靈公》）墨子的相機教學，則是根據現實情況的需要來加以考量，至於受教者是否願意接受，則非所顧及。他的優點，是具有強制性，而且顧慮到現實的需要；

至其缺點，則是不能激起受教者主動求知的意願，因而「師勤而功半」。甚至還會遭受到排斥，讓自己下不了台。

　　第三，孔子的「叩其兩端」並不是直接把自己所認為的答案告訴對方。而是教導他們如何運用自己的思考，從事理的對立和矛盾中，去調和矛盾，去尋求一個最妥善的答案。這對於訓練獨立思考，有很大的幫助。至其缺點，則不免凡事模稜，很難使人拿捏得恰到好處。墨子的「把握要點」，則能針對問題之癥結，予以最徹底的解答，而無模稜兩可的情況；其探求真理的態度，亦於此表露無遺。但未予受教者以彈性思考的空間，無形中也將減少他們吸收、消化的機會，並阻滯其思考與發掘問題和解決問題的能力。站在教育的立場，也有其可議之處。

　　第五，在善用譬喻方面，則孔、墨皆優為之；其作法亦無明顯的差異。這種方法，對於教學與說理者，都有很大的方便，對於受教者而言，不但可以加速其對事理的瞭解，更可以引發較周密的思維，而有更多的發現。然要在譬喻之切當而已。

　　第六，孔子注重同學間的砥礪磋磨，以增強教學的效果。也注意到交遊及環境的感染力。所以除了有益友與損友的區別之外，還有「里仁為美」（《論語‧里仁》）的主張。墨子的「慎其所染」，其用意亦屬相同。而其「有道相教」的主張，與孔子之重砥礪磋磨者，殆無二致。這也是從事教育者，所當措其意的。

　　第七，孔子「對比見義」之法，墨書中亦有之。例如他常以聖王與暴王相對比，以兼士與別士相對比，皆其顯而易見者。至於墨子的因勢利導，則又與孔子的循循善誘相當。可見在教法方面，同異之處仍然很多。只是過於瑣碎，而又無關宏旨，所以就姑置弗論了。

第九章　結　論

第一節　孔墨思想之所以異同

　　由以上的比較與分析之中，我們不難發現：孔、墨兩家的思想，確有許多的共通點，正如韓愈讀《墨子》一文中所說的：「儒、墨同是堯、舜，同非桀、紂，同修身、正心以治天下、國家。」但是「同是堯、舜，同非桀、紂。」只是代表他們對是非價值的判斷，有其共同的偏尚而已。何況堯、舜之與桀、紂，根據先秦史料的記載，其善惡之間，原本就形成強烈而鮮明的對比，這幾乎早就是歷史的公論，也是人心之所同然。並不能因他們有此共同的認定，因而就認為他們的思想不應有太大的差距，甚至於認定其相同。

　　至於「同修身、正心以治天下國家」，這也幾乎是所有有心於天下國家的有志之士所具有的共識和趨向。但是這個大原則和大目標儘管相同，而個人所採用的方式和手段，仍然會有很大的差異。何況即使是方式和手段相同，而其採取的步驟和輕重之間，仍然會有差異。正如孔子所謂：「可與共學，未可與適道；可與適道，未可與立；可與立，未可與權。」（《論語‧子罕》）

　　因此，韓愈所謂：「孔子畏大人，居是邦不非其大夫，春秋譏專臣：不上同哉？孔子汎愛、親仁，以博施濟眾為聖：不兼愛哉？孔子祭如在，譏祭如不祭者曰，我祭則受福：不明鬼哉？」這些也都只是從某個角度上立說。如果實際深究起來，則其間的出入仍然很大，而矛盾之處也相當地多。

　　總而言之，我們可以說：孔、墨之間的思想，乃是同中有異，而異中又復有同。其同異之間，在前面幾章中，論之已詳，在此不必贅述。僅綜括前論，條舉數端，以說明其所以會產生此一情況的原因，做為本論文的總結。

一、理性與理智之偏尚

梁漱溟先生在其所著《中國文化要義》一書，曾把人類的心思作用，區分爲「理性」與「理智」二途。並謂：「體認情理者爲理性；考驗物理者爲理智。」〔註1〕又謂「兩眼向外看，則所遇爲靜底物質，爲空間——爲理智分析區劃所最洽便適用之地。轉回來看自己，則所遇爲動底生命，爲時間。（一新意義之時間，非俗常所説分段底時間。）——爲理智分析區劃所最不便適用之地。」（同上）

今觀孔子的學說，他是非常強調人的「可完美性」，因而極爲重視個人的道德修養，致力於將人格不斷地向上提昇，因此，他的心思是向內的。由於向內，所以他所仰仗於自力者多，仰仗於宗教、鬼神乃至法律、制度者少。因而他一方面強調人的可貴和人性的尊嚴，一方面却又承認並容許人類自然情感之存在與要求，而進行適當的疏導，其一切的學說，都是以此出發。

例如孔子所講的「仁愛」，他是根源於人類的同類意識，然後透過道德心性之反省與自覺的一種很本然地表現，其中決無利害計較之心摻雜其間。他只是很本然地覺得必如此然後安。這就是一種理性的作用。但是人類的這種自然情感，又無可避免地會因人與人之間關係之深淺，以及情感互動之情況，而有輕重厚薄之分。所以孔子所講求的仁愛，也就自然容許其差異性之存在，而且視之爲當然。又如在政治教化上，他也是以引發人類道德心性之自覺爲主要手段，所以主張「道之以德、齊之以禮。」的禮樂與德化，而不贊成「道之以政，齊之以刑。」（《論語・爲政》）的做法。餘如在經濟上，主張合理的消費，以存情適性；在教育上，重視思想、人格之誘導與啓發，而以內聖、外王爲其鵠的。皆其顯而易見者。

至於墨子的學說，他強調人的「不完美性」，認爲「父母、學、君三者，莫可以爲治法。」（《墨子・法儀》）在根本上否定了人爲道德的主體，而以外在的天取代之。由於他的心思是向外去求取，所以仰仗於人類本身之力者少，仰仗於外在的宗教、鬼神乃至制度、刑罰者多。所以他不容許人類自然情感之存在與要求，而謀所以杜絕之，而另立一個至高無上的法儀。他的許多學說，也都是以此出發。

例如墨子所講的「兼愛」，他一方是出於外在的「天志」，一方面則是經

過純「理智」的分析（也就是其中不夾雜自然情感的成分），認為不如此，就不足以避免紛爭。於是他一方面排除人類自然情感的要求，而強調泯除一切的畛域之念、人我之別。一方面又灌輸賞罰禍福的觀念，要人們實行兼愛，以求福遠禍，藉以彌補其不符合情性要求的情形下，所會遭受到的排拒。又如在政治上，他主張一切都要以天意為依歸的尚同之治，而反對符合情性的禮樂之治；在經濟上則極端地主張杜絕人類的慾望，只主張「奉給民用則止」；在教育上，則主張強聒說教；在求知推理上，也制訂了許多外在的形式，以為推理的依據。而對於外在的物理，也具有較多的認識。因而發展成墨家所特有的辯學。這也都是顯而易見的。

　　因此我們可以說：孔子的心思是比較向內的，是偏尚於理性的；墨子的心思則是比較向外的，是偏尚於理智的。若能掌握此一線索，則孔、墨間許多思想主張之所以異同，也就可以得到分解，而瞭然於心了。

二、仁義與實利的趨舍

　　在孔子的言論中，不但罕言「利」，而且以喻義、喻利為君子與小人之分；至於墨子，則處處言利，並以利不利，便是用以衡量善不善的標準，這裏面，看起來兩家思想似乎是大相逕庭。所以梁任公《子墨子學說》第二章劈頭就說：

> 利也者，墨子所不諱言也；非直不諱言，且日夕稱說之不去口。質
> 言之，則利之一字，實墨子學說全體之綱領也，破除此義，則墨學
> 之中堅遂陷，而其說無一成立。

這種說法，實於墨子學說之根本要義，深有所見。今觀《墨子》一書，舉凡尚賢、尚同、兼愛、非攻、節用、節葬、天志、明鬼、非樂、非命諸端，幾乎都可以用「利」字來加以涵括。例如尚賢、尚同、節用、節葬、非樂、非命固所以求國家百姓人民的現實之利；而兼愛，亦必出之以交相利然後可；至於非攻的主要理由，仍在於不中天、鬼、人民之利，以及「計其所得，反不如所喪者之多。」（《墨子‧非攻下》）餘如天志、明鬼，乃所以求福、諱禍，其目的，仍然離不開利。這與孔子學說之以仁心出發，又以仁為一切道德之總歸宿，並且不計較利害者，可謂頗異其趣。所以胡適之先生乃以此作為「儒墨兩家根本上不同之處」。他說：

> 儒家只注意行為的動機，不注意行為的效果。推到極端，便成董
> 仲舒所說的「正其誼不謀其利，明其道不計其功。」只說這事應

該如此做，不問爲什麼應該如此做。墨子的方法，恰與此相反。墨子處處要問一個「爲什麼」。例如造一所房子，先要問爲什麼要造房子。知道了「爲什麼」，方才可以知道「怎樣做」。知道房子的用處是「冬避寒焉，夏避暑焉，室以爲男女之別」，方才可以知道怎樣構造布置，始能避風雨寒暑，始能分別男女內外。人生一切行爲都如此。……墨子以爲無論何種事物、制度、學說、觀念，都有一個「爲什麼」。換言之，事事物物都有一個用處。知道那事物的用處，方才可以知道他的是非善惡。爲什麼呢？因爲事事物物既是爲應用的，若不能應用，便失了那事那物的原意了，便應該改良了。例如墨子講「兼愛」便說：「用而不可，雖我亦將非之。且焉有善不可用者？」這是說能應「用」的便是「善」的；「善」的便是能「用」的。譬如我說這筆「好」，爲什麼「好」呢？因爲能中寫，所以「好」。又如我說這會場「好」，爲什麼「好」呢？因爲他能最合開會講演的用，所以「好」。這便是墨子的「應用主義」。應用主義又可叫做「實利主義」。儒家說：「義也者，宜也。」宜即是「應該」——凡是應該如此做的，便是「義」。墨家說：「義，利也」。便進一層說：說凡事如此做去便可有利的即是「義」的。因爲如此做纔有利，所以「應該」如此做。義所以爲「宜」，正因其爲「利」。〔註2〕

胡適之先生此論，於儒、墨間的歧異，大體頗能相應。只是他把儒家所講的義，和墨家所講的義頗相混淆。遂使儒家的「仁義」之「義」與墨家的「實利」之間，仍然牽扯不清。

實則孔子和儒家所講求的行爲的動機——也就是這個義，必須是經過仁心之判斷，乃能確定其是否合宜：合宜，就是義；不合宜，就是不義。所以說「義者，宜也。」換句話說，孔子和儒家所講求的義，乃是天理、良心之所發，而不甚計較其是否符合於現實之利。所以這種義，即謂之「仁義」。但是一個人只要依照仁義而行，雖未必能得到「眼前的現實之利」，卻可以得到「精神之利」或「長遠之利。」所以〈易文言〉云：「利者，義之和也。」換之，就是「蘊義生利」。因此，他的義、利之間，其實並未相悖。只是教人不要一開始就著眼於利，或汲汲於利而已。

〔註2〕《中國古代哲學史》第六篇。

至於墨子則不然，他是純就功利爲其著眼點的。雖然他也講求「義」，但他說：「義之不從愚且賤者出，而必自貴且知者出也。然則孰爲貴？孰爲知？曰：天爲貴，天爲知而已矣！」所以他的結論是：「然則義果自天出矣！」（《墨子‧天志中》）墨子的義，既然是出於天，而〈法儀篇〉又說：「天必欲人之相愛相利。」因此，「利」也就成了墨子之「義」的主要內含。所以《墨子‧經上說》：「義，利也。」但是墨子所謂的利，自然並非「私利」，它一方面必須是「利於大眾」，一方面必須是「可施於用」；有利於大眾的利，吾人可謂之「公利」；可施於用的利，吾人可謂之「功利」。合二者而言之，皆可歸之於「實利主義」。而墨子的一切主張，皆著眼於此。由以上所論，可知孔子和墨子所指稱的義，名稱雖同，而其實質卻是不相牟的；他們所追求的「行爲效果」，也是頗有出入的。這就是孔、墨之所以同而實異。

但孔、墨所要求的行爲效果儘管不同，而其實際結果，不論其爲眼前現實之利或長遠之利，甚至於只是精神之利，而其利於人則一。何況依天理、良心出發，於眼前現實之利的獲得，有時候雖或不免產生一些限制，但有時候卻反而可以獲得更大的利；至於依照墨子所指稱的天志而行，雖或違背情性，但是亦非全然得不到長遠之利與精神之利。此又孔、墨思想之所以異而有同了。

三、人倫與天道的分途

孔子立說，託之古先聖王，故言必稱堯、舜。並以堯、舜爲人倫之極，因而極力倡導倫理思想，以敦篤人與人間的倫常關係。《書‧堯典》云：「帝曰：契！百姓不親，五品不遜，汝作司徒，敬敷五教，在寬。」

按：鄭注云：「五教，謂父義、母慈、兄友、弟恭、子孝也。」孔子即承此五教而立說。所以他的中心思想，乃是以「親親之殺、尊賢之等。」的「仁愛」爲其一切學說的總歸宿。所以在政治上，主張「正名」，主張「君君、臣臣、父父、子子。」在用兵方面，主張「禮樂征伐自天子出。」在財用上，以「循禮」爲原則；在教育上，更以入孝出悌、泛愛親仁爲其根本要圖。至於在宗教信仰方面，則認爲「非其鬼而祭之，諂也！」（《論語‧爲政》），而《禮記‧表記》更述其言曰：「爲上者齋戒以事鬼神，示民敬畏之情，爲教民尊上也。」在在都顯示其以重整人倫之序，爲其根本要圖。

至於墨子立說，雖然也託之堯、舜等古先聖王，但他所強調的，卻是他們能「移其百姓之意，焉以敬上帝、山川、鬼神。」（《天志下》）而其一切主

張，也都是以他所指稱的「天志」爲依歸。所以在中心思想方面，他是遵照天志，而以同於上天之「行廣而無私」的「兼相愛」、「交相利」，爲其一切學說的總歸宿。在政治上，他主張「尙同」的政治型態。並認爲：「既尙同乎天子，而未尙同乎天者，則天菑將猶未止也。」（《墨子·尙同中》）在軍事上，他認爲攻伐的行爲，無異於「取天之人，攻天之邑。」「刺殺天民，剝振神位。」（《墨子·非攻下》）因而極端非攻。在財用方面，以爲奢侈、爲樂、厚葬、久喪的結果，將使「國家必貧、人民必寡、刑政必亂。」並認爲：「若苟貧，是粢盛酒醴不淨潔也；若苟寡，是事上帝鬼神者寡也；若苟亂，是祭祀不時度也。」其結果，必將導致「上帝鬼神降之罪厲禍罰而棄之。」（〈節葬中〉）因而主張節用、非樂和薄葬、短喪。在教育方面，也是以天志、明鬼之說，爲其重要內容；而在宗教方面，更是信誓旦旦地強調上帝和鬼神的眞實性、完美性和權威性，而要求全天下的人都要「犓牛羊，豢犬彘，潔爲粢盛酒醴，以祭祀上帝鬼神，而祈福於天。」（《墨子·天志上》）凡此，皆以見其以他的天道觀念，爲其一切學說之主導。

但是孔子雖特別重視人倫，卻也肯定天道。所不同者，只是他在體認天道的精神之際，更無所求於天、鬼而已；同樣地，墨子雖著力於天志、明鬼之說，但他畢竟不能完全擺脫人世間所既有的倫常關係，所以他也希望「君臣、父子皆能孝慈。」（〈兼愛上〉）可見其眼光仍在於現實人世。所不同者，在他的心目中，所謂君臣、父子，亦僅是他兼愛的對象之一，並不曾刻意去加以區分或凸顯而已。孟子斥之爲「無父、無君」者，即在於此。這也是孔、墨之所以異而有同，同而實異的主要原因。

四、精神氣質之懸隔

最後我們再透過孔、墨言行中所顯現的一些精神氣質，來瞭解孔、墨思想之所以異同。

孔子出身於沒落的貴族，自幼飽承周文化的洗禮，造就了他循規蹈矩、進退有禮的態度和溫和、中庸的性格。所以《論語·鄉黨篇》記其：「於鄉黨，恂恂如也，似不能言者；其在家廟朝廷，便便言，唯謹爾。」〈述而篇〉稱其：「溫而厲、威而不猛、恭而安。」而子貢則稱其「溫、良、恭、儉、讓。」（《論語·學而》）再加上他好古敏求的精神，而以維護並發揚文王既沒後的斯文自任。所以對古代的典籍，不僅做過深入的研究，而且還進行整理的工作：其

生命直與三代聖王之德業相呼應。因而他的思想不但細密，而且博大精深，並且對於中國傳統文化的精神，有著極其深刻的體認，具有圓融通透的特性。再加上他中庸的性格，所以他的各項主張，類能情理兼顧，而允執厥中。誠所謂「致廣大而盡精微，極高明而道中庸。」其思想能夠影響深遠，而歷久彌新者，誠非偶然。

至於墨子，他出身於賤人，自幼深體民生之困苦，又目睹了許多社會不平的現象，再加上他剛毅的性格，形成了他堅苦卓絕的精神，以及好為社會平不平的道德勇氣。加以他反應靈敏，口才便捷，因此很早就成為人群中的領袖。憑著一股救世的熱忱，到處行俠仗義。但也正由於如此，所以雖然他也誦讀詩、書及百國春秋，卻不曾沈潛其中，而深入其領域，因而不免斷章取義，或者僅是雜記了一些未經深入考證的故實，以為其立說的依據，所以常予人以粗疏之感。至於他救世的熱忱雖極為強烈，卻未能訴之於理性，而常予人以一廂情願的感覺。牟宗三先生云：「墨子心靈質樸，而慧解不足；情執累重，而義不通透；生命枯索，而乏舒暢潤澤之機；行文重衍，而多偏滯害道之辭。」〔註3〕其批評雖不免稍苛，卻也正道中其病痛所在。但由於他是在現實社會中成長，所以對於整個社會的病態，有著極其深刻的體認，這又是孔子所不及的。

但是孔、墨之間的精神氣質，儘管有如許的差異，畢竟他們所處的時代以及所承受的文化背景都很相近；而他們又同樣具有救世的熱忱。此又所以造成其學說之同而實異，而異而有同了。

第二節　孔墨思想的展望

孔、墨兩家，在先秦時代，既然都號稱顯學，則其對於我國學術思想之形成及發展，自然都有著舉足輕重的影響。但自漢朝以後，墨學就日趨衰微；到了漢武帝以後，更是幾成絕響。幸賴近代學者如畢秋帆、王懷祖、張皋本、俞曲園諸人的相繼研究和發揚，才稍稍呈現復興之機。至於孔子之學，雖然歷代都承受了相當的尊崇，然而時至今日，卻也飽受許多無情而嚴厲的批判，甚至有打倒孔家店之議。所以孔、墨兩家未來的發展，也就成了許多人關切的課題。予雖不敏，也願意在此，就當前許多人所最關切的倫理、科學、民

〔註 3〕 見陳拱《儒墨平議・牟序》。

主三方面，略陳個人的管見。

一、融和西方宗教精神、重開生命的學問

　　人類生命與智慧的正當出路，實爲中國傳統哲學與西方宗教所終極關心的問題。此一問題必須獲得適當的安頓，人們才能保有清明的文化心靈，開顯遠大的文化理想，人的生命與智慧，也才能向上昇進，向外擴展，以創造充實而圓滿的人生，建立和樂而幸福的社會。因爲任何一種文化，不能沒有它最基本的內在心靈，這是一切文化的「動原」所在，也是使文化具有獨特性之所在。而不論是西方的宗教，或是中國的倫理道德，都確確實實地擔負著此一重大的使命。所以儘管美國的科學技術和民主政治已經是如此地進步，但是他仍然需要宗教生活，就連他們的總統就職，都要按禮聖經而宣誓。

　　至於包括孔、墨思想在內的中國傳統哲學中所終極關心的問題，乃是如何成就完美之人格，以求得社會人心之安頓的問題。對於此一問題，孔子擺脫了類似猶太教中的人格之神，而進一步點出了主體之「仁」，要人們直接經由此道德心性之自覺，以成己、成物，從而開啓了中國歷史文化獨特的動力之原與方向。它一方面規範了人們日常生活的軌道，一方面也啓發了人們精神向上之機，指導了精神生活的途徑，使人們的精神與心靈，獲得適當的提昇與安頓。至於墨子兼愛利人的精神，自強刻苦之義，其間雖不免有所偏執，卻也是人類文化心靈中，非常珍貴的資源：他們都共同爲我國傳統的生命之學，奠定了良好的基石。到了魏、晉時代，在政治上雖然是一個衰世，而王弼、向秀之倫，卻把道家的玄理，發揮得淋漓盡致，而與儒家生命的學問，匯合成一股文化思想的主流。此時墨家雖似已銷聲匿跡，但是它的精神，早已溶入傳統文化的血液之中，而難以強爲區分。及至南北朝，佛學大量輸入中國，然而其根源於苦業意識的教義，並未能全然適合於中國人的脾胃，因此乃與中國傳統的文化思想，產生了很大的激盪。後來經過僧肇、竺道生、智顗、慧能等諸大師長期的努力，又使得傳統的生命之學，在大本不失的原則下，吸收並銷融了佛家的智慧。

　　時至今日，我們相信中國傳統儒、墨、釋、道諸家所融會而成的生命的學問，在與基督教義長期地激盪之餘，當亦能接受其刺激，而作更深的反省。並且亦必在大本不失的原則下，從而融攝基督教義，以增益其慧命，重開更精微、更博大的生命的學問；使人類的文化心靈，具有更正確的導向。此乃

歷史運會所必趨，也是中國哲學思想發展之正當途徑。而孔、墨思想之精義，則為其根本之所在。

二、調整文化心靈、開展科學領域

自晚清以來，一般學者多以中國文化中，缺乏西方的民主與科學之精神相詬病。因而極力以鼓吹之、效顰之。殊不知中國文化心靈中，果真缺乏此一精神，則在大本未立的情況下，徒事鼓吹與效顰，仍將難以在文化生命中，深植強固的基石的。實者中國傳統的文化，僅就儒家而言，原本就是仁、智合一，內外兼顧的。至於墨家則更富有科學的精神。因此，若依其本身發展之靳向，則中國人不僅應透過其道德心性，以自覺為道德實踐的主體；同時亦當求其在政治上為一政治的主體；在自然界、知識界為一認識的主體。但事實上，中國文化之發展，在這兩方面，確有其不足。究其原因，實乃後世發展上的偏頗，而非源自於根本上之缺陷。

就科學發展而言，我們雖然也強調對外的格物之學，而傳說中的一些聖王，也往往是器物的發明者。並且「正德、利用、厚生」也一直是我們追求的目標。然而事實上，除了墨家之外，恆多偏尚於格人事之理，而未邁致其力於格自然現象之理。又由於主導中國思想的儒家學說，過於偏重道德的實踐，恆使其不能超越道德價值之判斷，以致力於對客觀之事物，作超乎人我，超乎實用的純理論的推演。因而在「正德」與「利用厚生」之間，始終缺少一個純理論的科學知識為其媒介。遂使其在追求正德之餘，在物質文明方面，只停留在最基本的製器利用的目的之上，而無以更深入地通往利用厚生的道路上去。至於墨家，雖具有純理論的邏輯觀念，亦僅曇花一現而已。何況他所強調的，仍然只在於實用的目的上。這種現象，若無外力侵入，自然還能維持其文化生命之延續，而不自覺其有何缺憾。但當其與西方高度的科技文明相遭遇時，自不免顛躓蹉跌，恐恐然而不知所措了。

因此，我們今天所要努力以赴的，不僅僅是要學習西方的科學技能，更不能不顧自身的文化背景，將西洋的文化，作無根的移植。而是要自覺地調整自身文化心靈的表現形態，發揚墨家創造發明的精神，使認識的主體，能在道德主體的籠罩下，獨立地透顯出來，以開展我們科學的領域——斯乃更符合於中國傳統哲學思想中，仁、智合一，內、外兼顧的本然靳向。惟有如此，科技文明，乃能在中國的文化土壤中生根，並且還能免除西方因科技文

明所帶來的種種病症。

三、落實外王之學、完成民主建國

孔墨兩家所講的外王之學，其政治之理想，非謂不崇高；民主之理念，非謂不發達。然因格於君主世襲之制度已然形成，因此在現實政治上，只能藉著「居其所，而眾星共之。」「所欲，與之聚之；所惡，勿施爾也。」「利人乎即爲，不利人乎即止。」等等難以期其必然的「治道」以維繫之。遂使更崇高的政治的理想與以民爲主的理念，始終無法落實。其流弊所及，則君主在政治內部的權力，雖然也要受到一些制度上及道德上的限制與制衡，但這些限制與制衡，往往並無絕對的約束力，仍當視君主本身之君德爲定。而其更大的流弊，就是因未嘗建立一個透過全民之意願爲斷的君位轉讓制度，遂便儒家所稱述的禪讓政治，到後世，乃轉化爲篡奪之假藉；而墨子所羨稱的湯伐桀、武王伐紂，到後世更轉化爲群雄並起，紛爭割據，喋血山河，伏屍百萬的局面。所以中國的歷史，始終是循環於一治一亂，而無以致萬世之太平。此一現象，實爲君主制度與傳統文化道德間，所存在的一種矛盾。

因此，我們今天在強調傳統的民主精神之餘，更應本此精神，謀求完美的民主制度之確立。使人人在自覺於爲一道德的主體之餘，兼以自覺於爲一政治的主體，以肯定人人具有平等的政治地位與權力，杜絕中國歷史上最大的亂源，完成民主建國的理想。從而使全體中國人的自由與人權，獲得更確實的保障，以符合孔、墨思想中道德精神自身發展之蘄向與要求。

主要參考書目

1. 《四書集註》，朱熹，明正統十二年司禮監刊本。
2. 《四書集註考證》，金履祥，清文淵閣四庫全書本。
3. 《論語集解義疏》，何晏註、皇侃疏，清文淵閣四庫全書本。
4. 《論語拾遺》，蘇轍，明萬曆廿五年畢氏刊本。
5. 《論語正義》，劉寶楠，世界書局。
6. 《論語講義》，程兆熊，香港人生出版社。
7. 《論語釋義》，李曰剛，志成出版社。
8. 《禮記》，鄭玄註，新興書局相臺岳氏本。
9. 《禮記今註今譯》，王夢鷗，商務印書館。
10. 《大戴禮記今註今譯》，高明，商務印書館。
11. 《禮記集說》，陳澔，世界書局。
12. 《左傳會箋》，竹添光鴻，廣文書局。
13. 《孔子學說》，陳大齊，正中書局。
14. 《孔學發微》，熊公哲，正中書局。
15. 《孔學管窺》，高明，廣文書局。
16. 《孔學通詮》，李霨，自由出版社。
17. 《儒家政論衍義》，薩孟武，東大圖書公司。
18. 《孔學抉微》，王甦，黎明文化事業公司。
19. 《孔孟荀哲學》，吳康，商務印書館。
20. 《孔孟要義》，周紹賢，中華書局。
21. 《墨子註》，畢沅，中華書局四部備要本。
22. 《墨子閒詁》，孫詒讓，世界書局諸子集成排印本。

23. 《續墨子閒詁》，劉昶，藝文印書館景印本。

24. 《墨子校注》，吳毓江，重慶獨立出版社排印線裝本。

25. 《墨子集解》，張純一，上海世界書局修正排印本。

26. 《墨子刊誤》，蘇時學，上海中華書局排印本。

27. 《墨子箋》，曹耀湘，湖南官書報局排印本。

28. 《墨子拾補》，劉師培，藝文印書館景印本。

29. 《墨子斠證》，王叔岷，國立中央研究院歷史語言研究所集刊排印本。

30. 《墨經校釋》，梁啓超，中華書局臺一版景印本。

31. 《墨辯疏證》，范耕研，上海商務印書館國學小叢書排印本。

32. 《墨辯發微》，譚戒甫，世界書局影印本。

33. 《墨辯新注》，李漁叔，商務印書館排印本。

34. 《墨子學案》，梁啓超，中華書局臺一版景印本。

35. 《墨子學說》，梁啓超，中華書局臺一版景印本。

36. 《墨學源流》，方授楚，中華書局臺一版景印本。

37. 《墨子哲學》，郎擎霄，大東書局。

38. 《墨子簡編》，嚴靈峰，商務印書館排印本。

39. 《墨子知見書目》，嚴靈峰，台灣學生書局排印本。

40. 《墨子今註今譯》，李漁叔，商務印書館排印本。

41. 《墨子研究》，李紹崑，現代學苑月刊社排印本。

42. 《墨學概論》，高葆光，中華文化出版事業委員會排印本。

43. 《墨學新論》，王寒生，民主憲政雜誌社排印本。

44. 《墨子政治哲學》，陳顧遠，上海泰東圖書局排印本。

45. 《墨子政治思想之研究》，孫廣德，中華書局排印本。

46. 《墨學研究》，陳拱，東海大學排印本。

47. 《墨學發微》，史墨卿，臺灣學生書局排印本。

48. 《墨學新探》，王冬珍，世界書局排印本。

49. 《墨子教育思想研究》，陳維德，文史哲出版社。

50. 《十三經注疏》，鄭玄等著，藝文印書館景印本。

51. 《國語》，韋昭注，商務印書館景印本。

52. 《史記會注考證》，瀧川龜太郎，藝文印書館景印本。

53. 《漢書》，班固，藝文印書館景印本。

54. 《群書治要》，魏徵等，上海商務印書館四部叢刊本。

55. 《太平御覽》，李昉等，商務印書館景印本。

56. 《通志》，鄭樵，中華書局四部備要本。

57. 《世本》，中華書局四部備要本。

58. 《路史》，羅泌，中華書局四部備要本。

59. 《先秦諸子繫年》，錢穆，香港大學出版社排印本。

60. 《直齋書錄解題》，陳振孫，廣文書局景印本。

61. 《荀子集解》，王先謙，中華書局四部備要本。

62. 《莊子集解》，王先謙，中華書局四部備要本。

63. 《老子》，王弼注，浙江書局華亭張氏本。

64. 《淮南子》，高誘注，世界書局景印本。

65. 《列子》，張湛注，商務印書館四部叢刊本。

66. 《韓非子集解》，王先慎，世界書局景印本。

67. 《慎子》，慎到，中華書局四部備要本。

68. 《公孫龍子》，公孫龍，正中書局景印本。

69. 《呂氏春秋》，高誘注，世界書局景印本。

70. 《讀書雜志》，王念孫，上海商務印書館國學基本叢書排印本。

71. 《東塾讀書記》，陳澧，商務印書館景印本。

72. 《僞書通考》，張心澂，上海商務印書館排印本。

73. 《諸子平議》，俞樾，上海商務印書館國學基本叢書排印本。

74. 《讀子札記》，陶鴻慶，北平中華書局排印本。

75. 《先秦諸子學》，嵇哲，洪氏出版社排印本。

76. 《諸子的我見》，王昌祉，光啓出版社排印本。

77. 《諸子新證》，于省吾，藝文印書館景印本。

78. 《諸子考索》，羅根澤，泰順書局景印本。

79. 《諸子學纂要》，蔣伯潛，正中書局臺一版景印本。

80. 《諸子學概要》，吳康，正中書局排印本。

81. 《諸子十家平議述要》，毛鵬基，藝文印書館排印本。

82. 《儒墨之異同》，王桐齡，成文出版社。

83. 《儒墨平議》，陳拱，商務印書館。

84. 《中國古代哲學史》，胡適，上海商務印書館排印本。

85. 《中國哲學史》，馮友蘭，上海商務印書館排印本。

86. 《中國人文精神之發展》，唐君毅，學生書局。

87. 《中國哲學原論》，唐君毅，香港人生出版社排印本。

88. 《中國文化之精神價值》，唐君毅，正中書局。

89. 《中國哲學大綱》，羅光，商務印書館排印本。

90. 《中國哲學的特質》，牟宗三，香港人生出版社排印本。

91. 《中國政治思想史》，蕭公權，中華文化出版事業委員會排印本。

92. 《論衡》，王充，世界書局景印本。

93. 《東西文化及其哲學》，梁漱溟，里仁書局。

94. 《中國文化要義》，梁漱溟，里仁書局。

95. 《教育概論》，雷國鼎等，國立臺灣師範大學排印本。

96. 《先秦教育思想》，余書麟，華岡出版部排印本。

97. 《先秦諸子教育思想》，伍振鷟，偉文圖書出版社排印本。